컴퓨팅 사고력과
소프트웨어의 이해

FROM
COMPUTING TO
COMPUTATIONAL
THINKING

Paul S. Wang 지음

김용우 · 김진묵 · 김흥수 · 정영애 · 황석형 옮김

생능출판

CRC Press
Taylor & Francis Group

역자 소개

김용우(선문대학교 글로벌소프트웨어학과 교수)
김진묵(선문대학교 IT 교육학부 교수)
김흥수(선문대학교 산학협력단/컴퓨터공학과 교수)
정영애(선문대학교 IT 교육학부 교수)
황석형(선문대학교 글로벌소프트웨어학과/컴퓨터공학과 교수)

컴퓨팅 사고력과 소프트웨어의 이해

초판인쇄 2017년 2월 15일
초판발행 2017년 2월 22일

지은이 Paul S. Wang
옮긴이 김용우 · 김진묵 · 김흥수 · 정영애 · 황석형
펴낸이 김승기
펴낸곳 (주)생능출판사 / **주소** 경기도 파주시 광인사길 143
출판사 등록일 2005년 1월 21일 / **신고번호** 제406-2005-000002호
대표전화 (031)955-0761 / **팩스** (031)955-0768
홈페이지 www.booksr.co.kr

책임편집 정하승 / **편집** 최일연, 신성민, 손정희, 김민보 / **디자인** 유준범
마케팅 백승욱, 최복락, 김민수, 심수경, 백수정, 최태웅, 김범용, 김민정
인쇄 · 제본 성광인쇄(주)

ISBN 978-89-7050-899-3 94000
ISBN 978-89-7050-905-1 94000(세트)
정가 20,000원

FROM COMPUTING TO COMPUTATIONAL THINKING

Paul S. Wang

Kent State University
Ohio, USA

CRC Press
Taylor & Francis Group
Boca Raton London New York

CRC Press is an imprint of the
Taylor & Francis Group, an informa business

A CHAPMAN & HALL BOOK

머리말

컴퓨팅(Computing, 컴퓨터의 연산 영역)으로부터 나온 개념, 기술, 분석 능력은 일반적으로 문제 해결, 업무 수행, 계획 수립, 협업, 문제 예측, 오류 수정 등에 사용하는 아주 강력한 사고 도구라는 점은 잘 알려져 있다. 이 책은 컴퓨팅 사고력(Computational Thinking; CT)으로써의 사고 도구를 언급하려고 한다.

이 책은 독자 여러분이 현대 컴퓨터를 이해하고 컴퓨팅 사고력을 얻을 수 있도록 구성되어 있다. 프로그래밍에 관한 배경 지식과 어떻게 프로그래밍을 하는지는 필요치 않다. 학생들은 단지 수업에 대한 열린 마음과 호기심을 갖기만 하면 된다.

이 책을 활용해서 여러분은 정보 기술(IT) 영역과 컴퓨팅(Computing)의 세계에서 여러분이 추구하는 경력에 보람이 되는 훌륭한 길을 찾을 수 있다. 제공되는 많은 컴퓨팅(Computing) 자료들을 가지고 여러분의 사고를 연마하기 바란다.

주제와 프레젠테이션

이 책은 사용자 관점으로 쓰여졌다. 주제는 독자가 끊임없이 동기부여를 받을 수 있고, 진지하고 흥미로운 생각을 할 수 있는 것으로만 준비했다.

각 장의 색다른 이름, 강조되어 있는 형태의 CT 박스, 일상생활에 관련된 것, 잘 알려진 사건과의 연계 등은 컴퓨팅 사고력을 증진시키고, 현장에 잘 적응하는 정신적 능력을 심어줄 것이다. 게다가, 영어의 새로운 동사 "computize"를 소개한다. "computize" 한다는 것은 CT를 적용하는 것이다. 이런 작은 도움으로, 여러분 모두가 CT를 이해하였으면 하는 바람이다.

강조되어 있는 형태의 CT 박스의 내용을 틈틈이 찾아보았으면 한다. 여러분이 쉽게 인덱스와 콘텐츠 표에서 찾을 수 있도록 준비했다.

이 책은 대학에서 컴퓨터 전공자가 아닌 신입생 모두를 위한 한 학기용 과정에 맞는 내용을 가지고 주제를 선택했다. 그리고 고등학교에서는 심화 학습 과정으로, 일반인에게는 개론 형식으로, 매우 유용하고 또한 보답을 찾을 수 있는 책이다.

Computing과 CT

컴퓨팅의 이해와 CT의 습득은 동전의 양면과 같다. 하드웨어, 소프트웨어, 네트워킹, 운영체계, 보안 측정, 웹, 디지털 데이터, 프로그래밍의 패러다임을 공부함으로써 정보 기술의 더 많은 이점과 가치 있는 지식을 얻을 수 있을 것이다.

동시에 컴퓨팅의 개념과 방법은 컴퓨팅에 적용할 수 있는 CT의 요소를 만들 수 있고, CT를 통해 무수히 많은 더 현명하고, 더 효과적인 사람을 만들 수도 있다. 이것은 일상생활에도 적용될 수 있다.

각 장 끝의 연습문제는 학생들에게 여러 상황의 CT를 적용할 수 있도록 각 장마다 주제를 보강하였다. 그룹 토의 역시 권장한다.

CT Web site

이 책 전반에 개념, 기술, 기법이 흥미롭고, 많은 예들로 설명되어 있다. 직접 연습하는 데모는 온라인으로 제공되며 웹사이트는 http://computize.org이다.

이 사이트는 모바일도 지원하고 있으며, 컴퓨터나 모바일 장치에서도 작동하게 만들었다. 이 책에서는 CT 사이트라고 언급되었다. 라이브 데모(Live Demo)는 이 책에 표기(예: UpCounter)를 하였고 또한 책의 색인에서 볼 수 있도록 했다.

감사 인사

나의 아내인 제이퍼 왕(Jennifer Wang)에게 감사드린다. 아내는 이 프로젝트를 착수하면서부터 늘 용기를 북돋아 주었고, 초기 원고를 모두 읽고 훌륭한 조언을 해주었으며, 때로는 구체적인 아이디어를 주었다. 진심으로 감사한다.

사실, 아내는 2008년 11월 8일 코조 남디쇼(Kojo Nnamdi Show, WAMU/NPR 제작) 방송을 듣던 청취자 중의 한 명이었다. 그 쇼에서 지넷 윙(Jeannette Wing) 박사가 다음 주제에 대해 의견을 나누었다.

"컴퓨터 과학자처럼 생각하라"

아내는 무척 흥분된 상태에서 나에게 전화를 하였다. "당신, 지금 당장 이 쇼를 꼭 들어 봐요. 당신이 늘 말하는 내용이 나오고 있어요."

지넷 윙 박사의 조언에 힘입어 나는 바로 국립 과학 기구에 연락하였고, 지넷 윙 박사를 우리 켄트 주립 대학교(Kent state university) 컴퓨터과학부에 초청하여 CT에 관해 듣게 되었다. 지넷 윙 박사와 직접적인 대면을 통해 중요한 방향 설정에 더 확신을 갖게 되었다. NPR 방송사와 지넷 윙 박사의 영향이 절대적이라고 과장해도 지나치지 않다.

나의 아이들인 로라(Laura), 데보라(Deborah), 데이빗(David)에게도 감사한다. 특히 데이빗은 이 책에 큰 흥미를 가지고 있었으며, 초기 원고 1장을 다 읽고 1장의 제목을 만들어 주었다.

나는 또한 CRC 출판사의 편집장 랜디 코헨(Randi Cohen)에게도 감사드린다. 그녀는 초창기부터 열정과 에너지로 이 프로젝트를 지원하였고, 책의 제목 또한 그녀가 만들어 주었다.

프로덕션 코디네이터인 캐스린 에버렛(Kathryn Everett)과 앰버 돈레이(Amber Donley), 프로젝트 편집장인 로빈 로이드 스타키(Robin Lloyd-Starkey), CRC 출판사의 헌신과 장인 정신에 깊이 감사드린다.

이 책을 쓰고 계획하는 동안에 몇 번의 감수가 있었다. 감수자들의 좋은 의견과 제안 또한 진심으로 감사드리며 그 분들은 다음과 같다.

- 이야드 A. 아즈와(Iyad A. Ajwa), 미국 오하이오 주의 애쉴랜드 대학교(Ashland University)
- 리안 리(Lian Li)와 그의 팀, 중국 안후이성의 허페이 기술 대학(heFei University of Technology)
- 알렉스 멜턴(Alex Melton), 미국 오하이오주의 벤자민 고등학교(Benjamin Logan High School)
- 익명의 독자

왕사홍(Paul S. Wang)
오하이오주 켄트시에서
pwang@cs.kent.edu

역자 머리말

　최근 우리 사회는 IT기기의 보편화와 물리적 기술의 한계에 이르게 되어, 소프트웨어에서 그 답을 찾으려는 "소프트웨어 중심사회"로 급변하고 있습니다. "소프트웨어 중심사회"에서는 "소프트웨어"가 정치, 경제, 사회, 문화, 교육 등의 제반 분야에 더욱 중요한 영향을 미치게 되어 개인과 기업, 정부의 경쟁력을 결정하게 됩니다. 이미 세계 주요 선진국(미국, 영국, 일본, 핀란드 등)에서는 초등학교 저학년부터 소프트웨어교육(프로그래밍교육)을 실시하여 학생들의 컴퓨팅 사고력(Computational Thinking)을 기르기 위한 기반을 마련하고 있으며, 얼마 전 우리나라의 교육부에서는 초중고 교육과정에서 소프트웨어교육을 필수과목으로 지정한다는 발표가 있었습니다. 이제는 초등학생들도 소프트웨어를 만드는 세상이 되고 있습니다.

　컴퓨팅 사고력은 2006년 미국 카네기멜론 대학의 Jeannette M. Wing 교수가 제창한 개념으로서, 이 세상의 다양한 문제들을 컴퓨터를 이용하여 해결하기 위한 사고능력입니다. 컴퓨팅 사고력은 컴퓨터과학자들뿐만 아니라 앞으로 누구나 배워서 활용할 수 있는 보편적인 사고이자 향후 인간의 사고체계를 지배하는 중추적인 역할을 할 것입니다. 지난 과거 여러 세기 동안, 인쇄·출판 등에 의해 3R 능력(읽기: Reading, 쓰기: wRiting, 셈하기: aRithmetic)이 널리 보급되었듯이, 컴퓨터와 프로그래밍 기술이 컴퓨팅 사고력을 보급시키기 위한 중요한 도구 역할을 하고 있습니다. 특히, 프로그래밍 능력은 여러분들의 창의적인 사고과정과 혁신능력을 확장시켜 주며, 모든 사람들이 갖춰야 할 21세기 핵심역량입니다.

　대부분의 사람들에게 "컴퓨터 프로그래밍"은 아마도 난해한 기호와 숫자, 문자가 섞여 있는 것들을 컴퓨터 전문가가 고군분투하며 시행착오를 거쳐서 만들어내는 고도의 어려운 작업이라고 생각되기 쉽습니다. 그러나 사실은 그렇지 않습니다. 이것은 마치 19세기 말~20세기 초 산업혁명 시대에 수학 및 과학 과목이 보편적 교육으로 학교수업에서 실시된 것처럼, 프로그래밍교육은 여러분들이 앞으로 살아갈 21세기 지식창조시대를 창의적이고, 주도적으로 그려나가기 위한 기본소양으로 자리 잡고 있습니다. 따라서 이제는 누구나 전공과 관계없이 모든 학생들이 컴퓨팅 사고력을 배워야 할 때입니다.

컴퓨팅 사고력의 주요 핵심 개념들을 이해하고 실천하기 위한 다양하고 흥미로운 주제들을 다루고 있는 이 책이 독자 여러분들에게 "소프트웨어 중심사회"의 좋은 길잡이가 될 것으로 믿어 의심치 않습니다.

끝으로 이 책의 번역 출간에 적극 협력해 주신 생능출판사 관계자 여러분께 깊이 감사드립니다.

장	제목	번역 담당자
1	컴퓨터, 소프트웨어, 프로그래밍(Why Did the Chicken Cross the Road?)	김흥수
2	비트와 바이트(Bits, Bytes, and Words)	김흥수
3	참과 거짓(True or False)	정영애
4	운영체제(Who Is the Master?)	김용우
5	인터넷과 네트워크(Hello There)	김용우
6	웹(Web)(Home Sweet Homepae :-))	정영애
7	보안(Keep It Safe)	김진묵
8	문제해결(Solve That Problems)	김진묵
9	데이터(Data Everywhere)	황석형
10	어플리케이션(Get That App)	황석형

2017년 1월
역자 일동

서문

컴퓨팅 사고력(CT)

디지털 컴퓨터는 우리에게 정보화 혁명을 가져다주었다. 정보화 시대에서 사람들은 반드시 컴퓨터와 스마트폰, 인터넷을 다루어야 한다. 게다가 컴퓨팅 사고능력도 갖추어야 한다.

컴퓨팅 사고력(Computational Thinking, CT)은 그날그날 일상생활의 모든 활동 영역에서, 현대 디지털 컴퓨터와 컴퓨터 과학으로 얻을 수 있는 기초적인 개념과 이유를 적용하는 정신적인 기술이다. CT는 정보 기술, 유리한 점, 한계점, 그 한계가 가지고 있는 문제점, 그리고 컴퓨터를 이해해서 영감을 받을 수 있는 사고력이다. CT는 또한 "이런 일을 자동화하면 어떨까?", "만일 우리가 아이들에게 이런 일을 시킨다면 어떤 지시서나 예방책을 주어야 할까?", "이 일은 얼마나 효율적인가?", "이 일을 하는데 어떤 실수가 있을 수 있을까?" 같은 질문을 하면서 우리를 고무하고 격려한다.

CT는 여러분의 마음을 확장시키고, 사람과 사람, 사람과 기계의 의사소통을 더욱 증가시킬 뿐만 아니라, 예측 가능한 위험과 실수를 방지하고, 효율성을 증대시켜 문제를 해결할 수 있도록 도와준다. CT는 여러분을 더욱 성공시킬 수 있으며, 심지어 사람들의 목숨까지도 구할 수 있다.

여러분이 CT를 습득하는 것은 컴퓨터 기술자나 과학자가 되기 위해서가 아니다. 사용자 측면에서 본다면 간단한 방법으로 컴퓨터와 컴퓨팅을 소개하기 위한 아주 잘 만들어진 주제의 순서를 제공하는 것이다. 물론 사용자가 컴퓨터 과학이나 프로그래밍의 사전 지식이 없어도 말이다. 하드웨어, 소프트웨어, 데이터 표기법, 알고리즘, 시스템, 보안, 네트워크, 웹 그리고 다른 컴퓨터 측면을 습득하는 동안, 여러분은 현 세상에 바로 적용할 수 있는 CT 박스 안에 설명되고 강조된 정신적 기술과 적용 개념을 알아 낼 수 있다.

배경

2006년 3월 지넷 윙(Jeannet M. Wing) 박사는 'The Communication of ACM' 학술지에 CT에 관한 글을 기고하였고, CT는 모든 사람을 위한 기술이라고 이야기했다.

"CT는 컴퓨팅 처리 능력과 한계를 기반으로 한다. 사람에 의해 실행될지 기계에 의해 실행될지는 능력과 한계에 달려 있다. 컴퓨팅 방법과 모델은 문제를 풀 수 있는 용기를 주고, 시스템을 디자인 한다. CT는 모든 사람을 위한 기본 기술이지, 단지 컴퓨터 과학자만을 위한 기술이 아니다. 우리는 모든 어린 아이들이 읽고, 쓰고, 연산을 하는 분석적 능력을 위해 CT를 가르쳐야 한다. 마치 출판 덕분에 3R(즉 읽고, 쓰고, 연산하는 것: Reading, Writing, Arithmetic)의 확산이 용이해졌듯이, 컴퓨팅과 컴퓨터가 CT 확산을 용이하게 하는 것이다."

대학 연구 단체 안에서 CT에 관한 중요한 안건을 토의하였다. CT를 둘러싸고 있는 것은 무엇인지, 교육 시스템 안에서 CT의 역할은 무엇인지?

교육계 내에서도 컴퓨터적으로 생각하는 잠재적 중요성이 증가한다는 점을 인식하고 있다. The National Academies의 NRC(National Research Council)는 최근 CT에 관한 리포트에서 다음과 같이 설명했다.

"… CT는 컴퓨터 과학자가 아닌 모두를 위한 분석 기술이며, 인간의 행동을 이해하고, 시스템을 디자인하고, 문제를 해결하는 데 도움을 주는 기본적인 분석 기술이다. CT는 다른 영역의 과학자뿐만 아니라 모두에게 이익을 줄 수 있을 것이다. …"

ACM/IEEE-CS 커리큘럼 프로젝트 팀은 최근(2013년) 아래와 같이 언급했다.

"CT: CT에 관한 많은 토론을 하였지만, 커리큘럼에 CT의 직접적인 충격은 아직 분명하지 않다. 우리는 "정답"은 없다고 믿는 반면에 CS 2013 팀은 CS 커리큘럼을 만들어 더 넓은 청중들을 위한 CT를 촉진하고, CT 모델을 좀 더 명확히 하려고 한다."

CT 비밀의 발견

컴퓨터는 바보와 같다. 컴퓨터는 단지 bit만 다루고 각 bit는 0과 1로 표현된다. 컴퓨터는 맹목적으로 프로그램 명령어를 따르고 데이터를 처리한다. 이런 데이터와 프로그램은 0과 1의 순차적 표현들이다. 그러나 컴퓨터는 Universal machine[1]으로서 주어진 명령어로 업무를 수행할 수 있는 기계이다. 컴퓨터가 프로그래밍 되는 방법, 운영되는 방법, 작업

---

1) 여기서 machine이라는 단어는 computing machine을 말한다. 보편화된 컴퓨터

을 위해 만들어진 방법을 배우는 것은 그 자체로도 매력적인 일이다. 그러나 그런 것을 이해하는 것은 우리에게 더 많은 컴퓨팅 사고력을 준다.

CT가 가지고 있는 중요한 측면들

- 추상화를 통한 단순화: 추상화는 중요하지 않은 사소한 것은 무시하고, 무엇이 중요한지 초점을 맞추어 복잡성을 줄이는 기술이다. 예를 들면, 운전자가 차를 바라보는 관점은 "어떻게 차를 운전할까?"에 있지, "자동차는 어떻게 만들어지고, 작동하는가?"에 대한 관심은 없다. 사용자는 단지 "어떤 마우스 버튼을 클릭해야 하는지?", "키보드의 어떤 키를 눌러야 하는지?"에 관심이 있지, 일반적으로 "컴퓨터 내부는 어떻게 작동되는지?"는 간과한다.

- 자동화의 힘: 반복되는 문제들을 자동화하기 쉽도록 잘 정리하는 것이다. 체계적인 절차와 알고리즘으로 일을 한다면, 반복되는 업무는 효율성과 생산성이 엄청나게 올라갈 것이다.

- 반복과 되풀이: 재치 있고 성공적으로 문제를 해결했던 같은 기술을 다시 적용하고, 같은 스텝을 이용하여 반복적으로 수행하는 것이다.

- 세밀한 사항을 위한 눈과 마음: 0과 1을 바꾸어 쓰거나, 0(영)을 대문자 알파벳 O로 쓴다면 전체 프로그램은 엉망이 된다. 여러분은 독수리 같은 눈과 탐정 같은 마음을 가지고, 신중하고 세심하게 접근할 필요가 있다. 간과한다는 것은 실패를 만들기 때문이다.

- 의사소통의 정확성: 여러분이 의도하는 것을 수행하라고 컴퓨터에게 말해야지, 여러분이 말하는 것을 수행하라고 컴퓨터에게 말하면 안 된다. 여러분이 의도하는 것을 정확하게 그리고 완전하게 설명할 필요가 있다. 상세함에 집중하는 것을 아끼지 말아라. 모호함은 용인되지 않는다. 그리고 문맥은 반드시 분명하게 만들어져야 한다.

- 논리적 추론: "냉정한 논리"의 규칙. 여러분이 좋든 싫든 간에, 원인은 결과를 만들어 낸다. 갈망하거나, 감정적인 공간은 없어야 한다.

- 상자에서 밖으로 나오기: 컴퓨터 프로그램은 업무를 달성하기 위해 코드를 수행한다. 특별한 전문가 같은 사람과는 달리, 컴퓨터는 경험과 전문 지식을 동반하지 않는다. 해결책을 코딩한다는 것은 우리를 컴퓨터의 바보 수준(마치 한 살 수준의 아기가 말하는 것 같은)으로 생각하게 만든다. 그래서 우리는 기본으로 돌아가야 한다. 이 방법이야 말로 우리가 상자 밖에서 생각해 볼 수 있도록 만드는 것이다.

- 문제점의 예측: 자동화는 미리 결정되어 있는 조건에 달려있다. 발생 가능한 모든 예외 사항은 사전에 미리 만일의 사태를 준비해 두어야 한다. "나는 나중에 그것을 처리할 수 있어."라고 말해 왔다면 여러분은 이제 그것을 잊어버려야 한다. CT를 배우게 되면, 여러분이 만일의 사태를 대비하는 계획을 만들 수 있도록 해준다. 그렇지 않다면 여러분은 여러분의 덫에 걸릴 수도 있다.

이것이 몇 가지 중요한 아이디어다. 여러분은 CT를 통해 더 많은 개념과 방법을 얻게 될 것이다. 컴퓨팅에 관한 이해를 넓혀 가면, 다양한 각도와 관점에서 CT의 통찰력을 얻기 시작할 것이다. CT를 통해 얻는 이점은 무엇인지, 무엇이 그 이점에서 중요한지에 관하여 사람들 마다 다양할 것이라 생각한다.

여기 달걀과 닭의 질문이 있다. 컴퓨팅과 CT는 어떤 것이 먼저 나왔는가? 확실히, 인간 문명의 긴 역사뿐만 아니라, 다른 지식 분야로 인해 많은 사상과 기술은 컴퓨팅 영역을 정제하고, 발견하고, 발전시켜 왔다. 그러나 컴퓨터 과학 또한 많은 유일무이한 개념과 기술 그리고 문제 해결 능력 아이디어를 만들어 왔다.

컴퓨팅은 우리를 포함한 사이버 공간(Cyberspace)이라고 불리는 디지털 생태계를 만들어 왔다.

디지털 컴퓨터와 컴퓨팅 연산을 이해하는 것은 매우 유익하다. 게다가 그런 이해는 세상에 널리 적용할 수 있는 강력한 아이디어(포괄적으로 CT로 알려진)를 발견하는 매우 효율적인 방법을 우리에게 제공한다. 우리가 컴퓨팅과 컴퓨팅의 여러 측면을 이해하면 할수록 CT와 같은 아이디어를 더 이끌어 낼 수 있다. 컴퓨팅의 다른 측면과 문맥을 가지고 CT 개념을 되풀이하면 다른 관점을 찾을 수 있고, CT 개념이 우리의 마음에 서서히 스며들게 될 것이다.

이 책은 현대 컴퓨팅에 관한 흥미롭고, 일반적인 지식을 얻기 위한 방법을 제공한다. 여러분은 새로운 관념과 관점을 보게 될 것이며, 여러분의 사고를 풍부하게 할 뿐만 아니라 더 성공적으로 만들어 줄 것이다. 예를 들면, 만일 세균에 대한 개념이 없다면, 사람들은 효과적인 감염 방지나 올바른 위생 행동을 하지 않을 것이다. 이와 같이 컴퓨팅 개념의 일반적인 이해가 없다면, 디지털 시대의 자격을 세내로 갖춘 시민이 되기 어려울 것이다.

한 분야에서 얻은 아이디어를 다른 분야에 그 아이디어를 적용한다는 것은 이제 새로운 일이 아니다. 사실, 많은 돌파구는 여러 학문 분야가 관련된 도전으로부터 나왔다. 예를 들면, 자연 생물체의 모델을 연구하는 Biomimicry 과학[2]은 그 연구 결과를 우리의 문제를 해결하기 위한 영감, 프로세스, 디자인을 적용하는 학문이다.

여러분은 CT 웹사이트를 통해 독자들 간의 관점과 통찰력 그리고 영감을 공유하는 기회를 받을 수 있다. 컴퓨팅 기술을 사용하여 CT 발전에 협력한다는 것은 멋진 일이라 생각한다.

Computize

> 정의: computize, 동사, 컴퓨팅 사고력을 적용하는 것, 컴퓨터적인 시각으로 검토, 고려, 분석, 디자인, 계획, 협동, 문제 해결을 하는 것

어떤 구체적인 문제에 대해 고려하고, 분석하고, 디자인하고, 공식으로 만들거나, 해결책을 고안할 때, computizing 한다는 것은 중요한 심사숙고 차원을 추가하는 것이다.

사람들은 말한다. "소 잃고 외양간 고치기, 뒤 늦은 후회" 그러나 컴퓨터 자동화는 미래의 적용 가능한 응용 분야를 모두 다룰 수 있기에, 우리는 반드시 "만일 …이라면 어찌 되는가?"라는 질문을 하면서, 상상할 수 있는 시나리오와 만일의 사태를 계산에 넣어야 한다.

구체적 예를 살펴보자. 허리케인 샌디는 미국 역사상 가장 파괴적이고 치명적인 태풍이었다. 여러 수준의 CT를 적용한다면, 우리는 샌디로 인한 많은 재앙을 상당히 줄일 수 있다고 감히 말할 수 있다.

- 뉴욕시 지하철 입구와 공기 환풍구는 도로 높이다. 만일 도로가 범람 된다면? 만일 범람한 물이 지하철로 들어온다면?
- 만일 우리가 범람한 지역에서 불과 싸울 필요가 있다면? 우리는 소방 트럭이나, 소방 보트를 가지고 있는가? 우리는 보트를 위한 훈련된 소방관을 가지고 있는가?
- 많은 비상용 이동 전기 발전기의 동력은 휘발유이다. 만일 휘발유가 떨어지거나, 주유소가 범람을 당했다면?
- 만일 음료수 공급이 끊어졌다면? 우리는 소화전을 이용해 물을 공급할 수 있는가?

---

2) 신조어: 생물체의 특성, 구조 및 원리를 산업 전반에 적용시키는 것

이 경우에, 우리는 소화전과 연결하여 정수하고, 여러 수도꼭지에 공급하는 이동식 기묘한 기계 장치를 사용할 수 있는가?

- 만일 비상용 전기 발전기가 침수 당했다면? 위험한 빌딩으로 지정되면 그 빌딩 발전기는 방수를 해야 정상인가?
- 만일 전화 기지국에 전기가 끊긴다면? 비상시를 대비하여 통신 중계망을 드론을 이용하여 공중으로 전개하는 것은 얼마나 어려운가?
- 만일 우리가 컴퓨터 모델링으로 폭풍의 손실을 모의실험 한다면? 그리고 무엇을 준비하고 시간이 얼마 남았는지 알아낸다면?

따라서 다방면으로 computizing 하고, 소 잃고 외양간을 고치기 전에 최선을 다 해야 한다. 이 책에는 여러 가지 세상에서 벌어진 상황으로 CT를 적용하는 연습문제를 제공한다.

사용 목적

이 책에는 엄선된 주제를 가지고 일반 독자에게 컴퓨팅을 소개하고 있다. 결국, 컴퓨팅의 개념과 기술은 CT에 영감을 주는 것이다. 이 접근 방법은 컴퓨팅 개념을 더 깊이 이해시킬 뿐만 아니라 컴퓨팅을 뛰어넘는 적용 분석 능력을 실현시킬 것이다. 이 책을 통해 학생들은 새로운 사고력의 방법과 문제 해결 능력을 배울 수 있을 것이다.

많은 사례들은 어떤 CT가 일상생활에서 영향을 미치는지 그리고 실생활의 중요한 문제에 어떻게 적용되는지를 보여준다. 독자는 유용한 사고력을 배울 수 있고 특별한 프로그래밍 언어를 가지고 프로그램을 만들 필요 없이 문제 해결 능력을 배우게 될 것이다.

활동적인 전문 집단(NCR, ACM 그리고 특별히 IEEE 컴퓨터 사회)의 도움으로, 컴퓨터 과학 단체들은 CT가 대학의 교과 과정으로 소개되어야 한다고 생각하고 있다. 특히 학부생—예를 들면, National Science Foundation(NFS) 기금을 받은 프로젝트 이름은 "일반 교육 교과 과정에서 CT를 위한 과정 안내"(2008년 Towson 대학)이다. 아래와 같이 언급되어 있다.

"우리의 비전은 CT가 전국 모든 대학의 학부 교과 과정의 일반 표준 교과 과정이 되는 것이다. 이 목표를 달성하기 위한 CPATH-CDP[3] 기금의 목적은

---

3) 대학 컴퓨팅 교육을 통해서 지속 가능한 개념들을 통합하기 위한 프로젝트

Towson 대학 전체 교양 과정에 CT 개발 과정의 특별한 모델을 발전시키고 평가하는 것이다. 이 과정은 모든 대학에서 다른 분야 학과의 교수에 의해 자기분야에 구체적인 CT 발전을 실현하는 것이다. 그리고 "Everyday CT"라는 신입생을 위한 공통 과정으로 지지 받는 것이다."

이 책은 정확히 일반 신입생 수준의 과정으로 만들어졌고, 컴퓨터 과학 학부에서 CS0 과정으로 제안되었다. 학생들은 컴퓨터 과학과 프로그래밍의 기본 지식이 없어도 된다. 그러나 컴퓨터 과학, 컴퓨터 공학, 정보 기술 관련 학생들에게는 쉽게 읽혀지리라 본다. 또한 이 책은 컴퓨팅 과정 중에 컴퓨터 활용 강좌나 다른 프로그래밍이 없는 강좌에 사용 될 수 있다. 또 책의 많은 부분은 중학교와 고등학교에서도 선행 학습을 할 수 있도록 CT를 소개하였다.

이 책은 일반인 전체를 위해 매우 흥미롭고, 읽고 도움이 되는 내용으로 만들어졌는데, 왜냐하면 그것은 여러 분야의 사용자 관점을 위함이기 때문이다.

Online Resources

이 책은 아래의 웹사이트와 함께 한다(CT 웹사이트).
주소: computize.org

여러분은 사이트에서 많은 정보를 찾을 수 있고 아래를 포함한다.

- 대화형의 Demo, 텍스트의 상호 참조, 경험 실습 제공
- CT의 관점, 경험, 통찰력을 공유하는 장소
- 정보 Update
- 강의 노트 및 다른 강사의 자료

차례

CHAPTER 06 웹(Web)(Home Sweet Homepage :-))

CHAPTER 07 보안(Keep It safe)

CHAPTER 08 문제해결(Solve That Problems)

CHAPTER 09 데이터(Data Everywhere)

CHAPTER 10 어플리케이션(Get That App)

Chapter 01

컴퓨터, 소프트웨어, 프로그래밍
(Why did the chicken cross the road?)

chapter 01

>>>

컴퓨터, 소프트웨어, 프로그래밍
(Why did the chicken cross the road?)[1]

우리는 현대 디지털 컴퓨터가 가져온 정보 혁명의 시대에 있다. 그 누구도 현재 IT 기술로 인해 발생된 영향의 범위를 피할 길은 없다. 우리가 컴퓨터 과학자나 IT 전문가가 되지 않더라도 IT 내부 핵심의 모든 것을 잘 이해하는 것은 매우 유용하다. 왜냐하면 우리는 모두 IT 소비자이기 때문이다.

디지털 컴퓨터의 변화능력은 기회는 만능 기계(universal machine)[2]가 되는 것으로 부터 시작되었다. 일반적인 컴퓨터는 다른 수학적 계산을 수행하기 위해 다른 물리적 변환도 필요하지 않고, 다시 전선을 바꿀 필요도 없기에 보편적이라 볼 수 있다. 대신에 다른 프로그램을 실행하더라도 같은 하드웨어도 가능하다. 우리는 컴퓨터의 하드웨어와 소프트웨어의 다양성을 살펴보고, 컴퓨터의 일반성을 설명하는 데 도움이 되는 컴퓨터 유한 상태 모델(finite state machine model, FSM)을 살펴본다.

반면, 이 책 전반에서는 머리말과 서문에서 제공한 중요한 개요를 같은 어조로 이해하기 바란다. 머리말과 서문을 건너뛰어 왔다면 다음으로 가기 전 꼭 살펴보기 바란다.

---

1) (역자 주)
　'물음: 닭이 왜 길을 건넜을까?(Why did the chicken cross the road?) 대답: 반대편 쪽으로 가려고(to get to the other side).'와 같은 썰렁한 농담이다.
　미국식 농담과 답변들 예
　• 플라톤 "더 좋은 곳을 향하여"
　• 아리스토텔레스 "닭이 길을 건너는 것은 자연스러운 것이다."
　• 칼 마르크스 "그것은 역사적으로 피할 수 없다."
　• 모세 "신이 하늘에서 내려와 닭에게 말하였다. '길을 건너라', 닭은 길을 건넜고 즐거워하였다."
　• 프로이트 "당신이 닭이 왜 도로를 건넜을까를 걱정하는 것은 불안한 상태에 있다는 것이다." 등
2) 여기서 machine이라는 단어는 computing machine을 말한다. 보편화된 컴퓨터

1.1 컴퓨터(The Computer)

디지털 컴퓨터는 디지털 혁명을 가져왔고, 이것은 정보 시대를 열었다. 우리의 일상생활은 점점 더 데스크톱과 태블릿, 게임 콘솔, 그리고 스마트 폰에 의존하고 있다. 그 일상생활은 순차적으로 전 세계로 연결된 온라인 서비스와 정보에 의지하게 되었다. 글로벌 정보기반 시설은 세계 경제에 엄청난 이익을 창출하고, 지리적 한계를 극복하며, 사람들 간에 즉각적인 상호작용을 가능하게 할 뿐 아니라 기업이나 사람들이 어디에 있던 일할 수 있는 힘을 실어준다. 분명하게 말할 수 있는 점은 현대 시민들을 위한 컴퓨터 문화와 컴퓨팅 사고력은 계산하고 글을 쓰고 읽는 것처럼 중요해질 것이다.

컴퓨터는 많은 형태가 있다. 데스크톱 컴퓨터는 집과 회사에서 많은 일을 할 수 있는 큰 사이즈의 컴퓨터이다. 노트북은 데스크톱처럼 강력하면서도, 이동이 자유로울 뿐만 아니라 스피커, 마이크, 카메라, wi-fi 연결 등이 한 몸체로 이루어져 있다. 태블릿은 키보드나 터치 패드가 없는 노트북이고 그것을 더욱 가볍고 작게 만든 기기이다. 터치스크린은 컴퓨터와 상호작용을 하는 방법을 더욱 쉽게 만들었다. 스마트 폰은 휴대전화기와 태블릿, 와이파이 네트워크(wi-fi networking)를 조합하여 정보와 통신을 즐기는 사람들에게 꿈의 장치가 되었다.

게다가 특화된 컴퓨터는 가전제품, 자동차, 선박, 비행기, 인공위성, 전력망, 로봇 등 많은 곳에서 운영되고 있다. 우리는 특화된 컴퓨터 장비의 속도와 정교함을 이용하여 더욱 정교한 장치를 만들 수 있게 되었고, 많은 양의 데이터를 빠르게 처리할 수 있게 되었으며, 발사되어 날아가는 미사일까지도 가로챌 수 있게 되었다. 어떻게 컴퓨터가 작동하고, 어떻게 컴퓨터와 함께 일할 수 있는가에 대한 지식이 있다면 세상의 거의 모든 규칙과 거래 관계에서 도움이 될 것이다. 또 컴퓨팅 사고력을 위한 기술을 습득한다면 더 많은 영역에서 혜택을 보게 될 것이다.

컴퓨터 시스템(Computer systems)

컴퓨터 시스템은 인간이 지금까지 만들어 온 가장 복잡한 인공 구조물이다. 이것은 많은 복잡한 부분으로 이루어져 있는데, 즉 중앙 처리 장치(CPU), 그래픽 장치(GPU), 캐시 메모리, 메인 메모리(main random-access memory, RAM), 보조 메모리(hard disk), 화면, 키보드, 카메라, 마이크, 스피커, 프린터, 스캐너, 네트워킹, 운영체계, 파일 시스템, 응용 프로그램, 프로그램 언어와 컴파일러, UI, 통신 규약, 사용자와 프로세스(process)

관리 등이 그것이다.

이 모든 것들은 각 시스템마다 기능이 정확하고 정교한 방법으로 상호 운영되어야 한다. 테스트를 할 때나 무언가 잘못 운영될 때 복잡한 문제점 해결, 디버깅 시스템과 기술도 컴퓨터 시스템에 영향을 미치게 된다. 버그 수정, 보안 업데이트, 개선뿐만 아니라 새로운 기능들은 컴퓨터 시스템을 계속해서 새로운 버전을 내놓게 만든다.

[그림 1.1]은 라즈베리 파이(Raspberry Pi), 즉 TV와 키보드에 연결되는 신용카드 크기의 컴퓨터를 도식적으로 보여준다. 이것은 40달러 이하로 만들 수 있으며, 리눅스(Linux) 운영체제로 운영 가능하며, 컴퓨터를 배우고 가르치는 데 매우 유용한 도구로 활용할 수 있다.

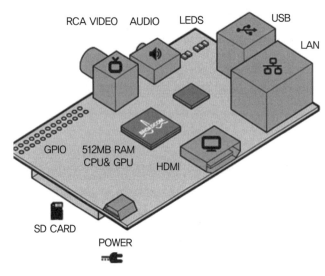

[그림 1.1] 베어본(barebones) 컴퓨터

디지털 컴퓨터의 핵심은 매우 간단한 구조이다. CPU는 명령어를 순서대로, 그리고 연속적으로 실행하기만 한다. 각각의 명령어는 연산 코드(opcode)를 갖고 있고, 운영을 위한 값과 피연산자(Operand) 그리고 수행되어야 하는 활동과 운영방법을 표현한다. 어떤 명령어는 메모리에 결과 값을 저장할 수도 있고 입출력 장치를 수행할 수 있으며, 다음에 수행될 명령 집합들을 지정할 수도 있는 반면에 컴퓨터의 내부 상태를 변환시킬 수도 있다. 데이터와 명령어는 1과 0을 사용하는 이진 코드로 메모리에 저장된다. 그러나 이진법으로 구성된 데이터와 명령어는 복잡한 컴퓨터 프로그램의 순서도 간결하게 만들어준다(10.5절). 현대 디지털 컴퓨터와 다른 기계와의 차이점은 바로 기계에 프로그램을 저장할 수 있다는 점이다. 이런 프로그램을 실행 가능한 부분이 차별성이라 볼 수 있다. 같은 하드웨어에 다른 프로그램을 저장하고 실행 가능하다는 사실은 현대 컴퓨터가 아주 강력한 기계임을 말해 준다.

수백 MHz(10^6Hz)부터 수 GHz(10^9Hz)까지의 주파수를 지원하는 내부 클록(clock)에 의해 만들어진 신호는 CPU 명령어 실행을 동기화한다. 클록(Clock) 속도가 빠르면 빠를수록 CPU 속도도 더 빨라짐을 의미한다.

CPU는 메인 메모리라고 불리는 RAM보다 더 비싸고, 더 작고, 접근 속도가 훨씬 빠른 캐시 메모리를 CPU 칩 속에 가지고 있다. RAM에 있는 데이터와 명령어를 캐시에 두면 반복적인 접근을 통해 더욱 빠른 속도로 처리할 수 있다. 캐싱(caching)은 하드웨어 안에 심어져 있고, 캐시 메모리 관리자는 더 빠른 속도를 얻기 위한 실행 명령어와 병행해서 작동시킨다.

CPU는 한 번에 하나씩 순차적으로 명령을 수행한다. 현대 컴퓨터는 병렬 방식이나 동시 작업을 통해 하나의 CPU보다 더 빠른 속도를 낼 수 있다.

1.2 튜링 머신(Turing Machine)[3]

컴퓨터 과학의 아버지라 불리는 앨런 튜링(Alan Turing)은 영국에서 1912년 6월 23일에 태어났다. 그의 공헌은 지대해서 튜링상(Turing Award)은 컴퓨터 과학의 노벨상이라고 불린다. 24세라는 어린 나이에 컴퓨팅 모델을 소개하는 논문을 냈고, 지금은 튜링 머신(Turing machine)으로 잘 알려져 있다. 튜링 머신은 컴퓨터가 어떻게 작동하는지에 대한 이론적 장치이다[그림 1.2].

튜링 머신은 다음과 같이 묘사된다.

- 그 기계(machine)는 한정된 수의 내부 상태를 가진다. 이것을 유한 상태 기계(finite-state machine, FSM)라 한다.
- 무한한 길이의 테이프(Tape) 위에 쓰인 기호들로서 기계의 입력, 출력을 받는다.

---

3) 영국의 수학자 A. M. Turing이 제안한, 무한대의 저장량과 절대로 고장이 없는 가상적 계산기
긴 테이프에 쓰여 있는 여러 가지 기호들을 일정한 규칙에 따라 바꾸는 기계이다. 상당히 간단해 보이지만 이 기계는 적당한 규칙과 기호를 입력하면 일반적인 컴퓨터의 알고리즘을 수행할 수 있으며 컴퓨터 CPU의 기능을 설명하는 데 상당히 유용하다.

- 기호들의 모음, 즉 기계의 알파벳은 유한 집합(finite set)이다.
- 기계가 읽고 있는 기호는 기계의 현재 상태와 함께 기계의 동작을 결정한다. 어떤 동작은 테이프(tape) 위에 일부 혹은 전부 새로운 기호를 입출력 헤드를 앞 또는 뒤로 움직이고(또는 한 곳에 있게 할 수도 있고), 새로운 상태로 들어가거나 정지하는 데 관여한다.
- 튜링 머신의 유한 길이 프로그램은 기계의 다른 상태들과 각각의 상태에 따른 다른 입력을 위한 정확한 동작을 구체적으로 명시하고, 변환 상태를 포함한다.

현대 컴퓨터들은 튜링 머신과 같은 모습을 갖고 있다. 알파벳은 {0, 1}의 집합이고, RAM에 저장된 데이터와 프로그램은 기계의 상태와 동작을 정의하며, 기계가 입출력을 수행한다.

튜링 머신에 의해 수행될 수 있는 작업들(Tasks)은 계산이 가능하거나(computable) 결정이 가능한(decidable) 것으로 알려진다. 튜링 머신에 의해 수행될 수 없는 작업들은 계산이 불가능하거나(incomputable) 결정 불가능한(undecidable) 것이다. 이것은 단순히 말해 그것이 컴퓨터 프로그램으로 쓸 수 있다면 작업이 가능하다는 것을 의미한다.

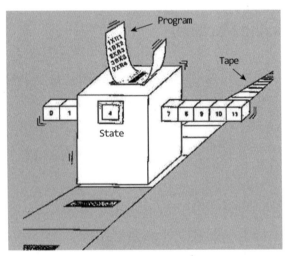

[그림 1.2] 튜링 머신[4]

---

4) 튜링 머신은 테이프에서 읽은 기호와 제어 장치의 현재 상태에 따라 미리 정해진 동작 규칙대로 다음 상태를 결정하고, 입출력 헤드가 가리키고 있는 테이프의 칸에 기호를 쓰거나 지우고, 입출력 헤드를 오른쪽 또는 왼쪽으로 한 칸 움직인다.

[그림 1.2]에 있는 튜링 머신은 프로그램 로딩 후 작동하기 시작한다. 기계는 12개의 상태를 가지고 있고(0에서 11), 현재는 상태 4에 있다.

튜링 머신은 컴퓨터 과학 추상화 개념의 중심적이고 주요한 예라고 할 수 있다.

CT: 개념을 일반화하고, 더 나은 형태로 추상화하기

중요하지 않거나 관련성 없거나 관계없는 세부 사항들에 연연하지 말고, 주제의 핵심 요소에 집중하라.

추상화를 통해, 우리는 종종 이슈를 모호하게 하는 불필요한 부분들을 없애 복잡한 상황을 명쾌하게 만들 수 있다. 이런 추상화의 능력은 우리에게 개념과 아이디어의 본질을 가져다 줄 수 있게 한다. 그래서 더 심오한 이해력을 얻을 수 있다. 예를 들면 우리는 성인들, 10대 청소년, 아이들, 자유주의자, 보수적인 사람, 남자, 여자, 짝수, 홀수까지도 이야기할 수 있다. 그러나 우리가 집합의 개념을 추상화한 후에야 비로소 일반적이고 철저한 방법으로 객체 수집에 관하여 토론하기 위한 언어와 개념을 추상화할 수 있다.

이 책에 따라 진도를 나아가면 여러분은 추상화에 대해 친숙해질 것이다. 넓게 적용될 수 있는 중요한 분석적 기술은 단지 연산(computing)이 아니다.

1.3 컴퓨터의 간략한 역사

수학적으로 계산하는 데 도움을 줄 수 있는 장비 발명의 욕구는 옛날부터 있었다. 그 중 좋은 예는 주판이다. 주판은 간단하고 쉬운 기계적 계산기로 지금도 사용되며 또 만들어지고 있다. 얇은 슬라이드 구슬들과 주변 막대로 구성된 중국 주판은 서기 190년에 처음 기술되었다. 그러나 아마도 한참 전부터 사용되었을 것이라고 본다. [그림 1.3]은 전형적인 주판이며 그림의 수는 37,925를 가리킨다

[그림 1.3] 중국 주판

더 복잡한 기계식 계산기(배비지 미분기, Charles Babbage difference engine)는 1823년에 처음 만들어졌고, 기어와 정교한 부품을 사용하여 더 나은 수학 함수표를 만들어 다항식 함수까지 계산할 수 있었다. 배비지 기기는 결코 미분기 또는 더 발전된 형태의 분석 기기보다 완전하지는 못했다. 그의 디자인을 기초로 기기 모델들은 입증을 목표로 나중에 만들어졌다. [그림 1.4]는 배비지 미분기 2호(Charles Babbage difference engine No.2)이며, 미국 캘리포니아 마운틴 뷰의 컴퓨터 역사박물관에 전시되어 있다.

[그림 1.4] 배비지 미분기 2호

다른 복잡한 장비와 같이 현대 디지털 컴퓨터는 역사상 일찍이 많은 사람들의 발견과 공헌에 의해 발명되고 탄생하게 되었다. 첫 번째 프로그램이 가능한 컴퓨터는, Z1, 1936년 초 콘라트 추제(Konrad Zuse)에 의해 발명됐다.

1955년부터 1975년 사이 컴퓨터는 RAM이라 불리는 코어 메모리를 사용했다. 코어는 작은 마그네틱 링인데 정보의 한 bit를 나타내기 위해 시계 반대 방향으로 자기화 된다. 1900년대 말 코어 메모리 시스템[그림 1.5] 개발의 핵심에는 왕안(An Wang)과 우웨이동 (Way-Dong Woo, 하버드 대학교), 제이 포레스터(Jay Forrester, MIT 공과대학)가 있었다. 오늘날 컴퓨터 RAM은 칩 위에 트랜지스터 회로가 집적된 반도체 메모리로 만들어 진다. 텍사스 인스투르먼트에서 일하고 있는 잭 킬비(Jack Kilby)는 1958년 9월 12일 처음으로 집적된 회로 샘플을 작동시켜 시연했다. 킬비는 2000년 집적회로 발견에 대한 공로로 노벨 물리학상을 받았다. 집적회로는 사진 인쇄 공정에 사용되는 실리콘 와퍼 위에 제작된다. 시간이 지남에 따라 집적회로는 계속해서 점점 더 작아지고, 집적도가 더 높아져 갔다. 오늘날 10억 개 이상의 트랜지스터를 가진 64bit 마이크로프로세서(CPU, GPU, ALU, 캐시 메모리)는 엄지손톱보다 더 작은 칩으로 만들어진다. 칩의 크기는 단지 몇 나노미터(10^{-9}m) 사이즈다.

[그림 1.5] 1024-비트 코어 메모리 판

컴퓨터 화면은 CRT와 타자기 모양의 장치로부터 픽셀 기반의 고해상도, 총천연색, 터치스크린 LCD와 LED 화면으로 진화되어 왔다.

보조 기억 장치는 펀칭 카드에서, 종이테이프, 마그네틱 드럼[그림 1.6], 마그네틱테이프 그리고 플로피 디스크에서 고용량 하드 디스크, DVD 디스크, 플래시 드라이브, SD 카드, 초고속 반도체 메모리로 발전해 왔다. 보조 기억 장치의 가격 또한 계속 내려가고 있다.

[그림 1.6] 마그네틱 드럼

1.4 소프트웨어(Software)

모든 컴퓨터는 두 개의 필수적인 부분으로 구성되어 있다.

- 하드웨어(Hardware): 물리적인 장치로서 수정이나 변경이 어려운 부품을 포함한다. CPU, ALU(arithmetic logic unit), GPU, 메모리, 디스크 드라이브, 유·무선 네트워크 연결기, 터치 화면, 모니터, 키보드, 마우스, 오디오, 비디오, 카메라, 터치 패드, 프린터 등
- 소프트웨어(Software): 프로그램 코드로서 쉽게 로딩, 구성 변경, 업데이트, 제거가 가능하다. 소프트웨어는 시스템 프로그램과 응용 프로그램을 포함한다.

소프트웨어가 없는 컴퓨터는 그야 말로 아무것도 아니다. 여러분이 컴퓨터 전원을 켤 때 우선 컴퓨터 내부적으로는 부팅 프로세스(4.11절)가 저장되며, 하드웨어를 검사한 뒤 운영체제를 로딩한다.

어떤 작업을 수행하기 위해서, 프로그램은 반드시 순서대로 업무절차를 구체화한다. 컴퓨터의 유용성과 강점은 업무를 수행하기 위해 가능한 소프트웨어가 풍부하다는 데 있다고 말할 수 있다.

컴퓨터를 위한 가장 중요하고 필요한 소프트웨어는 운영체제(Operating system, OS)이다(4.1절). 모든 일반적 컴퓨터는 OS가 반드시 필요하다. 하드웨어뿐만 아니라 모든 응용 프로그램의 자원을 조정하고 관리하기 때문이다. 하드웨어와 다른 모든 응용 프로그램 사이에 위치한 OS의 중심 부분이 커널(Kernel)이다. 운영체제는 하드웨어의 한 부분과 응용 프로그램 다른 부분을 인터페이스(연결, 접속)한다[그림 1.7]. 파일 시스템은 운영체제의 다른 중요한 부분이다. 파일 시스템은 이름이 부여된 파일 데이터를 저장할 수 있도록 지원하며, 검색 가능한 계층 구조로 데이터를 만든다.

같은 하드웨어에 다른 운영체제라면 이것은 다른 컴퓨터라고 한다. 다른 하드웨어에 같은 운영체제가 동작되고 있다면 근본적으로는 같은 방법으로 작동되고 있다고 볼 수 있다.

[그림 1.7]에 묘사되어 있듯이 운영체제를 통해 하드웨어와 인터페이스 하는 응용 프로그램에 의해 동작되고 있는 컴퓨터를 이용해 사용자는 업무를 수행한다.

[그림 1.7] 운영체제

새롭게 설치된 응용 프로그램은 컴퓨터에 새로운 능력을 준다. 잘 알려진 응용 프로그램들은 웹을 검색하거나 이메일을 주고받을 수 있고, 음악을 들을 수 있으며, 동영상과 영화를 감상할 수 있고, 음성 영상 통화와 온라인 채팅도 가능하며, 서류 작성 및 발표 자료 등을 준비할 수 있다.

1.5 프로그래밍

컴퓨터는 만능 기계이다. 컴퓨터는 순차적 명령어에 따라 하나 또는 다른 업무를 수행한다. 여러 업무를 수행하기 위해 명령어를 만들고 창조하는 행위를 컴퓨터 프로그래밍이라 한다.

컴퓨터 프로그램은 특정 업무나 연산을 수행하기 위한 완전한 절차(procedure)들의 집합이다. 프로그램은 정확한 포맷에 따라 쓰이며 이것을 프로그램 언어라고 한다. 프로그램 언어는 syntax(문법 규칙), 언어 구성의 semantic(의미)을 정의한다.

프로그램을 작성할 때 잘못 쓴 언어의 오류는 일반적으로 Syntax 에러를 초래한다. 버그라고 불리는 많은 종류의 에러가 프로그램 속에 있을 수 있다. 디버깅(Debugging)은 프로그램 에러를 수정하고 테스트하는 행위를 말한다.

컴퓨터는 0과 1이 내장되어 있는 기계 언어(Machine language)(10.5절)를 해석하고 기계 언어에 명시되어 있는 명령을 실행한다. 상상할 수 있듯이, 기계 언어에 코드를 쓰는 것은 매우 어렵다. 어셈블리어(Assembly language)는 명령어들과 변수들을 기호화하여 좀더 쉽게 언어를 만들 수 있고, 고급언어(High-level language)(10.7절)는 더 쉽게 프로그래밍을 할 수 있으며 고급언어 프로그램은 그 언어가 컴퓨터에 수행되기 전에 기계언어로 변환되어 수행한다. 컴파일러(compiler)는 소프트웨어 도구의 일종으로, 고급 언어로부터 번역 업무를 수행하며, 이것을 컴파일링이라고 한다. 컴파일러 대신에 고급언어에서는 다른 응용 프로그램인 인터프리터(Interpreter)를 사용해 명령 언어를 수행하기도 한다.

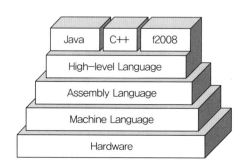

[그림 1.8] 프로그램 언어 level

1954년 IBM은 첫 번째 성공적인 고급언어 포트란(FORTRAN)을 개발했다. 과학과 엔지니어링 응용프로그램에 아주 적합한 프로그래밍 언어로 오늘날까지도 진화는 계속되었다(f2008이 새로운 FORTRAN이다). 현재 널리 범용으로 사용되는 언어는 C, C++, Visual Basic, JAVA이다. 웹 프로그래밍을 위한 PHP와 Java script도 특수 목적의 언어의 예라 할 수 있다.

컴퓨팅 사고력과 소프트웨어의 이해

1.6 Syntax(문법 규칙)와 Semantics(의미)

프로그래밍 언어를 배운다는 것은 언어의 문법 규칙과 의미를 알아가는 것이다. Syntax는 프로그램 언어에 있는 문법에 맞는 정확한 방법을 이용하여 기호들을 올바르게 조합하는 규칙을 다루는 것이고, Semantics는 실질적 정확한 구성의 의미를 다루는 것이다. 이 차이점을 설명한다면, 영어와 같은 자연언어로 돌아가 보자. 예를 들면 문장 "Bees shed leaves in the autumn(벌들은 가을에 나뭇잎을 떨어뜨린다.)" Syntax는 맞지만 의미적으로는 맞지 않다. 프로그램 언어에서 예제 표현

a = b + c는

맞는 syntax와 semantic를 가진다. "변수 b의 값에 변수 c를 더해 그 값이 변수 a값을 가져온다 그래서 이 a값은 이전 a값으로부터 변환된다." 반면 수학에서는 같은 표현이 방정식이 되고, 다른 의미를 가져온다. "양쪽의 값은 같다."라고 수학에서는 같은 균등 관계를 다음과 같이 표현할 수도 있다.

(b + c) = a

그러나 프로그램에서는 syntax가 틀릴 수도 있다. 왜냐하면 왼쪽 부분의 할당값은 반드시 변수여야 하기 때문이다.

종종 같은 표현의 semantics는 사용되는 문맥에 의존하여 달라질 수도 있다. 잘 알려진 영어 문장을 예로 들면 "Mary had a little lamb." 이것은 그녀가 가지고 있는 점심 음식을 말할 수도 있고, 그녀가 어릴 때 가지고 있던 애완동물일 수도 있다. 같은 기호나 표현은 다른 문맥이나 다른 물건을 표현할 수 있다는 것은 연산에서나 일반 생활 속에서도 매우 중요하다.

컴퓨터 프로그램 기호 "0"은 숫자일 수도 있고, 논리 상수 false(거짓)일 수도 있다. 그리고 기호 "1"은 숫자일 수도 있고 논리 상수 true(참)일 수도 있다. 어떤 결론을 내리기 전에 문맥을 항상 검토하는 것은 매우 좋은 연습이라 할 수 있겠다.

예를 들면 C/C++ 언어에서 기호 "!"는 논리적 NOT을 의미하고, "||"은 논리적 OR을 의미한다.

1.7 순서도

프로그래밍이라 함은 컴퓨터를 실행하기 위해 알맞은 절차(Procedures 또는 Processes)를 순차적으로 만드는 것을 의미한다. 그런 절차는 절대 우연히 만들어지는 것이 아니다. 절차 안에는 어디서부터 시작하는지, 정확히 어느 스텝에서 무엇을 해야 하는지, 무엇이 다음 스텝인지, 언제 끝나는지 아주 구체화되어야 한다. 프로그래밍은 빈틈없는 사고력과 세밀한 사항에 대한 집중력, 각 스텝에 따른 모든 가능성이 요구된다. 초보자들에게는 이런 일이 매우 어렵고 지루하게 느껴질 수 있다. 그러나 컴퓨터 프로그램처럼 사고력을 갖는다는 것은 우리가 다른 일상생활을 할 때에도 많은 도움을 줄 수 있다.

순서도는 문자와 도표를 가지고 절차를 시각화하는 것을 말한다. 순서도를 만든다는 것은 프로그래밍 언어를 쓰기 전에 절차를 디자인하는 데 많은 도움을 준다.

절차(Procedure)에서는 스텝의 순서를 계획하거나, 논리적 해결책을 정제하고, 어떤 방법으로 다른 가능성을 만드는지 가리킬 때 순서도가 사용된다. [그림 1.9]는 "아침에 일어나기"라는 간단한 순서도이다. "Start"에서 시작하고, 각 다음 스텝을 화살표에 따라 움직인다.

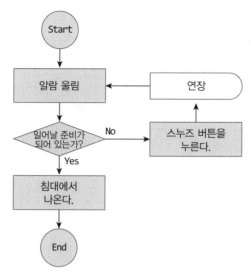

[그림 1.9] 간단한 순서도

프로그래밍에서 스텝에서 스텝으로 움직이는 것을 제어 흐름(Control flow)이라고 한다. 다이아몬드 모양은 경로의 분기점을 가리킬 때 사용된다. 어떤 경로로 가야 하는가는 가리키는 조건에 달려있다. 정확히 말하면 다이아몬드 모양은 가능성들을 예측할 때 사용된다. 그림에서 스누즈(Snooze) 옵션은 몇몇 스텝에서 되풀이 되는 경우의 수를 만든다. 프로그래밍에서는 스텝의 되풀이되는 어떤 그룹을 루프(Loop)라고 부른다. 사람이 침대에서 나올 때 이 순서도의 절차는 끝이 난다.

[그림 1.10]은 다른 예이다. 다음은 램프의 문제 해결에 관한 순서도이다. "Start" 후의 다음 스텝은 매우 중요하다.

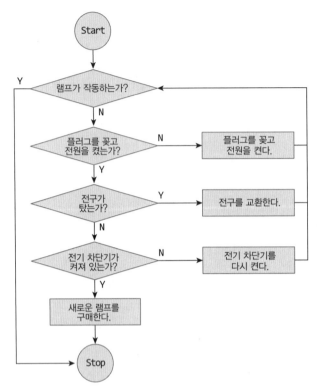

[그림 1.10] 램프 고치기

비록 이 절차의 목적은 램프의 문제점을 해결하는 것이지만, 그럼에도 불구하고 램프의 작동유무를 가정하는 어떤 암시도 우리는 알 수 없다.

시작하는 스텝이 없었다면, 이 절차는 완벽히 좋은 램프를 가지고 문제해결 할 뻔한 잠재적 가능성이 있었고, 더 나쁜 것은 새로운 램프를 사려고 결정했을 수도 있다는 것이다.

> **CT: 모든 만일 사태에 대한 준비(Ready for All contingencies)**
> 어떤 업무가 수행될 때, 경우에 대한 모든 스텝에서 발생할 수 있는 만일의 사태에 대해 준비하라.

다음의 각각 세 스텝은 특정 문제들을 테스트하거나 고치는 것이다. 그 다음 같은 절차는 램프가 작동하는지 아닌지를 결정해, 첫 번째 스텝에서 돌아갈지 말지 계속 반복한다. 이것은 첫 번째 스텝의 중요성을 더욱 보여 주는 것이다.

스텝 2, 3, 4는 스텝들의 가능성에 따라 순서가 매겨진다. 즉 우리는 먼저 흔히 발생할 수 있는 문제를 확인해야 한다. 그래야 더 효율적인 절차를 만들 수 있다. 위 절차에서는 다른 순서로 세 스텝을 두어도 여전히 작동할 것이다. 그러나 스텝의 순서는 중요하고, 순서의 변화는 아마도 절차의 문제를 일으키는 경우가 있을 수 있다.

> **CT: 가장 중요한 것을 먼저 하라(First thing first).**
>
> 올바른 순서로 업무를 수행하라. 말 앞에 수레를 두지 마라.
>
> (본말을 전도하지 마라.)

[그림 1.11]의 세 번째 순서도의 예는 주어진 단어들의 순서를 반대의 순으로 글을 쓰는 프로그램을 보여준다. 단어 수 n은 단어들의 수에 의한 변수이다. 만일 단어의 수가 없다는 가능성 있는 경우, 즉 n이 제로라면, 새로운 줄에 글자를 쓸 수 있게 한 다음 프로그램은 종료하게 될 것이다. 반면에 n이 제로가 아니라면 마지막 n번째 단어를 표시하고, 다시 n-1번째 값을 가진 단어를 표시하는 반복을 계속한다. 왜냐하면 하나씩 반복적으로 단어의 수가 줄면, 결국에는 모든 절차가 끝나기 때문이다.

> **CT: 절차를 진행하기 전에 확인하라.**
>
> 업무 또는 스텝의 순서를 진행하거나 반복하기 전에 항상 확인하라.

순서도를 사용하는 것은 업무에 대한 체계적인 절차를 수행하거나 활동 계획을 만드는 데 매우 유용하다.

직접 CT site에서 연습해 보자(Demo: DoFlowchart).

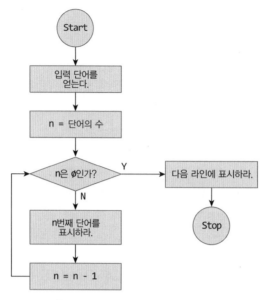

[그림 1.11] 단어의 반대 순 순서도

1.8 알고리즘(Algorithms)

알고리즘이란 어원을 찾아보면, 대수학 저서와 인디언 수의 연산(지금의 아라비아 수로 알려진)으로 잘 알려진 페르시안 수학자 알 콰리즈미(Al-Khwārizmī; 780~850년)에 기원한다. 현대의 컴퓨터 과학과 수학에서 알고리즘의 의미는 문제를 풀기 위한 효과적인 절차의 순서 또는 어떤 업무와 컴퓨터 연산을 수행하기 위한 것이다.

일반적으로 만일 튜링머신(1.2절)에 의해 성공적으로 절차가 수행된다면, 이러한 절차는 알고리즘이라 할 수 있다. 구체적으로 절차는 아래의 기준[5]에 만족한다면 알고리즘이 된다.

- **유한성**: 절차는 유한 숫자의 스텝들로 구성되어 있고, 언제나 유한 시간 내에 종료될 것이다.
- **명확성**: 각 스텝은 정확하게, 엄격하게, 모호함이 없이 구체적이어야 한다.
- **입력**: 절차는 절차가 시작하기 전에 제공되는 데이터의 집합, 경우에는 공집합을 받는다. 데이터에 대한 기대치는 한계 값을 가지만 매우 다양할 수 있다.

---

5) D. Knuth의 책, The Art of Computer Programming, Vol. I.에서의 기준

- 출력: 절차는 공집합이 아닌 집합의 결과를 만들어 낸다.
- 효과성: 절차에서 각각의 운영(operation)은 기초이며 명백히 할 수 있어야 한다.

CT: 알고리즘을 만들어라.

어떤 되풀이 되는 업무를 위한 해결책 또는 절차를 알고리즘으로 만들도록 노력하라.
당신은 엄격함, 정확성, 강력함, 효과성에 대한 결과를 고마워할 것이다.

어떤 해결해야 할 문제가 있다면 대개 그것에 대한 해결책 알고리즘은 여러 개가 있다. 알고리즘에 대한 디자인과 분석은 컴퓨터 과학과 프로그래밍의 중심이다. 목표는 컴퓨터 연산을 수행하고, 문제를 해결해야 하기 위한 더 나은 절차를 만들어 내는 것이다. 간단한 예를 살펴보자. 만일 우리가 전화번호부책 같은 많은 이름과 주소를 가진 것이 있고, 누군가를 그 책에서 찾고 싶다고 한다면, 어떤 알고리즘으로 할 수 있을까? 이것은 컴퓨터 과학에서 잘 알려지고 잘 연구된 검색(Searching) 문제이다.

- 검색 알고리즘 A: 이것은 단세포적이고, 주먹구구 추구 방식(선형검색, 순차검색)이다. 책의 명단에서 첫 번째 부분부터 시작한 다음 각 다음 부분으로 조사하여 나가는 방식이며, 원하는 부분이 발견될 때까지, 명단이 끝날 때까지 진행한다.
- 검색 알고리즘 B: 이것은 이진 검색 알고리즘이다.
  명단이 어떤 순서(예를 들면 알파벳 순)로 되어 있다고 가정한다. 명단의 중간 즈음에서 M 부분을 찾기 시작한다. 세 가지 가능성이 있다.
  (1) 찾던 부분에 바로 M이 있는 경우
  (2) 찾고자 하는 부분 다음에 M이 있는 경우
  (3) M을 찾고자 하던 부분 앞에 M이 있는 경우
  만일 (1)이 맞는다면 중지. 찾는 명단이 전반부(경우 2) 또는 후반부(경우 3)가 될 것이다. 이렇게 같은 절차를 계속해서 찾는 부분을 발견할 때까지 계속 되풀이한다.

[그림 1.12]는 flowchart를 가지고 이진 검색 알고리즘을 보여준다. 여기서 L로 시작하는 단어가 있다고 가정한다. (예 LxxxxxExxx, 10자리 단어라면) L[0]은 단어의 첫 부분이고(즉 0), L[n-1]은 단어의 마지막 부분이다(즉 9). flowchart에 있는 알고리즘을 따라 "E"를 찾아본다. L로 시작하는 단어에 E가 없을 수도 있고, 처음에 바로 찾을 수도 있다. 알고리즘이 입력되는 모든 경우의 수를 포함한다는 것은 아주 중요하다.

이제 두 가지 검색 알고리즘을 비교·분석해보자. 각각 기본적인 작동방법은 경우를 비교함에 있다.

각 비교 작동방법은 찾고자 하는 "E"가 단어 속에 있는 경우 비교한다. 단어의 수가 n 개라면, 선형검색 알고리즘인 경우에는 n번의 경우를 비교해야 한다. 이진 검색 방법은 각 비교의 경우를 절반으로 할 수 있다. 그러므로 이 방법을 적용하면 $\log_2(n)$번의 비교를 하게 될 것이다. 만일 $n=2^{32}$라면 최대한 32번만 비교하면 된다. 무엇이 더 효율적인가? 비록 이진 검색은 순서대로 첫 번째 단어가 요구되는 반면, 선형검색 알고리즘은 그렇지 않다. 그러나 순서라는 것은 한번 들어가는 시간이며, 그 후에는 각 검색이 매우 빨라질 것이다.

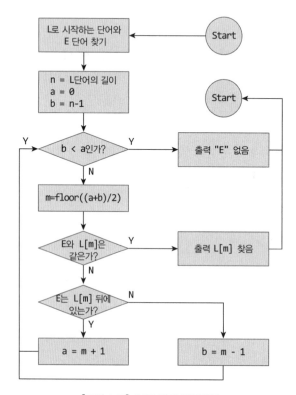

[그림 1.12] 이진 검색 알고리즘

알고리즘이 한번 선택되면, 프로그래밍은 프로그램 언어로 쓰인 알고리즘을 상황에 맞게 적용할 수 있게 만들어 낸다.

1.9 유사 코드(Pseudo Code)

순서도는 조금 더 정확한 방법으로 알고리즘을 만드는 데 도움을 준다는 점을 알았다. 궁극적으로 알고리즘은 엄격한 규칙에 부합하는 컴퓨터 프로그래밍의 구조, 문법의 구두점 등에 의해 적용되어 만들어진다.

그러나 어떤 것은 알고리즘이 정확히 묘사된 일반적인 컴퓨터 언어를 요구하지 않는 것도 있다. 유사 코드(psendo code)로 알고리즘을 작성할 수도 있다(마치 영어와 같은 자연어로 쓰인 순차적 명령어 집합을 쓴다).

예를 들면 두 개의 정수를 비교하는 알고리즘을 보자. 입력은 임의의 두 개 정수로 구성된다. 그리고 첫 번째 수가 두 번째 수보다 작으면 출력은 "smaller", 같으면 "equal", 크면 "larger"로 표기한다.

아래는 유사 코드로 작성된 예이다.

알고리즘 compare:

입력: 정수 a, 정수 b
출력: 작거나, 같거나, 크거나를 나타내라.

1. 만일 a가 b보다 작으면, "smaller"라고 출력하고 종료(terminate)
2. 만일 a가 b와 같으면 "equal"라고 출력하고 종료
3. "smaller" 출력하고 종료

여기서 명령어 "terminate"는 설차의 끝을 의미한나. 그러므로 다음 스텝으로 가지 않고 제어 흐름은 끝이 난다.

종종 어떤 알고리즘은 절차 대신에 함수(Function)라는 형태를 취한다. 함수라는 것은 입력으로부터 계산된 값으로 되돌아가는 절차를 의미한다. 예를 들면 유사 코드는

알고리즘 abc:

입력: 임의의 수 x

출력: Return 절댓값 x

1. 만일 x가 0보다 크다면, 정지 그리고 x값 생성
2. 그렇지 않으면 −x값 생성

알고리즘 abc는 함수 절대값을 연산하는 알고리즘을 묘사한 것이다. "return x"는 정지 그리고 x 값을 생산하라는 의미이다.

다른 예인 Factorial 함수를 살펴보자. 음수가 아닌 n, 표기 n!(n factorial)은 곱하기 다. n×n−1×n−2×.....×1. 0!은 1로 정의한다. 아래는 factorial 알고리즘이다.

알고리즘 factorial:

입력: 음수가 아닌 정수 n

출력: n!을 출력하라.

1. Set ans = 1
2. 만일 n=0이면, ans값 생성(즉=1)
3. 만일 n=1이면, ans값 생성(즉=1)
4. Set ans = ans × n
5. Set n = n−1
6. Go to step 2

> **CT: 순서대로**
>
> 입력(알려진 데이터)을 가지고 시작하라.
> 목표(원하는 결과)로 향하는 스텝의 순서로 계획하라.
> 각 스텝마다 만일의 경우를 주의하라.

1.10 유클리드 GCD(greatest common divisor: 최대공약수) 알고리즘

대부분의 학생은 중학교 시절 두 정수 사이의 최대공약수에 대해 배웠다. 0이 아닌 두 정수 a, b는 GCD(a,b), A와 B를 똑같이 나눈 가장 큰 정수이다.

중학교에서 최대공약수는 종종 GCF(greatest common factor)라고도 불린다. 그리고 a의 모든 인수와 b의 모든 인수를 찾으라고 배웠다. 그런 다음 그 가운데에서 가장 큰 공통의 정수를 찾아냈다. 이 방법은 매우 비효율적이다. 반면 숫자와 그 숫자의 인수에 대해 공부할 수 있지만 그래도 비효율적이라 할 수 있다.

가장 효율적인 방법은 유클리드 알고리즘이고, 유클리드(기원전 300년)는 그리스의 유명한 수학자이다.

$$GCD\ (a,b) = GCD(a,\ a-b)$$

아래는 현대 버전이다.

알고리즘 유클리드 GCD

입력: 두 개의 정수 a와 b
출력: 최대공약수 gcd(a, b)를 구하라.

    1. 만일 a = 0이고 b = 0이면, 정지
    2. 만일 a < 0이면, a = (-a)로
    3. 만일 b < 0이면, b = (-b)로
    4. 만일 b = 0이면, a로 생성
    5. Set r = a를 b로 나눈 나머지
    6. Set a = b
    7. Set b = r
    8. Go to step 4

만일 a와 b가 0이라면, GCD(a, b)는 정의할 수 없다. 만일 a, b가 음수라면, 음수 대신 절댓값으로 계산한다. 처음 세 번째 스텝에서 이런 경우를 주의해야 한다. 그 다음 4번째에서 8번째 스텝을 r 값이 0이 나올 때까지 계속한다. a=546, b=1610으로 놓고 위의 알고리즘이 잘 작동하는지 알아보자.

〈표 1.1〉 유클리드 최대공약수 알고리즘 분석

a	b	r
546	1610	546
1610	546	518
546	518	28
518	28	14
28	14	0

그래서 우리는 GCD(546, 1610) = GCD(28, 14)를 얻을 수 있고, 여기서 최대공약수는 14이다. 이 결과는 4번의 나누기와 나머지를 얻은 결과값이다.

실제로, 여러분은 이 알고리즘을 따라 할 필요가 없다. 나머지가 만들어지는 순서는 아래와 같다.

546, 1610, 546, 518, 28, 14, 0

실제 다른 숫자를 가지고 직접 해보기 바란다. 또 Demo: InteractiveGCD tool을 CT site에서 사용할 수 있다.

또한 이 유클리드 알고리즘은 수학 영역에서는 외견상으로는 분명한 정의역(Domain) 문제에 관한 지식을 보여 주고, 최대공약수 경우에는 문제를 해결하는 효율적인 방법을 찾는데 도움을 준다.

> **CT: 응용 환경의 특정 지식을 적용하라.**
> 정의역 문제에서 전문적인 지식은 효율적이고 효과적인 해결책을 고안해 내는데 매우 도움을 줄 것이다.

반면 불충분한 특정 지식은 큰 문제를 일으킬 수 있다. 미국 healthcare.gov 웹사이트는 2013년 후반 큰 낭패를 경험했다. 이 웹사이트는 돈을 계산하고 나오는 과정에서 윈도우 쇼핑을 분리하는 디자인 원칙이 있는데, 웹디자인 기능과 소프트웨어 기술자들이 존재하지 않고 그 원칙을 적용하지 않아 큰 낭패를 본 적이 있다.

1.11 목표, 그리고 목표에 가는 방법

앞에서 본 알고리즘은 단순한 업무를 다루었다. 그러나 우리는 잘 정의된 목표를 성취하고, 더 복잡한 문제를 해결하기 위한 방법도 같은 알고리즘 순서대로 활용할 수 있다.

복잡한 알고리즘 각각의 스텝은 전체 해결책에 필요한 단위 업무를 성취할 수 있도록 한다. 각각의 단위 업무는 그 부분의 알고리즘에 의해 완성된다. 그래서 해결책은 단위 업무를 위한 절차 또는 함수라고 불리는 "call"의 순서가 된다. 만일 단위 업무가 여전히 복잡하다면, 같은 방법으로 계속 세분화 할 수 있다.

예를 들어 올바른 형태의 임의의 이메일 주소를 확인하는 것을 고려해 보자. 아래는 이 목표를 달성할 수 있는 알고리즘이다.

알고리즘 emailCheck:

　입력: 하나의 이메일 주소 em
　출력: 참, 거짓을 출력하라.

1. em은 user@host라는 형태를 가지고 있는가? 여기서 user와 host에 문자를 둘다 포함하고 있지 않은가? 만일 없다면 "false" 생성
2. user 단어에 한글자 이상이고 "."에 의해 구별되어 있는가? 또는 몇개 단어들이 "space"로 구별되어 있는가? 그리고 ("...")가 포함되어 있는가? 만일 그렇지 않다면 "false" 생성
3. host는 정확한 도메인 이름과 IP 구조를 가지고 있는가? 그렇지 않다면 "false" 생성
4. 그렇다면 "true" 생성

만일 이메일 주소가 올바른 형태로 주어지지 않는다면, 알고리즘은 "false"로 나타나고, 그렇지 않으면 "true"로 출력이 된다. 이와 같이 윗부분을 잘 세분화하면, 위 스텝 1에서 3

까지 각각의 단위 업무를 위한 알고리즘을 만들어 낼 수 있다.

> **CT: 세분화 하라.**
>
> 복잡한 문제는 더 작은 단위 문제들의 순서로 세분화 하라.
>
> 각각의 단위 문제들은 같은 방식으로 쪼개질 수 있다.
>
> 그러면 단위 문제가 쉽게 해결 된다.

1.12 Road Crossing

왜 닭은 그 도로를 건넜을까?

반대편으로 넘어가기 위하여![6]

[그림 1.13] 왜?

우리 개인에게 왜 길을 건너는지에 대한 이유는 하나씩 있기 마련이다. 마음 한편에, 우리는 혼돈, 모호함, 혼란, 갈망, 감정, 충동, 낙관 또는 비관과 같은 생각을 한다. 그래서 우리는 다른 쪽으로 길을 건너가길 원하기도 하고 컴퓨팅 사고력을 배우기를 원한다.

---

6) 미국식 농담: 플라톤 "더 좋은 곳을 향하여."
      아리스토텔레스 "닭이 길을 건너는 것은 자연스러운 것이다."
      칼 마르크스 "그것은 역사적으로 피할 수 없다."
      모세 "신이 하늘에서 내려와 닭에게 말하였다 길을 건너라, 닭은 길을 건넜고 즐거워하였다." 등이 장에서 우리는 CT의 알고리즘을 살펴보았다. 잘 정의된 시작과 끝 부분, 잘 정렬된 순서, 모든 스텝들마다 만일의 경우를 준비하고, 응용된 해결책을 다시 적용하며, 복잡한 업무를 작은 단위 업무로 세분화하는 것을 알아보았다.

운전하는 것을 예로 들면, 목표는 무엇인가? 목적지까지 안전하게 가는 것이다. 물론 안전하게 목적지까지 운전하여 가는 데 방해만 없다면, 음악을 즐기고, 밖의 풍경을 감상하거나 옆 사람과 대화를 나눌 수도 있다.

신호등 앞에 서서 초록색으로 바뀔 때까지 우리는 기다린다. 그러나 뒤에서 큰 트럭이 돌진해 온다면 우리는 빨간색 신호임에도 달릴 필요가 있을 수 있다. 이것은 사거리에서 초록색으로 변하기를 기다리는 동안 뒷거울을 이용해 후방의 상황을 확인할 필요가 있다는 의미이다. 그렇다면 초록색 신호등이면 무조건 사거리 안으로 들어가야 하는가? 사거리 안에 아직 반대편 차선에서 노란색 신호를 받고 달려오는 차량 행렬의 끝 부분에 차가 아직 있다면? 따라서 우리의 목표는 교통 신호에 따르는 것이 아니고 우리의 안전을 지키는 것이다. 미국에서는 평균 12분에 한 명씩 자동차 사고로 죽는다고 한다. 그렇다면 자동차는 즐거운 도구인가? 위험한 도구인가?

CT는 여러분의 목표와 세부 사항에 대해 집중하도록 만들어 줄 수 있고, 만일의 사태에 대한 계획, 방해되는 것으로부터 막아 주기도 한다. CT는 당신의 하루를, 어쩌면 인생까지도 시간상으로 저축할 수 있다.

그럼 "차를 운전하기 위한 준비하기"란 업무를 CT로 적용해 보자. 우선 운전하기 전의 확인 사항들을 알고리즘으로 적어보자.

알고리즘: 운전하기 전 확인

1. 나는 떠날 준비가 되었는가? 가져갈 무언가를 잊지 않았는가?
2. 차 주변을 둘러보고 창문, 타이어, 전조등, 뒷자리, 그리고 차 주변 물체들을 확인한다.
3. 차에 들어가고, 브레이크에 발을 올리고, 보는 문을 잠근다.
4. 의자와 핸들과 모든 거울 위치를 자신에 맞게 조절하고, 안전 밸트를 맨다.
5. 계기판을 확인한다. 특히 연료량을 주의한다.
6. 전조등, 방향등, 와이퍼, 비상등, 에어컨 등이 잘 작동하는지 확인한다.

7. 핸드 브레이크를 내려놓고, 엔진의 시동을 건다. 그리고 기어를 변환한다.

8. 기어를 D 또는 R에 놓고 운전을 시작한다.

　많은 항공사는 안전을 위해 아주 엄격한 비행 전 확인 사항을 계발해 왔다. 가끔 아주 치명적인 사고는 기장과 승무원이 정확한 절차를 따르지 않을 때 발생한다. 미국에서 수없이 많은 아이들이 다치거나 죽는 이유는 권총과 같은 화기의 안전잠금에 대한 부모의 태만 때문이다.

연습문제

1.1 CPU란 무엇인가? 현대 CPU의 종류를 몇 가지 말하고, 그 CPU의 속도를 열거하시오.

1.2 튜링 머신은 무엇인가? Computable의 의미는 무엇인가?

1.3 기계에서 내부 상태(internal state)란 무슨 개념인지 설명하시오.

1.4 Syntax와 Semantics란 무엇인가? 차이점은 무엇인가? 예를 제시하시오.

1.5 컴퓨터 메모리란? RAM과 하드 디스크의 차이점은 무엇인가?

1.6 다른 기계와 컴퓨터가 구별되는 가장 중요한 기능은 무엇인가?

1.7 하드웨어와 소프트웨어의 차이점은 무엇인가?

1.8 "잠자러 가기" 순서도를 만드시오.

1.9 당신이 좋아하는 요리법을 유사 코드로 생성하시오.

1.10 알고리즘이란 무엇인가? 주어진 조건에 만족하는 상태란 무엇인가?

1.11 유클리드 알고리즘을 이용하여 최대공약수를 구하시오.
136500, 1227655

1.12 [컴퓨팅 사고력 적용] 5개의 W와 하나의 H(육하원칙)란 무엇인가? CT와 어떤 연관성이 있는가?

1.13 [컴퓨팅 사고력 적용] 물을 끓이는 순서도를 작성하라. 안전에 주의하고, 모든 상황에 대해서 고려하시오.

1.14 [컴퓨팅 사고력 적용] 당신이 한 장소에서 다른 장소로 떠날 때마다 어떤 CT를 적용해야 좋은가? 이유를 설명하고 예를 제시하시오.

1.15 [컴퓨팅 사고력 적용] 광고나 정치적 메시지를 읽거나 들을 때 어떤 CT를 적용해야 좋은가? 예를 들어 설명하시오.

1.16 [그룹 토론 주제] 2013년 미 교통 당국에 따르면 32,719명이 교통 사고로 죽었다. 이것은 하루에 90명씩 죽는 통계이다.

1.17 [그룹 토론 주제] 무엇인가 일이 잘못 되고 있다면 어떤 방법이 가장 좋은 해결 방법인가?

1.18 [그룹 토론 주제] 스마트 폰 카메라와 비디오 세팅과 옵션들 응용 환경의 특정 지식(Domain Knowledge)의 중요성을 논하시오.

Chapter

02

비트와 바이트
(Bits, Bytes, and Words)

>>>

비트와 바이트(Bits, Bytes, and Words)

컴퓨터는 디지털 데이터(digital data)를 저장하고 처리(processing)한다. 컴퓨터는 숫자, 문자, 이미지, 소리, 동영상을 처리하기 전에 반드시 메모리에 저장하게 되어 있다. 이장에서는 컴퓨터 메모리의 구조와 문자, 숫자와 다른 데이터가 어떻게 비트 패턴으로 표현되는지 이진수, 모듈 연산, ASCII와 유니코드를 배우게 된다.

2.1 디지털 컴퓨터

현대의 컴퓨터는 디지털이다. 왜냐하면 컴퓨터는 연속적인 정보가 아닌 하나하나 별개의 정보로 처리되고 저장되기 때문이다.

- 개별 데이터(Discrete data): 데이터는 특정 개별 값들로 받아들일 때 각각 개별적이라 한다. 닭의 숫자, 편지의 등급, 농구 점수, 나이, 수입, 정수, 분수 등이 그 예라할 수 있다. 개별 값은 그 값들 간에 간극이 있다.
- 연속 데이터(Continous data): 데이터는 모든 값이 연속적 범위, 유한 또는 무한 일때 연속적이라 한다. 길이, 무게, 부피, 온도, 압력, 속도, 밝기, 등이 그 예이다. 연속값은 그 값들 간의 간극이 없다. 그래서 작은 범위 내일지라도 연속 값들의 무한 숫자가 있다.

과거에는 아날로그 컴퓨터가 연속적인 전기적 파장을 이용해 업무를 처리하였다. 이런 아날로그 신호는 저장하거나 전송, 정확한 재생산이 어려웠다. 이와 반대로 디지털 컴퓨터는 정보 표현을 정수로 사용하기 때문에 아날로그 같은 치명적인 문제는 피할 수 있다. 예를 들면, 소리 파장과 같은 연속된 값은 개별 포인트의 숫자로 표본 추출하여, 디지털로 만들 수 있다[그림 2.1]. 충분한 표본 추출 포인트를 가지고 있다면, 연속적인 소리 파장은 재창조가 될 수 있다. 예를 들면 연속적 사인(sine) 파장 f(x)= sin(x)에서 x=0에서 x=π 사이에는 무한한 수를 가지고 있다. 사인 함수를 디지털화하기 위해, δ = π /1000 포인트를 그리고 1001번째 개별 포인트 값을 사용하면 된다. 즉 sin(0), sin(δ), sin(2*δ), sin(3*δ) 등 같은 방법으로 sin(π)까지 포인트화한다.

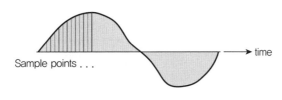

Sample points . . .

[그림 2.1] 연속 파장의 표본 추출

디지털 형태로 표현되는 정보는 컴퓨터에 의해 처리되기 위해 메모리에 저장된다. 가장 기본 저장 단위는 bit이다. 여기서 비트(bit)는 0과 1로 표현된다.

바이트(byte)는 8개의 bit로 구성되며, 워드(word)는 몇 개의 byte(대개 4개 또는 8개)들로 구성된다[그림 2.2]. [그림 2.2]에서 보여진 것 같이 컴퓨팅에서는 0(zero)부터 시작한다.

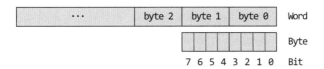

[그림 2.2] Bit, Byte 그리고 Word

컴퓨터에서 중앙처리장치(CPU)는 논리적 데이터 연산을 하는 곳이다. CPU는 데이터를 처리하기 위해 메모리로부터 데이터를 로딩하고 그런 다음 그 처리한 값을 다시 메모리에 저장한다. 워드(word)는 일반적으로 가장 작은 통합 데이터 객체이며, CPU는 이것을 조작 처리하게끔 디자인 되었다. 워드의 크기는 비트로 측정되며 CPU 레지스터(resister)의 크기에 의해 결정된다. CPU 레지스터는 캐시/RAM(Random Access Memory)으로부터 로딩 할 수 있고, 또 그곳에 저장한다. 한 번에 처리할 수 있는 워드의 크기는 컴퓨터의 하드웨어 구조와 기능을 결정하는 중요한 요소이다. 최신 컴퓨터의 워드 크기는 32bit(4byte) 또는 64bit(8byte)이다.

현대의 범용 컴퓨터에서 모든 메모리는 byte의 배열로 되어 있다[그림 2.3]. 각각의 배열에는 직접 기억 장소를 어드레싱하게 된다. 그래서 RAM이라고 부른다. 워드의 길이 n은 0에서 부터 최대 2^n-1까지 메모리 장소를 어드레스 할 수 있다. 각 어드레스가 한 byte를 가지고 있다고 가정하면 메모리는 최대 2^n 바이트를 가질 수 있다. 실제 RAM에서 받을 수 있는 크기는 종종 컴퓨터 하드웨어의 구조적 한계 때문에 이론적 상한값의 2^n 이하이다.

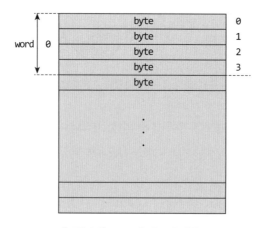

[그림 2.3] Byte의 메모리 배열

디지털 정보는 반드시 0과 1로 부호화 되어 있고, 컴퓨터에서 처리되기 위해서 메모리에 저장된다. RAM에 저장된 정보는 휘발성이고, 시스템을 끄면 사라진다. 하나 또는 더 많은 저장 드라이브는 비휘발성 또는 잔류성 데이터 저장장치를 제공하기도 한다. 예를 들면 하드 디스크 드라이브(HHD), 또는 반도체 메모리를 기반으로 하는 저장장치(solid-state drive, SSD)가 대표적인 비휘발성 저장장치이다.

컴퓨터 생산 규격 사항, 캐시에 넣을 수 있는 메모리 용량, RAM, 저장장치는 byte 단위를 사용하여 나타낸다. byte 단위는 다음과 같다.

- kilobyte(KB) = 1024bytes
- megabyte(MB) = 1024KB
- gigabyte(GB) = 1024MB

- terabyte(TB) = 1024GB
- petabyte(PB) = 1024TB

전형적인 컴퓨터 RAM 크기는 1GB에서 16GB이다.

일반적으로 K(kilo)의 접두사는 미터 체계에서 1000을 의미한다. 그러나 이진 체계에서 디지털적인 의미의 K는 1024를 의미한다. 메모리와 데이터 크기도 유사하다. M(Mega)은 KK, Giga는 KM, Tera는 KG, Peta는 KT 의미하기도 한다. K는 1024[1]를 의미한다는 점을 기억하라.

비트 패턴

컴퓨터 메모리에서 데이터를 표현하는 기본적인 방법은 비트 패턴을 사용한다. 비트 패턴은 비트의 고정 숫자로 표현된 0과 1의 특별한 순서를 말한다. 〈표 2.1〉은 세 개 비트를 가지고 모든 가능한 패턴을 보여 준다. 각각의 비트는 0과 1 두 가지 변동이 가능하다. 비트 1 각각 값에 비트 0은 두 개의 값을 넣게 되면, 그 결과는 $2 \times 2 = 2^2$, 2-bit 패턴이 된다. 이와 같이, 비트 2 각각 값을 적용하면, 비트 0과 비트 1의 4가지 패턴에 2가지가 더해져서 $2 \times 2^2 = 2^3$, 3-bit 패턴이 된다.

일반적으로, n비트의 가능한 다른 패턴의 전체 수는 2^n이다. 그러므로 하나의 비트의 비트 패턴의 수는 $2^8 = 256$이다. 32-bit 워드는 $2^{32} = 4294967296$ 비트 패턴이고, 64-bit 워드는 $2^{64} = 18446744073709551616$ 비트 패턴이다.

디지털 컴퓨터에서 비트 패턴은 데이터를 표현하는 유일한 방법이다. 그리고 같은 비트 패턴은 다른 데이터 타입을 표현하기도 한다. 예를 들면 숫자, 문자 또는 네트워크 주소가 있다. 다음에 어떤 숫자가 표현되는지 알아보자.

---

1) 실질적인 사용량을 쓸 때, 미터 단위에서 K와 이진 체계에서 K 의미를 종종 혼동한다.

Bit 2	Bit 1	Bit 0
0	0	0
0	0	1
0	1	0
0	1	1
1	0	0
1	0	1
1	1	0
1	1	1

2.2 이진수

우리는 숫자를 연산하기 위해, 메모리에 숫자를 알맞게 표현할 필요가 있다. 정수를 예로 들면, 이진법에서는 0과 1만 사용되므로 특별한 형태로 저장된다.

숫자(Numerals)

숫자라는 것은 우리가 작성하여 적는 숫자의 기호이다. 오늘날 0, 1, 2, 3, 4, 5, 6, 7, 8, 9 같은 아라비아 숫자를 사용하는데, 이것은 힌두 아랍 숫자 시스템에서 나왔다. 다른 문명에서는 그들만이 가진 숫자 기호를 사용하고 발명해왔다. [그림 2.4]는 로마식과 이집트식 표현을 보여 준다.

[그림 2.4] 로마식, 이집트식 숫자

그리고 [그림 2.5]는 고대 중국 숫자이다. 현재 간체 표현의 숫자는 아직도 사용되고 있다.

아라비아 숫자는 0에서 9까지 적을 수 있다. 우리는 더 큰 숫자를 표현할 방법이 아직도 필요하다. 물론 새로운 기호를 만들어 낼 수 있다. [그림 2.6]은 큰 숫자의 현대 중국 기호를 보여준다.

어떻게 우리는 큰 숫자를 만들어 유행 시키고, 새로운 기호를 창조할 수 있을까? 체계적인 새로운 방법으로 만들어질 수도 있다. 단순한 해결책은 위칫값 시스템(place value system)이다. 예를 들면 나란히 3자리의 숫자를 가지고, 0부터 천까지 적을 수 있다. 표기 379는 3개의 100과 7개의 10 그리고 9를 의미한다.

$$379 = 3 \times 10^2 + 7 \times 10 + 9 \times 1$$

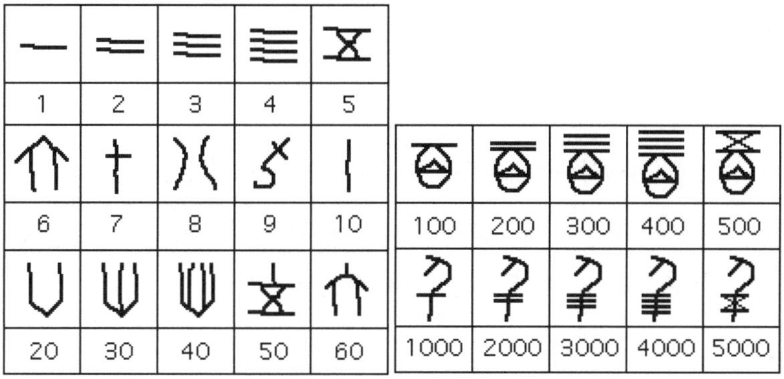

[그림 2.5] 고대 중국 숫자

十	百	千	万
ten	hundred	thousand	ten thousand

[그림 2.6] 큰 중국 숫자

위칫값 시스템을 가지고, 큰 숫자를 표현하려면 단순히 자릿수를 늘리면 된다. 그래서 숫자의 조합으로 새로운 기호를 만드는 체계이다. 10의 제곱으로 각 위칫값을 표현하는 것을 base-10 또는 십진법이라 한다.

Base-2 숫자

이진수 또한 위칫값 시스템에 사용된다. 십진법에서 10을 사용하지 않듯 이진법에서도 2를 사용하지 않는다. 단지 숫자 0과 1을 사용한다. 한 위치에는 2개의 숫자를 표현하며, 0과 1이다. 이진법에서 2를 표현하면 아래와 같고 이진수 10이며, 십진수 2를 의미한다.

$$1 \times 2 + 0 \times 1$$

그리고 이진수 11은 십진수 3을 의미한다.

$$1 \times 2 + 1 \times 1$$

따라서 이진수 101은 십진수 5를 의미한다.

$$1 \times 2^2 + 0 \times 2 + 1 \times 2$$

4개의 bit를 가지고 0에서 부터 15까지 숫자를 표현할 수 있다〈표 2.2〉.

십진수에서 최하위 자릿값은 맨 오른쪽 위치이며, 최상위 자릿값은 왼쪽 끝에 위치한다. 그리고 비트와 바이트 위치는 항상 오른쪽에서부터 계산된다.

〈표 2.2〉 4개 bit의 이진수

이진	십진	이진	십진	이진	십진	이진	십진
0000	0	0001	1	0010	2	0011	3
0100	4	0101	5	0110	6	0111	7
1000	8	1001	9	1010	10	1011	11
1100	12	1101	13	1110	14	1111	15

이진 표기에 익숙해지려면 〈표 2.2〉에 있는 어떤 이진수를 선택하고, 거기에 1을 더한다. 그 다음 그 위치의 자릿값이 2가 되면, 바로 다음 높이의 값으로 1을 더하면 된다. 그러면 선택한 수의 다음 수를 찾을 수 있다 또한 CT web site를 방문하면 demo를 볼 수 있다. **Demo: Upcounter**와 **Demo: Downcounter**이다.

처음에 이진수가 혼란스러운 것은 매우 당연하다. 숫자인 이상, 십진수는 모국어와 같

컴퓨팅 사고력과 소프트웨어의 이해

고, 뿌리 깊게 우리의 사고력을 지배하기 때문이다. [그림 2.7]을 살펴보자. 어떤 느낌인가?

만일 우리가 10의 제곱뿐만 아니라 2의 제곱을 기억한다면, 이진수는 보다 쉬워질 것이다.

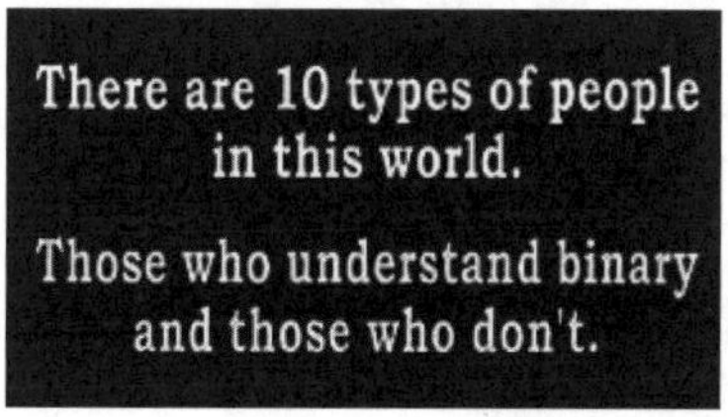

There are 10 types of people in this world.

Those who understand binary and those who don't.

"지구상에는 10가지 형태의 사람이 있다. 그 사람 중에 이진법 이해하는 사람과 이해 못하는 사람이 있다."

[그림 2.7] 인기 있는 티셔츠 디자인

여기서 2(bit 2), 4(bit 3), 8(bit 4), 16(bit 5), 32(bit 6), 64(bit 7), 128(bit 8), 256(bit 9), 512(bit 10), 1024(bit 11), 2048(bit 12) 등이다.

디지털 컴퓨터 안에 숫자는 당연히 이진법으로 되어있고, 숫자가 워드 규칙에 적합한 한 하드웨어의 지원도 숫자의 운영으로 움직인다. 32 또는 64bit 워드는 숫자 0에서 부터 $2^{32}-1$ 또는 $2^{64}-1$의 형태로 표현될 수 있다. 그것은 매우 큰 숫자이다. 그러나 모든 숫자를 담아내기는 어렵다. 더 큰 숫자를 다루기 위해서, 우리는 복수의 워드를 쓸 수 있고, 숫자를 다룰 수 있는 소프트웨어를 만들 수 있다.

> **CT: 기호들의 의미**
> 누구든지 기호를 발명할 수 있고, 거기에 의미를 부여할 수 있다.
> 같은 기호도 다른 문맥에서는 다른 의미로 쓸 수 있다.
> 모양만 보고 기호의 의미를 상상하지 마라. 항상 문맥에 의도 되어있는 기호의 정의를 참조하라.

다른 문화뿐만 아니라 위칫값 시스템의 숫자들의 예를 살펴본다.

고대 중국 이진 기호

역경에서 중국 문사를 누 가지 기호로 소개하는데, 음(– –)과 양(—)이고, 기원전 2천년이나 3천년으로 거슬러간다. 3과 6의 음양 기호 조합은 8괘 또는 64괘의 형태로 만든다 [그림 2.8]. 그래서 2개 기호에 되풀이하여 기호를 증가시키는 개념이 고대 기호 중의 하나였다.

[그림 2.8] 역경 8괘

2.2.1 다른 기준의 숫자

다른 기준의 숫자들도 살펴보자. 8진 숫자는 8에 기준이 되고, 0-7 숫자를 사용한다. 16진 숫자는 16에 기준이 되고, 0-9의 숫자와 A(10), B(11), C(12), D(13), E(14) 그리고 F(15) 기호로 사용한다. 기호 10은 8진법과 16진법으로는 8을 나타낸다. 기호 25는

2 × 8 + 5 (21) 8진
2 × 16 + 5 (37) 16진이다.

데모는 CT web site를 방문하여 Demo: Octalcounter, Demo: Hexcounter에서 볼 수 있다.

〈표 2.3〉 다른 기준을 가진 숫자

10진	11	17	23	29
8진	13	21	27	35
16진	B	11	17	1D
2진	01011	10001	10111	11101

8진법 하나의 자리를 이진법 자리로 나타내려면 3개의 자리가 필요하고 16진수 하나의 자리를 이진법 자리로 나타내려면 4개의 자리가 필요하다. 하나의 바이트, 즉 8비트가 이진법 표기로 모두 1이라면 16진법으로 표기는 FF이고 십진법 숫자로는 255이다. 일반적으로 우리가 원하는 아무 숫자를 기반으로 진법을 만들 수 있고, 두 손과 십진수의 수로 무한대로 만들 수 있다.

CT web site에서 자릿수 연습을 할 수 있다. **Demo: ArbCounter.**

종종 8진수와 16진수는 숫자를 표현하는 비트 패턴의 약칭으로 사용되곤 한다. 8진수 하나는 3-비트 패턴으로 나타내고, 16진수 하나는 4-비트 패턴으로 표기할 수 있다. 또한 8진수나 16진수 앞에 0 또는 0x는 그 수의 전체 비트 패턴을 맞추어 수를 나타내는 것이다. 실제 프로그램 언어에서 이렇게 쓰인다. 〈표 2.4〉는 각 숫자 01357 그리고 0x2EF를 보여준다.

〈표 2.4〉 8진과 16진 bit 패턴

Octal	1			3			5			7		
Binary	0	0	1	0	1	1	1	0	1	1	1	1
Hex	2				E				F			

혼합 숫자 기반의 수

10진수는 각 자릿수의 10의 제곱으로 나타내고, 이진수는 2의 제곱, 8진수는 8의 제곱, 16진수는 16의 제곱으로 표현한다. 유연하게 생각해 보자. 왜 특정 고정 숫자를 가지고 그 숫자의 제곱으로 위치값을 사용하는가?

이 모든 것의 정확한 이유는 없다. 사실 우리는 위치값에 맞는 어떤 숫자를 사용해도 된다. 그런 수를 혼합 숫자 기반의 수(mixed-base number)라고 부른다. 예를 들면 위칫값 자리가 1, 60, 60, 24, 7을 쓴다면 바보 같은가?

실제 우리는 매일 이런 숫자를 쓰고 있다. 1분은 60초, 1시간은 60분, 하루는 24시간, 1주일은 7일, 그렇지 않은가? 그리고 1피트는 12인치, 1야드는 3피트, 1마일은 1760야드를 사용한다. 비록 그런 길이 측정 방법이 새로운 미터법으로 사용되어야 정상인데 오랫동안 사용되고 있다.

추상화를 적용하면(CT 추상화하기 1.2절), 자리에 따르는 위치값 숫자 시스템의 본질은 다른 무엇도 아닌 그 숫자가 오래전 선점하여 사용되었기 때문이다.

2.3 음과 양의 정수

이진 표기법을 사용하면, n비트를 가진 워드는 0에서 2^n-1까지 수를 나타낼 수 있다. 이것을 무부호수(unsigned number)라고 한다. 그러나 우리는 부호가 있는 수(signed number)를 가지고 일할 경우도 있다. 만일 정수가 양수라면, 그 수를 표현하는데 아무 문제가 없다. 그러나 음의 정수라면 어떨까?

음수 표시를 위해 하나의 워드, 맨 앞자리 비트를 표시 비트로 사용하고, 나머지 자리는 정수의 크기 척도를 나타낸다(부호 비트 방식: 하지만 이는 +0과 −0이라고 0이 두 개 존재하는 문제가 있고, 양수와 음수 간의 연산이 어렵다는 단점).

만일 워드 맨 앞 자릿수가 "1"이면, 그 수는 음의 수라는 것을 의미한다. 맨 앞 자릿수가 "0"이면, 그 수는 양의 수이다. 보기 쉽게 아래는 워드 크기 3인 것을 가정했다.

000(0), 001(1), 010(2), 011(3)
100(0), 101(−1), 110(−2), 111(−3)

표시 비트와 정수 크기 척도를 가지고 n비트라고 하면, 우리는 양수 $2^{n-1}-1$까지, 음수 $2^{n-1}-1$까지, 0은 두 번 나타날 수 있다(+0, −0).

(8비트가 표현할 수 있는 숫자의 범위는 0~255가 되는데, 그 반인 127에서 잘라 128부

터는 거꾸로 음수 −128로 표현하는 것이다.)[2]

표시 비트 방법과 척도 방법은 같이 어울리지 않을 뿐만 아니라 그의 보수 (complement) 방법도 서로 잘 작동하지 않는다. 정수 m의 이진 표기를 아래의 알고리즘을 이용하여 −m을 구한다.

알고리즘 2sComplement:

입력: 어떤 m

출력: 리턴 −m

1. m에 대한 비트 패턴을 얻는다.
2. 각 자리의 비트를 반대로 뒤집어 새로운 이진수를 얻는다(즉 0이면 1로, 1이면 0으로 바꾼다.)
3. 얻은 수에 1을 더하고, 더한 수의 값을 나타내라.

다시 말해서 n=3이라면, 아래와 같이 8가지 수를 얻을 수 있다.

000(0), 001(1), 010(2), 011(3), 100(4 또는 −4)
000(0), 111(−1), 110(−2), 101(−3), 100(4 또는 −4)

[그림 2.9]는 8−비트 워드의 2의 보수 알고리즘을 보여준다.

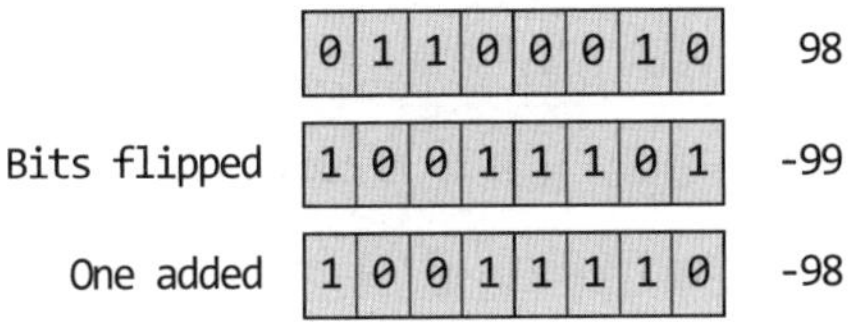

	0 1 1 0 0 0 1 0	98
Bits flipped	1 0 0 1 1 1 0 1	-99
One added	1 0 0 1 1 1 1 0	-98

[그림 2.9] 음수 98을 얻는 과정

---

2) 예를 들어 8 − 5를 보수법으로 계산을 해 본다고 하면, 우선 −5의 보수를 구해 보자.
   −5의 2의 보수는 1111 1011이 된다.

     1111 1011   〉〉 −5의 2의 보수
   + 0000 1000   〉〉 십진수 8의 이진수
     1 0000 0011

   위와 같이 8비트 범위를 넘는 윗 자릿수 1만 제외하면 3이라는 값이 나오는 것을 확인할 수 있다.

다음을 주의하라.

- 양수를 음수로 변환하는 알고리즘은 같다. 그리고 반대도 그렇다.
- 0에 대한 표현은 하나뿐이다.
- 음수는 가장 왼쪽의 '1' 비트를 가지고, 양수는 '0'의 비트를 가진다. 위에서 보듯이 2^{n-1}(즉 n=3 이면 4 또는 −4, 같은 값 100으로 표현)만이 같은 수로 나타난다. 이론적으로, 이 수(2^{n-1})가 음수나 양수의 최고치를 나타낸다. 그러나 대개 프로그래밍 언어에서는 이 수를 음수로 다룬다. 그리고 가장 큰 양수를 $2^{n-1}-1$로 정의한다.
- 어떤 수 m과 −m 이진법 표현된 수를 더하면 0이 나온다. 그러면 가장 왼쪽에 비트 하나가 발생하는데, 이것은 무시하고 버린다(2.4절).

[그림 2.9]에 있는 98과 −98을 직접 더하라.

음수를 2의 보수법으로 적용하면 매우 중요한 이점이 있다. 다시 말해, 기초 덧셈과 뺄셈 그리고 곱셈(2.4절)은 숫자 앞의 부호를 확인할 필요가 없다. 그리고 마치 모든 수가 음수가 아닌 듯이 계산할 수 있도록 해준다(Demo: Signedcounter). 나눗셈에서는 가장 간단한 방법으로 양수로 변환 없이 몫과 나머지를 구할 수 있다. 게다가 이 절차는 워드 길이의 증가 없이 일을 처리할 수 있다.

2.4 모듈러 연산(Modular Arithmetic)

앞에서 언급 했듯이, 크기 n의 워드는 2^n의 수를 나타내는데, 0에서 2^n-1까지 부호 없는 정수와 -2^{n-1}에서 2^{n-1}까지 부호 있는 수를 표현할 수 있다. CPU가 연산할 수 있는 그런 워드 크기의 수(덧셈, 뺄셈, 곱셈 그리고 정수의 나눗셈)[3]로 반드시 하나의 워드로 저장되는 결과를 만든다. 워드 길이 때문에 생기는 한계를 가지고 작업을 하기 위해서는 모듈러 연산이 사용된다. 이제부터 모듈러 연산과 수학적인 개념을 알아보자.

모듈러 연산에서는 계수(modulus)라 불리는 양의 정수에 의해 가능한 정수 크기를 제한한다. 만일 m이 계수라면, 가능한 정수 범위는 0에서부터 m−1까지이다. 모듈러 연산을 이용하여 계수보다 넘는 어떤 수가 있다면, m을 여러 번 곱해서 더하거나 빼서 그 범위를

---

3) 정수 나눗셈은 정수의 몫과 정수의 나머지가 나오는 셈이다.

넘지 않아야 한다. 아래를 살펴보자.

> 정의: 계수(modulus) m과 임의의 정수 a, b
>
> 만일 a에서 b를 뺀 수(a−b)를 계수 m으로 나누면, 나머지 없이 딱 떨어진다는 의미이고,

a ≡ b mod m은 a는 b 계수 m과 합동(congruent)이라는 표현이다. 아래는 m=2일 때의 예이다.

$$\cdots.. \equiv 8 \equiv 6 \equiv 4 \equiv 2 \equiv 0 \equiv -2 \equiv \cdots\cdots.. \ mod \ 2$$
$$\cdots... \equiv 7 \equiv 5 \equiv 3 \equiv 1 \equiv -1 \equiv -3 \equiv \cdots\cdots.. \ mod \ 2$$

그래서 모든 정수의 집합은 2개의 공통 원소를 갖지 않는 부분집합으로 나뉜다: 홀수와 짝수. 각각의 부분집합 안에 있는 모든 수는 mod 2의 합동이다. 각 부분 집합을 가리켜 합동 클래스 Mod 2(congruence class mod 2)라고 부른다. 계수 2를 이용하면 0으로 대표되는 짝수와 1로 대표되는 홀수를 사용할 수 있다.

이제, 계수 16을 살펴보자.

$$\cdots.. \equiv 48 \equiv 32 \equiv 16 \equiv 0 \equiv -16 \equiv -32 \equiv \cdots\cdots.. \ mod \ 16$$
$$\cdots.. \equiv 49 \equiv 33 \equiv 17 \equiv 1 \equiv -15 \equiv -31 \equiv \cdots\cdots.. \ mod \ 16$$
$$\cdots.. \equiv 50 \equiv 34 \equiv 18 \equiv 2 \equiv -14 \equiv -30 \equiv \cdots\cdots.. \ mod \ 16$$

등은 전체 16 합동 클래스들이다.

모듈러 연산은 시계 작동 방법과 같은 곳에 유사하게 사용된다[그림 2.10]. 시계는 12시간의 표기를 넘지 않는다. 우리는 0시부터 11시까지 센 다음 다시 12시간 표기를 이용한다.

이것 때문에 우리는 하루 24시간에서 오전과 오후를 구별하는 이유이다.

모듈러 합동은 동치 관계(equivalence relation)라 한다. 왜냐하면 아래의 3가지 조건을 만족하기 때문이다.

어떤 정수 a, b, c와 계수 m(양수)이라면,

재귀성(reflexivity): a ≡ a mod m(증명: a−a=0, 여기서 m에 의해 나누어진다.)

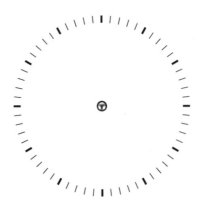

[그림 2.10] 시계 표면

- 대칭(symmetry): a ≡ b mod m은 b ≡ a mod m을 암시한다. (증명: 만일 m이 (a − b)를 나눌 수 있다면, 그것은 (b − a)를 나누는 것이다.)
- 타동성(transitivity): a ≡ b mod m 그리고 b ≡ c mod m은 a ≡ c mod m을 의미한다. (증명: 만일 m이 (a − b) − (b − c)를 나눈다. 왜냐하면 그것은 (b − a)를 나누는 것이다.)

컴퓨터적으로 생각한다면 'mod m'은 간단히 말해 'm으로 나누고 나머지를 처리하라.'라는 의미이다. 덧셈, 뺄셈, 곱셈에 연관되는 exp(지수함수)에서 exp mod m은 계산 결과의 중간 값이나 operand[4]의 크기를 줄일 필요가 있을 때마다 사용된다. 마지막 결과 값은 항상 동일하다. 이 방법을 이용하면, m−1을 포함하여 0까지 연산의 수를 가질 수 있다. 그러면 오버플로우(Overflow)[5] 문제가 해결된다.

a/b를 연산하기 위해서는, a와 b가 이미 정확한 수이고, 몫과 나머지가 올바른 범위 안에 있다는 사실을 의미한다.

컴퓨터 하드웨어는 계수 m = 2^n의 모듈러 연산을 할 수 있도록 지원한다. 여기서, n은

---

4) 기계어(machine language) 또는 어셈블러 언어(assembler language)를 사용한 명령어(instruction)의 일부이고, 보존(store)하는 데이터 또는 검색(retrieve)하는 데이터의 어드레스를 포함하고 있는 명령어의 연산 대상이 된다. 주기억 장치(main storage)의 어드레스나 레지스터(register)를 지정하는 부분이다.

5) 4칙 연산의 결과가 레지스터 또는 컴퓨터가 다룰 수 있는 수의 범위에서 삐어져 나오는 상태 최상위의 자리에서 생긴 자리올림의 수이다.

워드 크기이다(예 32, 64). 맨 왼쪽에 있는 n번째 비트에서 생기는 오버플로우를 간단히 해결한다. 모듈러 연산을 사용한다는 것은 워드 크기에 의해 생기는 한계가 있는데, 그 일을 할 때 사용한다.

만일 정수 연산 작동 순서는 모듈러 범위 안에 있는 마지막 답을 이끌어 낸다면, 모든 작동을 위해서 모듈러 연산을 사용한다는 것은 같은 답이 나온다는 의미이다. 이것은 어떤 중간 값이 오버플로우를 유발할지라도 같다.

쉽게 말하면, 4-비트 워드에 있는 숫자를 생각해 보자. 가능한 비트 패턴 범위는 0에서 15이다. 수학적 연산 $3 \times 7 - 4 \times 5$를 한다면

$3 \times 7 \bmod 16$　　5가 된다.
$4 \times 5 \bmod 16$　　4가 된다.
$5 - 4 \bmod 16$　　1이 된다.

즉 마지막 정확한 답은 1이 된다.

CT: 한계 자원을 신경 써라.

자원의 한계가 있음을 염두에 두어라. 그런 한계를 운영할 방법을 찾아라.
자원을 현명하게 사용하고, 자원의 고갈에 대비하라.

위의 글을 기억한다면 자동차 여행 도중 연료가 부족할 일은 없을 것이고, 자원의 재활용과 재사용에 대한 동기부여를 줄 것이다.

JAVA와 C/C++를 포함한 많은 프로그래밍 언어에서 수학 연산(사칙연산, +, -, *, /)은 절대적으로 모듈러 연산이다. 그리고 % 연산자는 아래의 mod 연산을 위해 이용된다.

x % m (x를 m으로 나누고, 나머지를 취하라는 의미이다.)

모듈러 연산은 컴퓨터의 이진수 연산을 이해하는 데 매우 중요할 뿐만 아니라, 대수학과 현대 암호문에서도 널리 사용되고 있다.

프로그래밍 언어에서 우리가 익숙한 수학 기호(+, −, *, /)는 모듈러 연산을 의미한다는 점을 꼭 기억하자. 프로그램 안에 overflow를 방지하는 것을 소홀히 했다면, 소스 프로그램에서 버그를 찾아내기는 매우 어렵다. 어떤 오버플로우를 일으키는 입력이 없을 때까지 그런 프로그램은 잘 작동될 수 있기 때문이다.

부호가 있는 숫자를 가지고 작업할 경우 오버플로우는 아래와 같을 때 일어난다.

- 2개의 양수를 더했는데 결과가 음수일 때
- 2개의 음수를 더했는데 결과가 양수일 때
- 2개의 수를 곱했는데 부호가 잘못 붙은 결과가 나왔을 때

일반적으로 하드웨어와는 달리 프로그래머가 반드시 프로그램 안에 오버플로우 조건들이 있는지 확인해야 한다.

위의 CT 개념을 설명하는데 도움을 주는 실제 예를 광고업계에서 찾을 수 있다.

어떤 옷걸이 광고에서, "당신의 옷장의 공간을 더 활용할 수 있습니다."라고 주장한다. 옷이 가득 찬 옷장과 그들이 만든 옷걸이를 이용하여 공간의 반이 빈 사진을 차례로 비교하며 하는 말이다. "놀라운 옷걸이를 사용한 같은 옷장"이라고 문구가 쓰여 있다. 컨슈머 리포트 측에서 사진에 있는 실제 옷들의 숫자가 다르다고 지적했을 때, 그 회사는 "우리는 단지 옷장이 같다고만 말했습니다."라고 응답했었다. ☺ 사는 사람이 조심해야겠네요.

2.5 진법 변환(Base Conversion)[6]

이제 우리는 0보다 같거나 큰 양의 정수 a를 이진수로 나타내는 방법을 알아보자. 어떤 음의 정수가 아닌 양의 정수 a와 찾고자 하는 진수 b가 있다. a를 b진수로 나타내는 것이 목표이다.

아래의 예는 그 방법을 설명한 것이고, 앞에서 언급한 부분을 상기하자.

$$a = 13 = 1 \times 2^3 + 1 \times 2^2 + 0 \times 2 + 1$$

따라서 a에 대한 이진수는 1101이다. 여기서 d_0=1(digit 0, 즉 4번째 자리), d_1=0(digit 1, 3번째 자리), d_2=1, d_3=1이다.

만일 위 항등식의 좌변과 우변을 2로 나누면, 아래를 얻는다.

d_0=remainder (a, 2), 즉 a를 2로 나눈 나머지 d_0=1이다.

그런 다음 a를 다시 $(a - d_0)/2$로 두면,

$a = d_3 \times 2^2 + d_2 \times 2 + d_1$을 얻게 되어, d_1의 값을 아래와 같이 정의할 수 있다.

d_1 = remainder (a,2)

그런 다음 위와 같이 반복하여 a가 0될 때까지 진행한다.

일반적인 진법 변환 알고리즘은 아래와 같이 구체화 할 수 있다.

알고리즘 진법 변환

입력: 음수가 아닌 수 a, 진법으로 변환하고자 하는 b

출력: a를 b진법으로 변환하고자 하는 순서를 표현하라.

1. i = 0으로 둔다.

2. d_i = remainder(a, b), 즉 d_i는 a를 b로 나눈 나머지, 다시 a=quotient(a, b), 즉 a를 b를 b로 나눈 몫으로 둔다.

---

6) 예를 들어 숫자 14를 예를 들었을 때, 14를 2로 나누면 7이 된다. 이때 2*7=14, 즉 나머지가 없으므로 옆에 0을 적는다.
7을 다시 2로 나누면 3이 된다. 이때 2*3=6, 즉 나머지가 1이므로 옆에 1을 적는다.
3을 다시 한 번 2로 나누면 1이 된다. 이때 1*2=2, 즉 나머지가 1이므로 옆에 1을 적는다.
계산을 완료했다면 맨 아래에 1을 한 번 더 적고 아래부터 쭉 나머지를 읽으면 1110이 된다.

3. 만일 a = 0이면, b진법 d_0 자리부터 d_1 자리로 숫자를 두고 종료한다.

4. $i = i$ + 1로 둔다.

5. 스텝 2로 간다.

b가 2일 경우 이진법 변환이라 부르고, b가 8일 경우 8진법 변환이라 부른다. CT web site의 변환에 관한 연습이 있다(Demo: BaseConversion).

> **CT: 끝 부분부터 시작하라.**
> 우리가 시작점부터 출발하는 것을 당연시 한다.
> 그러나 끝 부분부터 출발한다는 것은 종종 문제 해결 전략에서 매우 효과적일 수 있다.

진법 변환 알고리즘을 적용하면, 우리가 원하는 진법의 수로 결과 값을 얻을 수 있었다. 그리고 쉽게 몫과 나머지의 정수를 이용하여 각 자리에 결과 값을 넣을 수 있었다.

생일잔치, 결혼식, 학교 학회와 같은 행사를 계획한다면, 가장 좋은 방법은 행사 당일 무엇을 할지 계획을 하고, 그런 다음 행사 하루 전 또는 일주일 전에 반드시 행사를 위해 완료 되어야 하는 일이 무엇인지 준비해야 한다. 이렇게 일을 거꾸로 준비한다면, 업무의 순서를 정하거나, 소요되는 시간을 충분히 미리 할당할 수 있다. 결론적으로 언제 시작하고, 무엇을 먼저 하느냐가 중요하다.

어느 정도 시작점과 끝 부분은 개념적으로는 같다. 예를 들면 우리가 집에서 A라는 지점까지 여행을 한다면, 구글 지도를 이용하여 지도를 출력할 것이다. 그러나 우리는 다시 집으로 돌아올 지도를 출력하는 것을 잊을 수 있다. 우리가 컴퓨터적으로 생각한다면, 한 번에 집에서 목적지, 목적지에서 집으로 두 가지의 지도를 출력하여 지니고 있어야 한다.

구글이 의도 했던 아니면 실수로 했던 또는 최소한 옵션[7]으로, 실제 이런 왕복 지도 출력 서비스를 자동으로 제공한다면, 우리는 더욱 편해지지 않을까?

다음에는 문자 표현에 대해 알아보자.

---

7) 2015년 가을까지 구글의 이런 서비스는 없다.

2.6 문자

컴퓨터에게 숫자 연산 작업은 아주 기본적인 일이다. 그러나 다른 형태의 문자와 문자 데이터를 다루는 것 또한 매우 중요하다. 앞에서 언급하였듯이 개별적 문자를 표현하는 데는 bit 패턴이 필요하다. US-ASCII와 UNICODE와 같은 문자 코드를 포함하여, 전 세계적으로 사용하는 표준 코드가 몇 개 있다.

2.6.1 US-ASCII

기본적으로 각각의 문자는 문자가 가지고 있는 다른 bit 패턴으로 구성되어 있다.

예를 들면 American Standard Code for Information Interchange(US-ASCII)는 7비트(0에서 127까지)를 이용하여 128개의 문자를 표현한다. 0-9, A-Z, space, CR, NEWLINE, 구두점 표기, 기호와 control 문자 등

〈표 2.5〉는 US-ASCII 코드의 공통 문자를 보여준다. 이런 표는 또한 이미 전 세계적으로 8진법 그리고 16진법으로 가능하다.

〈표 2.5〉 US-ASCII 공통 문자

	30	40	50	60	70	80	90	100	110	120
0		(	2	〈	F	P	Z	d	n	x
1		)	3	=	G	Q	[	e	o	y
2		*	4	〉	H	R	\	f	p	z
3	!	+	5	?	I	S	]	g	q	{
4	"	,	6	@	J	T	^	h	r	|
5	#	-	7	A	K	U	_	i	s	}
6	$	.	8	B	L	V	`	j	t	~
7	%	/	9	C	M	W	a	k	u	DEL
8	&	0	:	D	N	X	b	l	v	
9	'	1	;	E	O	Y	c	m	w	

예를 들면 다음과 같이 문자를 표현한다.

'0' 00110000(48),　　'9' 00111001(57)

'A' 01000001(65),　　'Z' 01011010(90)

'a' 01100001(97),　　'z' 01111010(122)

여기서 0에서 9까지 나타내는 이진수의 표현과 문자 코드 '0'과 '9'는 같지 않다. 문자 코드 ASCII는 병합 순서(collating sequence)라고 알려진 문자의 순서(알파벳 순)로 되어 있다. 그 순서는 문자 ASCII 코드의 각각의 숫자적인 값에 근거한다.

예를 들면

'0' 〈 '1' 〈 ……… 〈 '9' 〈 'A' 〈 'B' 〈 …… 〈 'Z" 〈 'a' 〈 'b' 〈 ……… 〈 'z'

이런 병합 순서는 문자 배열을 쉽게 하고, 이름순 같은 방법으로 표준화 하였다.

또 병합 순서는 문자를 알파벳순으로도 가능하게 만들어졌다. 그러나 전통적으로 사전에서 사용하는 순서와는 같지 않다.

US-ASCII는 ISO-8859-1의 부분이고, 표준은 191개 8-비트로 구성되어 있는 문자이며, 서양 언어에 널리 사용된다.

2.6.2 유니코드(Unicode)

유니코드는 부호화, 표기를 위한 국제 표준이며 국제 글쓰기 시스템의 문자 데이터를 취급하고 있다.

유니코드는 100개의 언어로부터 110,000개의 문자를 포함하고 있다. 유니코드 컨소시엄, 즉 국제 협업은 유니코드 표준을 갱신하고 배포한다.

유니코드는 지구상의 인류가 쓰는 모든 언어와 문자를 포함하고 있다. 이것은 전 세계를 인터넷과 웹으로 연결하고 있는데 매우 유익한 것이라 할 수 있다. 유니코드의 성공과 사용의 광범위함은 소프트웨어의 국제화와 지역화 기준을 가져왔다.

유니코드는 문자 기호를 표현하기 위해 16진법 0에서 10FFFF까지 사용하며, 전체적으로 1,114,112개의 코드 포인트를 가지고 있다. 각 코드 포인트는 U+ 다음에 4개에서 6개의 16진수 자리로 표현된다(〈표 2.4〉, 2.2.1절). 아래의 예는 16진수로 표현된 책 저자의 중국 유니코드이다.

U+738B 王　　　　　　　U+58eb 士　　U+5f18 弘

다른 인코딩(부호화)[8]형태를 가지고 있는 UTF-8은 가장 널리 사용되고 있다.

CT 웹 사이트의 `Demo: UnicodeLookup`은 여러분이 입력하여 유니코드 찾을 수 있도록 하는 도구이다.

UTF-8

UTF-8은 유니코드 중에서 가장 널리 쓰이고 효율적인 인코딩 형태이다. UTF-8 인코딩은 유니코드 한 문자를 나타내기 위해 1바이트에서 4바이트까지를 사용한다. 유니코드 코드 포인트를 나타내는 비트들은 여러 부분으로 나뉘어서, UTF-8로 표현된 바이트의 하위 비트들에 들어간다. U+0000에서 U+007F까지의 문자는 7비트 ASCII 문자와 동일한 방법으로 표시되며, 그 이후의 문자는 1바이트에서 4바이트까지의 비트 패턴으로 표시된다. 7비트 ASCII 문자와 혼동되지 않게 하기 위하여 모든 바이트들의 최상위 비트는 1이다.

UTF-8 인코딩 형태는 아래와 같이 간단히 설명할 수 있다.

- 하나의 바이트를 사용하는 첫 번째 128 코드 포인트(U+0000에서 U+007F까지)는 7개 비트를 사용하는 US-ASCII 코드로 문자를 표현한다(0□□□□□□□: □로 표시된 유효한 비트).
- 2개의 바이트를 사용하는 다음 1920 코드 포인트(U+0080에서 U+07FF): 첫 번째 바이트는 앞자리 3개 비트 110을 사용하고 나머지 5개 비트를 사용한다(110□□□ □□). 두 번째 바이트는 앞자리 2개 bit 10을 사용하고 나머지 6개 비트를 사용한다 (10□□□□□□).
  따라서 11개의 비트를 사용하여, 1920개 이상의 코드 포인트를 충분히 만든다.

---

8) 문자셋은 일종의 문자 인코딩(encoding)의 결과로 산출된 가상의 테이블이다. 즉 특정 숫자가 특정 문자를 의미하도록 테이블 정보를 구성하는데, 이 테이블을 코드페이지(codepage) 또는 문자셋이라고 한다. 결국 메모리에 숫자로 기록한 내용은 문자셋에 기록된 특정 문자로 해석된다. 문자셋의 특정 문자에 대응되는 숫자를 code point, 또는 code value라고 한다. 실제 프로그래밍에서 작성된 문자 리터럴은 특정 문자 인코딩에 사용되는 code point로 변경된다. 즉 같은 문자셋을 사용하더라도, 문자 인코딩 방식에 따라 code point는 달라질 수 있다. 특정 문자에 대응되는 code point를 추출하는 과정을 문자 인코딩(character encoding)이라고 한다.

- 3개의 바이트를 사용하는 다음 63487 코드 포인트(U+0800에서 U+FFFF): 첫 번째 바이트는 앞자리 4개 비트 1110을 사용하고 나머지 4개 비트를 사용한다(1110□□□□). 두 번째 바이트는 앞자리 2개 비트 10을 사용하고 나머지 6개 비트를 사용한다(10□□□□□□). 세 번째 바이트도 앞자리 2개 비트 10을 사용하고 나머지 6개 비트를 사용한다(10□□□□□□).

  따라서 16개의 비트를 사용하여 코드 포인트를 만든다.
- 4개의 바이트를 사용하는 다음 코드 포인트(U+10000에서 U+1FFFF): 첫 번째 바이트는 앞자리 5개 비트 11110을 사용하고 나머지 3개 비트를 사용한다(11110□□□). 두 번째 바이트는 앞자리 2개 비트 10을 사용하고 나머지 6개 비트를 사용한다(10□□□□□□). 세 번째 바이트도 앞자리 2개 비트 10을 사용하고 나머지 6개 비트를 사용한다(10□□□□□□). 네 번째 바이트도 앞자리 2개 비트 10을 사용하고 나머지 6개 비트를 사용한다(10□□□□□□).

  따라서 21개의 비트를 사용하여 코드 포인트를 만든다.

UTF-8에서 언급했듯이 여러 바이트를 사용하는 첫 번째 나오는 비트 수 외에는 모두 10이므로 구별된다. US-ASCII 코드로 작성된 문서는 자동적으로 유니코드가 된다. 현재 UTF-8 코드는 모든 웹 페이지, 이메일 메시지, 프로그램 언어, 운영 체제, 응용 프로그램에 사용되고 있다.

비트 패턴의 재사용

여러분은 이진수 또는 문자를 표현하는 비트 패턴을 배웠다. 예를 들면 아래 비트 패턴 01000001은 65 또는 'A'를 나타낸다. 그럼 여러분은 어느 것을 선택해야 하는지 질문이 생길 것이다. 답은 문맥(Context)이다.

> **CT: 데이터 문맥**
>
> 같은 비트 패턴은 그 패턴이 사용되는 문맥에 따라 다르게 해석될 수 있다.

문자, 숫자 또는 다른 무엇인지 아닌지를 가리키는 비트 패턴을 취급하려면 문맥을 봐야 한다.

문맥은 그 패턴이 어디에서 사용되는지 또는 어떤 의미를 암시하는지 추론될 수 있다. 예를 들면 x 〉 0 이런 표현에서, 우리는 x의 값을 숫자로서 해석해야 한다고 알고 있다. 대개 프로그래밍 언어는 변수의 데이터 타입을 선언하는 방법으로 제공한다. 그 데이터 타입은 변수와 연결된 데이터 표현이 어떻게 해석되는지를 프로그램에게 알린다.

2.7 텍스트 편집(Editing Text)

컴퓨터로 하는 업무 중에 문서 편집이 가장 기본일 것이다. 여러분은 텍스트 편집기를 이용하여 문자를 입력하거나, 변환(삽입, 삭제, 문자 수정)하거나, 문자열을 검색하거나, 그 결과를 저장하거나 그리고 다른 기능을 활용할 수 있다. 텍스트 파일은 일반 텍스트(plain text)[9]를 포함하는데, 이것은 시작부터 끝까지 문자의 열(string)을 가지고 있다는 의미이다. 컴퓨터의 데이터와 프로그램 소스 코드 파일은 대게 일반 텍스트로 되어있다. 텍스트 편집기는 그런 일반 텍스트 파일을 생산하는 데 도움을 준다.

기본적인 텍스트 편집기는 대개 운영 체제에 의해 사용 가능하게 되는데 예를 들면 마이크로소프트 Windows용 Notepad/Wordpad, Mac 시스템 X용 TextEdit, Linux용 vi와 gedit가 있다. 텍스트 편집기는 무료로 다운로드 받을 수 있다. vim/gvim(Linux, Windows 그리고 Mac용), emacs(Linux, Windows 그리고 Mac용), TextWrangler(Mac용) 그리고 notepad++(Windows용) 등이 있다.

여러분에게 잘 맞는 문서 편집기를 구해서 배운 후 컴퓨터 코드를 효율적으로 작성하는 방법을 잘 익히기 바란다. CT Web site에는 Vi/Vim 그리고 Emacs를 배울 수 있는 자료를 올려 놓았다.

예를 들면 MS Word, LibreOffice, LATEX, 그리고 Adobe Acrobat 같은 워드 프로세싱 프로그램은 텍스트 편집기와는 다르다. 위의 프로그램은 보고서 작성, 발표 자료 작성, 다른 잘 작성된 문서를 사람들에게 보여주기 위해 사용된다. 문서 파일은 워드 프로세서기 가지고 있는 형태(format)을 가지고 만들어진다. 그리고 문서 파일이 잘 꾸며지고, 잘 출력될 수 있도록 코드를 보여준다.

---

9) 좁은 의미의 텍스트 형식. 행 바꿈, 수평 탭, 문자 코드 집합의 교체 지시 이외의 제어 코드를 포함하지 않는 파일 형식. 문자 수식 정보를 추가한 리치 텍스트(rich text)나 링크로 다른 데이터를 표시하는 하이퍼 텍스트와 구별하여 순수한 텍스트를 나타낼 때 사용하는 용어이다.

입력 방법

키보드는 컴퓨터에 데이터를 타자로 입력하는 도구이다. 키보드의 키를 누르거나 뗄 때, 운영 체제에 의해 검출되어 하나의 이벤트가 만들어진다. 운영 체제는 내부적으로 키코드(Keycode) 표를 가지고 있는데, 키보드 위의 각각의 키는 다른 키코드 숫자를 가지고 있다.

아래는 Linux로부터 가져온 키코드이다.

key	ESC	1	key	TAB	15
key	A	30	key	S	31
key	D	32	key	L Shift	42
key	F1	59	key	UP	103

키코드는 문자 인코딩(encoding)[10]을 이끌어 낸다. 화살표 키나 Function 키 같은 어떤 키코드는 어떤 문자 코드와도 상응하지 않는다. 기본 문자 인코딩은 컴퓨터의 locale setting에 의해 결정된다. locale은 지역, 언어, 시간, 화폐 등 각국의 특유 표현을 지정한다. 예를 들면 미국 컴퓨터의 locale은 "en_US.UTF-8"로 맞춰 있다.

서양의 키보드를 사용하면, US-ASCII 문자를 쉽게 이해할 수 있다. 다른 문자를 원한다면, 원하는 언어 지원뿐만 아니라 입력 방법을 추가하여야 한다. 다중 입력 방법을 맞추려면, 키보드로부터 데이터를 마음대로 입력하기 위하여 하나의 입력 방법을 다른 입력 방법으로 변환하여야 한다.

[그림 2.11]은 3가지 가능한 입력 방법을 보여 준다: 영어(표준 키보드), 중국어 핀인(중국어의 로마자 표기법) 그리고 영어(드보락 키보드). 일반적으로, CNTL + SPACE(control 키를 누른 상태에서 space 키를 누른다)는 다음으로 나올 수 있는 가능한 입력 방법을 변환시켜 준다.

그 예로 [그림 2.12]는 음성학을 이용한 전통 중국어 입력을 위한 키보드 배치를 보여준다.

터치스크린이라면 다른 언어들을 입력할 수 있도록 특별히 고안된 스크린 키보드를 사용하게 된다. 사람이 말하는 것을 텍스트로 만들 수 있는 음성인식이라면 더욱 좋을 수 있다. [그림 2.13]은 안드로이드 스마트폰의 중국어 핀인 키보드를 보여준다.

---

10) 전송하거나 저장하는 데이터의 양을 줄이기 위해 사용하는 코드보다 적은 수의 비트들로 한 문자를 표현하는 데이터 압축 기법이다.

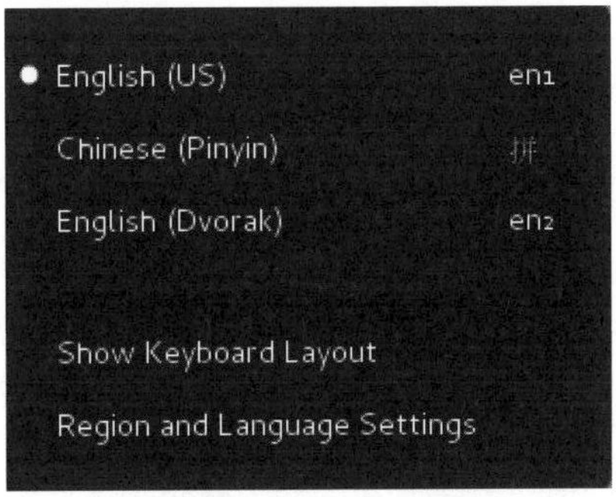

English (US) en1
Chinese (Pinyin) 拼
English (Dvorak) en2
Show Keyboard Layout
Region and Language Settings

[그림 2.11] 입력 방법들

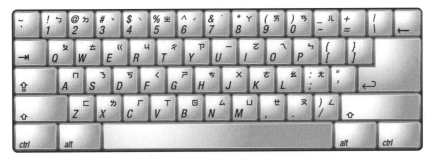

[그림 2.12] 중국어 음성학 기호를 위한 키보드 배열

Search, or say "Ok Google"
best screen capture android phone
英文
123
DEL

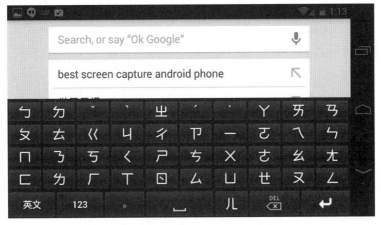

[그림 2.13] 안드로이드용 스마트폰 중국어 음성학 입력

웹 브라우저, 이메일, 텍스트 편집기, 문서 작성기를 포함한 현대 응용 프로그램(application)은 유니코드 텍스트를 지원한다. 단, 여러분의 컴퓨터에 원하는 언어 지원 및 표현될 수 있는 폰트(font)가 미리 설치되어 있어야 한다.

2.8 데이터 출력

데이터 부호화(인코딩)는 컴퓨터의 일 처리와 저장을 빠르게 해준다. 그러나 사람이 보고 이해할 수 있는 데이터 출력이 필요하다. 이것은 문자, 숫자, 이미지, 음성과 영상 등을 사람에게 보여줄 수 있어야 한다는 의미이다.

컴퓨터 초기 운영자는 딱딱한 종이 카드[그림 2.14]에 구멍을 내어 컴퓨터를 위한 입력 방법으로 사용하였는데, 이러한 일을 배치 작업(Batch process)[11]이라고 하고 그 당시 컴퓨터는 항온 항습기가 있는 기계실에서 운영되었다. 그리고 연산된 결과는 라인 프린터에 의해 출력되었다. 초기 라인 프린터는 세탁기만한 크기의 물체로 인쇄 텍스트에 충격을 주어, 한 번에 한 줄씩 계속해서 특정 종이에 인쇄를 하는 방식이었다. 한번 작업이 시작되면 몇 시간 또는 며칠씩 걸리기도 하였다.

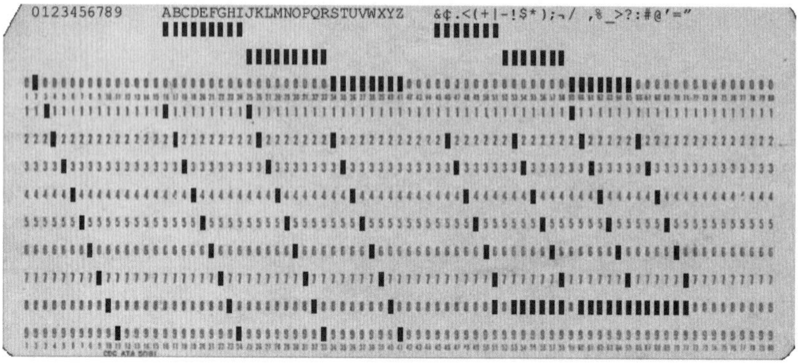

[그림 2.14] 천공 카드

시간이 흐른 후, CRT(cathode ray tube) 모니터의 등장으로 입력과 출력을 동시에 제공하였고, 다수 사용자가 시 분할 시스템(time-sharing system)[12]을 사용할 수 있게 되었다. 사용자는 즉각적인 컴퓨터 출력을 볼 수 있게 되었고, 생산성이 엄청나게 증가하게 되었다. CRT 모니터는 단색(monochrome)이었고, US_ASCII 문자를 내보여 주었다.

오늘날의 컴퓨터는 총천연색, GPU(graphics processor unit)를 가지고 있는 고해상도 LCD/LED 그래픽을 지원하는 시스템이다. 문자의 화소(pixel)를 조정하는 것은 폰트

---

11) 온라인 처리와 같이 각종 자료가 발생할 때마다 처리되는 것이 아니라, 발생된 자료들을 일정 기간 또는 일정량이 될 때까지 모아 두었다가 일괄적으로 처리하는 방식이다.

12) 여러 명의 사용자가 단말기를 통하여 중앙의 컴퓨터 시스템을 동시에 사용하는 방식으로 CPU의 시간을 잘게 분할하여 여러 사용자에게 배분한다.

파일(font file)이다. 폰트는 문자의 특별한 형태 또는 외형 모양의 디자인이다. 예를 들면 세리프(serif) 폰트는 글자의 획 끝에 작은 줄을 삽입하는 것이다. 샌 세리프(Sans serif) 폰트는 그런 장식이 없는 형태를 말한다. 잘 알려진 폰트 그룹은 Times New Roman, helvetic, Courier이다. [그림 2.15]는 특별한 Courier 폰트를 보여 준다.

[그림 2.15] Curier 폰트

폰트 그룹에는 이탤릭체(italic)와 Boldface 같은 변종 폰트가 요구되기도 한다. 일반적으로 폰트는 지적 재산권이다. 그것을 사용하려면 허가와 비용을 지불해야 한다. 그러나 무료 폰트도 많이 존재한다. 많은 폰트는 컴퓨터가 생기기 전 혹은 타자기가 생기기 전에 벌써 디자인 되었다. 컴퓨터를 위한 활자체는 폰트 파일 안에 저장되며, 크기 조정이 쉽다. 모든 컴퓨터에는 여러 폰트들이 들어 있다. 추가적인 폰트는 다운로드 하여 설치가 가능하다.

응용프로그램은 대개 문자 표현을 입맛에 맞게 꾸밀 수 있도록 사용할 수 있는 폰트를 제공한다. [그림 2.16]은 중국어 문자를 위한 폰트의 집합을 보여준다.

[그림 2.16] 중국어 폰트

다른 활자체와 폰트는 특정 언어에서 표현되는 문자를 지원하기 위해 만들어진다.

문자를 출력하기 위한 능력으로 숫자를 표현하는 것은 식은 죽 먹기이다. 이진수로 표현된 숫자는 사람이 읽을 수 있는 문자(십진수, 즉 0에서 9까지)로 변환되어야 한다.

> **CT: 메시지를 전달하라.**
> 정보는 받는 사람에 의해 처리되고, 반드시 이해될 수 있는 형태로 전달되어야 한다.

위 메시지는 사람과 사람, 사람과 동물 그리고 사람과 컴퓨터 간의 의사소통이 매우 중요함을 가리킨다. 자폐증을 가지고 있는 어린이들과 동물들 간의 의사소통을 연구한 Temple Grandin 교수는 우리에게 위의 메시지를 강조할 것이다.

■ 연습문제

2.1 디지털과 아날로그 신호의 차이점은 무엇인지 설명하시오.

2.2 워드(word)란 무엇인가? 워드 안에는 몇 개의 바이트가 있는지 설명하시오.

2.3 비트 패턴은 무엇인가? n이 비트의 수라면, n=3, n=4, n=8, n=32일 때 다른 비트 패턴의 수는?

2.4 이진수 101, 10101101의 값을 10진수로 나타내시오.

2.5 십진수 911을 8진수와 16진수로 표현하시오. 그리고 계산 과정을 기술하시오.

2.6 −103에 대한 2의 보수법으로 찾으시오. 계산 과정을 적고, 103을 더했을 때 0이 됨을 증명하시오.

추가 점수: 2의 보수법 알고리즘이 항상 임의의 수 m의 음수를 만들어 냄을 증명하시오.

2.7 동치 관계(equivalence relation)란 무엇인가?

2.8 139 mod 16을 계산하시오. (힌트: 답은 0에서 15 사이이다.)

2.9 텍스트 편집과 워드 프로세싱의 차이는 무엇인가?

2.10 Unicode란 무엇인가? UTF-8은 무엇인가? 차이점을 설명하시오.

2.11 키코드(keycode)란 무엇인가? 누가 키코드를 정의하는가?

2.12 [컴퓨팅 사고력 적용] 단어 "actual"은 스페인어로 어떤 의미이고 영어에서는 어떤 의미인가? 어떤 CT 원리로 설명할 수 있는가?

2.13 [컴퓨팅 사고력 적용] 바이트 01000010의 숫자와 ASCII 문자는 무엇인가?
어떤 CT 원리로 설명할 수 있는가?

2.14 [컴퓨팅 사고력 적용] 시외 지역 전화 숫자 303 또는 숫자 303은 어떤 비트 패턴으로 표현
되는가? 어떻게 구별하는지 기술하시오.

2.15 [그룹 주제 토의] "Mary had a little lamb." Context와 Semantics

2.16 [그룹 활동] 4명씩 2개의 팀을 구성하고(팀 A, 팀 B), 강의실 앞으로 초대한다.
각 팀원에게 각 문자마다 분리된 종이에 대문자 0, 1, …… 9, A, B, C, D, E, F를 써서 준
다. 팀 A는 이진수 팀이고, 팀 B는 8진수 팀으로 하자.
어떤 범위 안의 수를 큰 소리로 외치면, 두 팀은 올바른 형태로 표현한다.
더 빠른 팀이 승자이고 자리로 돌아간다. 승리한 팀원들은 그들을 대신할 다른 학생을 선택
한다.
강사는 즐겁게, 흥미롭게, 학생들을 격려하면서 그룹 활동을 유지한다.

Chapter

03

참과 거짓
(True or False)

>>>

참과 거짓(True or False)

디지털 컴퓨터는 논리적인 기계이다. 컴퓨터는 정보를 저장하는데 비트(bit)를 사용한다. 그러나 비트가 하는 일은 on과 off 두 상태를 바꿀 뿐 아무것도 하지 않는다. 비트는 두 이진수 1과 0을 나타낼 수 있다. 그리고 비트는 두 진리 값인 참과 거짓을 나타낼 수 있다. 컴퓨터 하드웨어는 논리 게이트가 내장된 회로로 구성되어 있다. 부울 대수는 진리 값에 대한 계산을 다룬다. 논리 조건과 의미는 프로그램 실행을 제어하는 소프트웨어에서 사용된다. 우리는 논리 구조와 컴퓨터 간의 밀접한 관계를 살펴볼 것이다.

3.1 디지털 전자 회로

현대 컴퓨터는 전류나 전압의 유무에 따라 디지털 신호를 처리한다. 디지털 전자 회로는 입력 신호를 처리하여 특정 연산 결과를 나타내는 출력 신호를 생성한다. CPU 레지스터는 입력 신호뿐만 아니라 출력 신호도 저장한다. A와 B에 입력되는 논리 값에 대한 기본적인 논리 연산으로 참(1)과 거짓(0)을 처리하는 방법은 다음과 같다.

- (A AND B)는 A와 B가 모두 참인 경우만 참이다.
- (A OR B)는 A와 B 중 적어도 하나가 참이면 참이다.
- (NOT A)는 A가 거짓이면 참이고, A가 참이면 거짓이다.
- (A XOR B)는 A와 B 중 오직 하나만 참이면 참이다.
- (A NAND B)는 A와 B가 모두 참일 경우에만 거짓이다.
- (A NOR B)는 A와 B가 적어도 하나가 참이면 거짓이다.

- (A XNOR B)는 A와 B 중 오직 하나만 참이면 거짓이다.

우리는 위에서 나열된 7개의 논리 연산자에 대해 살펴보았다. 각 논리 연산자의 전체적인 작동 방식은 입력 가능한 모든 값에 대한 출력 값을 지정하는 진리표로 설명할 수 있다.

〈표 3.1〉은 AND, OR와 XOR에 대한 진리표이다. 스스로 진리표를 작성해 보고, 다른 논리 연산자에 대한 진리표를 작성해 보도록 한다.

〈표 3.1〉 진리표

A	B	A AND B	A OR B	A XOR B
0	0	0	0	0
0	1	0	1	1
1	0	0	1	1
1	1	1	1	0

CT: 논리에 주의하라.

"and", "or", "not"과 "nor"의 정확한 의미에 대해 주의하라. 논리 연산자로서의 그것들의 의미는 일상적인 사용과 동일하지 않을 수 있다. 다른 사람과 소통을 할 때 연산자의 부정확한 사용이 생기지 않도록 주의한다. 미안하다고 하는 것보다 조심하는 편이 낫다.

예를 들어 식당의 메뉴가 "으깬 감자, 감자튀김, 삶은 브로콜리"로 쓰여 있다. 그것은 일반적으로 당신이 오직 하나만을 선택할 수 있다는 것을 의미한다. 반면에, 구직 요구사항에 "학사 학위 또는 석사 학위"가 쓰여 있다면 그것은 둘 중 하나이거나 두 개 모두를 의미한다.

논리 게이트(Logic Gates)

논리 게이트는 CMOS(complementary metal-oxide-semiconductor) 반도체나 유사한 기술로 제작된 집적 회로를 기본적으로 구성하는 단위이다. 방금 설명한 바와 같이 논리 게이트는 기본적인 논리 연산의 하나를 수행한다. 논리 게이트는 하나 또는 두 개의 입력 값을 받아 하나의 출력 값을 만들어 낸다. 7개의 기본 게이트들은 다음과 같다. NOT

을 제외한 각 논리 게이트는 2개의 입력 값을 받는다.

- AND 게이트 – 모든 입력이 1이면 1을 출력한다. 그렇지 않으면 0을 출력한다.
- OR 게이트 – 모든 입력이 0이면 0을 출력한다. 그렇지 않으면 1을 출력한다.
- NOT 게이트 – 입력의 반대 값을 출력한다.
- XOR(배타적 OR) 게이트 – 2개의 입력이 다른 경우에만 1을 출력한다. 그렇지 않으면 0을 출력한다.
- NAND, NOR 또는 XNOR 게이트 – AND, OR 또는 XOR 게이트의 결과에 대응되는 반대 값을 출력한다.

표준화된 그래픽 기호들은 간단한 디지털 회로를 설계할 때 사용될 수 있다. [그림 3.1]은 기존의 고유한 모양의 기호를 보여준다.

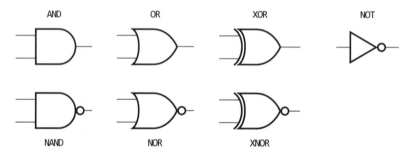

[그림 3.1] 고유한 게이트 기호

논리 게이트 끝의 작은 원은 1을 0으로, 0을 1로 반전시키는 것임을 기억하라. [그림 3.2]는 새로운 사각형 모양의 기호를 보여준다.

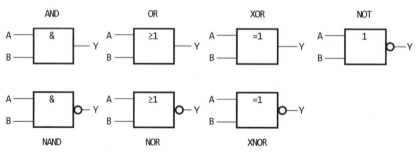

[그림 3.2] 사각형 게이트 기호

더 복잡한 디지털 회로는 논리 게이트를 서로 연결하여 내장되어 있다. 일반적으로 수정 발진기(Crystal oscillator)에 의해 생성된 펄스 신호는 처리 리듬을 제공한다. 다음 처리 단계는 새로운 클록 펄스가 도착할 때까지 시작되지 않는다. 펄스 간격은 모든 디지털 신호 전이를 완료하고 회로 부품이 새로운 상태로 변경되기 위해 필요하다. 현대 CPU를 위한 전형적인 클록 속도는 GHz의 범위이다.

가산기(Adders)

더 복잡한 디지털 회로는 논리 게이트를 서로 연결하여 제작할 수 있다. CPU에서는 이진수에 대한 산술 연산이 가장 기본이 된다. 가산기 회로는 이진수의 곱셈을 수행하기 위해 반복적으로 이용될 수 있는 이진수를 더하는 기능을 제공한다. 논리 게이트를 사용하여 어떻게 가산기가 구성되는지를 예로 살펴보자. 처음에는 반가산기를 만들게 될 것이다. 반가산기 [그림 3.3]은 두 개의 입력 비트 A와 B를 받아들이고, 합 비트 S와 자리올림 비트 C를 출력한다. [그림 3.3]에서 우리는 합 비트를 생성하기 위한 XOR 게이트와 자리올림 비트를 계산하기 위한 AND 게이트를 사용하였다.

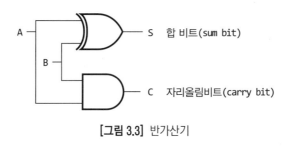

[그림 3.3] 반가산기

〈표 3.2〉는 반가산기의 진리표를 나열한 것이다.

〈표 3.2〉 반가산기 진리표

A	B	S	C
0	0	0	0
0	1	1	0
1	0	1	0
1	1	0	1

여러분은 CT 웹사이트로 이동하여 상호작용 도구로 논리 게이트 실험을 즐길 수 있다(데모: 게이트 시뮬레이터(Gate Simulator)). 왜 게이트 시뮬레이터를 사용하여 자신의 반가산기를 구축하려고 하는 걸까? 전가산기는 세 개의 입력 비트 A, B, C와 (반입되는) Cin을 받아들이고, 합 비트 Sout과 자리올림 비트 Cout을 생성한다. [그림 3.4]에서 보이는 것처럼 전가산기는 두 개의 반가산기와 여분의 OR 게이트로 구성된다.

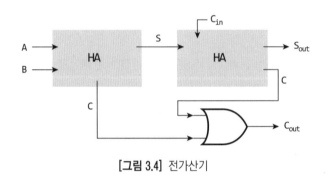

[그림 3.4] 전가산기

〈표 3.3〉은 전가산기의 진리표를 보여준다.

〈표 3.3〉 전가산기 진리표

A	B	C_{in}	S_{out}	C_{out}	A	B	C_{in}	S_{out}	C_{out}
0	0	0	0	0	0	0	1	1	0
0	1	0	1	0	0	1	1	0	1
1	0	0	1	0	1	0	1	0	1
1	1	0	0	1	1	1	1	1	1

먼저 간단한 구성요소를 구성하고 조금 더 복잡한 구성요소로 조합하는 것은 종종 좋은 해결 방법이 된다.

CT: 상향식(Bottom Up) 문제 해결

문제 해결을 위한 상향식 접근방식을 고려하라. 그것은 많은 상황에서 효과적일 수 있다.

우리는 먼저 반가산기를 제작했다. 그런 다음 전가산기를 만들기 위해 두 개의 반가산기를 결합시켰다. 그리고 조금 더 복잡한 두 개의 n-비트 수를 더하는 문제를 해결하기 위해 많은 전가산기를 조합할 수 있다. 두 개의 n-비트 이진수(부호가 없거나 2의 보수인)를 더하기 위해, 오른쪽 가산기의 C_{out}에서 각각의 C_{in}을 받아들이는 n개의 전가산기를 조합할 수 있다. [그림 3.5]에서 우리는 이것이 입력값 $X(X_n, X_{n-1}...X_0)$와 $Y (Y_n, Y_{n-1}...Y_0)$가 어떻게 결과값 $S(S_n, S_{n-1}...S_0)$를 생성하기 위해 어떻게 작동하는지 알 수 있다.

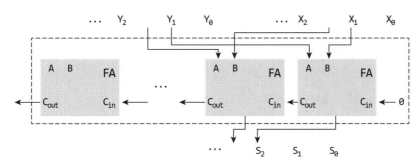

[그림 3.5] 리플가산기(a Ripple Adder)

자리올림 비트가 가장 오른쪽 가산기로부터 가장 왼쪽에 이르는 모든 가산기에 전달될 필요가 있기 때문에 최종 출력 비트가 발생할 때까지 n에 비례하는 지연시간이 필요하다. 이런 가산기는 리플가산기로 알려져 있다. 특히 덧셈이 곱셈의 서브 프로세스로 수행되는 경우라면 좀 더 복잡한 가산기들은 지연시간을 줄일 수 있고, 이진 덧셈을 좀 더 빠르게 수행할 수 있다. 컴퓨터 하드웨어 설계는 복잡한 공학활동이다. 소프트웨어 도구는 디자인, 테스트, 합성 및 집적회로 제조의 다양한 단계를 자동화하는데 사용된다. 더 나은 하드웨어는 좀 더 나은 하드웨어뿐만 아니라 매우 좋은 선순환을 가능하게 하는 더 효율적인 소프트웨어로 이르게 한다.

CT: 선순환 만들기

새로운 도구, 환경, 기술의 이점을 이용하고 어디서나 사용할 수 있도록 하라. 긍정적인 피드백이 반복되면 가능성이 더해진다는 것을 잊지 말아라.

예를 들면 프로세스의 거듭된 반복은 수천에서 수백만의 특정한 DNA 염기순서를 생성하기 위한 분자 생물학 기술인 PCR(중합효소 연쇄 반응: Polymerase[1] Chain Reaction) 의 발명으로 이어져 왔다. 1983년 캐리 멀리스(Kary Mullis) 박사가 발명한 PCR은 DNA 실험, 유전자 지문을 포함하여 의학적이고 생물학적인 연구와 응용 분야에서 없어서는 안 될 기술로 자리 잡았다. 멀리스 박사는 PCR의 발명으로 1993년 노벨 화학상을 받았다. 멀리스 박사는 자신의 저서 『Dancing Naked in the Mind Field』라는 책에서 다음과 같 이 서술하고 있다.

> "나는 컴퓨터 프로그래밍이 반복적인 수학적 절차가 중요함을 이해하는 것으로부터 시작되었 다고 생각한다. 새로운 숫자를 얻기 위해 시작 번호를 어떤 프로세스에 적용하고, 다시 같은 프로세스를 새로운 숫자에 적용하는 것을 반복하는 것이다. 만약 프로세스가 2배수로 곱셈을 한다면, 2는 4가되고, 4는 8이 되고, 8은 16이 되고, 16은 32가 되는 것처럼 많은 계산의 결 과는 기하급수적으로 늘어난다."

> "만약 내가 특정 DNA의 염기순서를 찾기 위해 DNA의 짧은 합성 조각을 준비할 수 있고, 그 염기순서가 자신을 끊임없이 재생산하는 프로세스를 시작할 수 있다면, 나는 나의 문제 해결 에 가까이 접근되어 있을 것이다."

PCR이 발명될 당시에 중합효소와 DNA 복제 기술은 이미 알려져 있었다. 빠져있던 것 은 연쇄반응 부분이었다. 우리는 PCR을 발명한 멀리스 박사와 그의 컴퓨팅 사고력에 감사 해야 한다. 이것은 얼마나 중요한 발명인가? 뉴욕 타임즈는 그의 발명을 대단히 독자적이 고 중요하며 사실상 생물학은 PCR 발명의 이전과 이후로 나뉜다고 묘사하였다.

아직도 설명이 더 필요한가? 그렇다면 이노센스 프로젝트(미국 인권단체)에 문의하거나 유전자 지문 때문에 감옥에 다녀온 사람에게 질문해 보라.

3.2 부울 대수

대수학이라는 단어는 부서진 조각들을 재결합하는 뜻을 가진 아랍어 al-jebr에서 유래 하였다. 우리가 중학교에서 배우는 기초 대수학은 실수와 상징들을 다룬다. 기호들은 변 수들과 특정하지 않은 숫자를 나타낸다. 1854년 조지 부울(George Boole)에 의해 소개된

---

[1] 일반적으로 중합효소라고 불리며, 이것은 DNA, RNA 형성의 촉매가 되는 효소이다.

부울 대수는 숫자 대신에 참과 거짓 혹은 1과 0을 다룬다. 부울 대수에서 변수들은 두 값들 중에 하나의 값을 가진다.

부울 대수는 다음과 같은 기본적인 연산과 연산자로 구성된다.

- 논리곱 — $A \wedge B$, A AND B, A & B, A · B 는 A와 B가 모두 참일 경우에만 참이다.
- 논리합 — $A \vee B$, A or B, A || B, A + B는 적어도 A와 B 중 하나가 참일 경우에만 참이다.
- 부정 — $\neg A$, NOT A, !A, $\overline{A}$는 A가 거짓일 경우에만 참이고 그렇지 않은 경우는 거짓이다.

앞서 본 다양한 표기법은 2.2절에서 살펴본 CT: 기호들의 의미를 떠오르게 한다.

부울 대수는 이러한 연산자들이 포함된 표현식, 그것들의 속성과 조작법에 대해 다룬다. 언급한 바와 같이 이것은 디지털 회로에 대한 연구와 설계에 있어 매우 유용하다.

3.2.1 표현과 법칙

부울 대수와 관련하여 소개한 것과 같이 우리는 0과 1의 값, ·, +, − 연산자 및 부울변수 a, b, c를 사용할 것이다. 다음의 법칙들은 부울 대수에서 수행된다.

- 기본 법칙(Simplification laws):
  $a \cdot a = a$, $a + a = a$, $(\overline{\overline{a}}) = a$, $0 + a = a$, $0 \cdot a = 0$, $1 + a = 1$, $1 \cdot a = a$
- 교환 법칙(Communicative laws):
  $a \cdot b = b \cdot a$, $a + b = b + a$
- 결합 법칙(Associative laws):
  $a \cdot (b \cdot c) = (a \cdot b) \cdot c$, $a + (b + c) = (a + b) + c$
- 분배 법칙(Distributive laws):
  $a \cdot (b+c) = (a \cdot b) + (a \cdot c)$, $a + (b \cdot c) = (a+b) \cdot (a+c)$
- 흡수 법칙(Absorption laws):
  $a \cdot (a + b) = a$, $a + (a \cdot b) = a$(변수 b가 마치 없었던 것처럼 흡수된다.)
- 부정 법칙(Negation laws): $a \cdot \overline{a} = 0$, $a + \overline{a} = 1$
- 드 모르간의 법칙(De Morgan's laws): $\overline{a \cdot b} = \overline{a} + \overline{b}$, $\overline{a + b} = \overline{a} \cdot \overline{b}$

세 개의 논리 연산자 AND, OR, NOT는 2개를 입력받아 1개의 출력 값을 생성하는 진리 표에서 기본으로 사용된다. 예를 들면 a XOR b는 다음의 수식과 같이 풀어 쓸 수 있다.

a XOR b = (a + b) · $(\overline{a \cdot b})$

3.2.2 범용 게이트(Universal Gate)

만약 논리 게이트가 단독으로 어떤 부울 함수를 구현하기 위해 사용될 수 있다면 논리 게이트는 범용적이라 할 수 있다. NAND와 NOR 게이트는 범용적이다. NAND와 NOR 게이트는 경제적이고 조작하기 쉽기 때문에 모든 집적 회로 디지털 논리 계열에 사용되는 기본 게이트이다. 실제로 AND(OR) 게이트는 보통 인버터(inverter)에 뒤이어 NAND(NOR) 게이트로 실행된다. AND, OR, NOT 게이트를 만들기 위해 어떻게 사용되는지 살펴보면서 NAND가 범용적이라는 것을 증명해보자.

- NOT 게이트 만들기 – $\overline{(a \cdot a)} = \overline{a}, \ \overline{(a \cdot 1)} = \overline{a}$
- AND 게이트 만들기 – $\overline{(\overline{(a \cdot b)})} = a \cdot b$
- OR 게이트 만들기 – $\overline{(\overline{a} \cdot \overline{b})} = a + b$

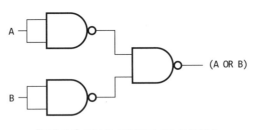

[그림 3.6] NAND 게이트로 OR 구현하기

CT 웹 사이트에서 NAND나 NOR 게이트를 사용하여 AND, OR, NOT 게이트를 만들기 위해 게이트 시뮬레이터(gate simulator) 도구를 재미있게 사용할 수 있다(Demo: Nand Gate). [그림 3.6]은 NAND 게이트로 OR 게이트를 구현한 것을 나타내고 있다.

3.3 의사 결정(Decision Making)

순서도(1.7절)를 그리거나 알고리즘(1.8절)을 구체화 할 경우에는 종종 테스트 조건이 필요하다. 테스트의 예/아니오라는 대답에 따라서 프로시저(함수)는 테스트 단계를 통해 다른 경로를 밟는다.

프로그래밍과 논리구조에서 참과 거짓 둘 중 하나의 결과를 생성하는 함수는 술어(predicate)라고 알려져 있다. 프로그래밍 언어는 일반적으로 미리 정의된 술어로 관계 연산자를 제공한다. 〈표 3.4〉는 수치를 비교하고 참의 값을 생성하는 자바스크립트의 관계 연산자 목록을 보여주고 있다.

〈표 3.4〉 자바스크립트 관계 연산자

연산자	의미
==	~와 같다
!=	~와 같지 않다
〈	~보다 작다
〉	~보다 크다
〈=	~보다 작거나 같다
〉=	~보다 크거나 같다

보통 0으로 나타나는 비트 패턴은 거짓으로 간주되고, 그 외의 다른 값은 참으로 간주된다. 왜냐하면 0은 거짓이고 0이 아닌 다른 값들은 참이기 때문이다. 이러한 규정의 직접적인 결과는 술어로 간주될 수 있는 변수를 반환하는 어떠한 함수에 의해 결정된다. 프로그래밍 언어는 참과 거짓의 연산을 수행하기 위해서 논리 연산자를 제공한다. 〈표 3.5〉는 자바스크립트의 논리 연산자를 나타내고 있다.

〈표 3.5〉 자바스크립트 논리 연산자

연산자	의미
&&	AND
||	OR
!	NOT

대부분의 다른 언어와 마찬가지로 자바스크립트는 C/C++의 관계 및 논리 연산자를 채택하였다. 만약 상대 습도가 평상시의 습도(50~60%)와 같으면, 상대 습도의 입력 값을 가지는 rhNormal이라는 술어를 정의하기 위해 위의 표기법을 사용해 보자.

알고리즘 rhNormal:

> **입력:** Integer percentage rh
> **출력:** Return 0 (false) or nonzero (true)

> > If (rh 〉 60 || rh 〈 50), then return 0
> > Return 1

아니면, 다음과 같이 사용할 수 있다.

알고리즘 rhNormal:

> **입력:** Integer percentage rh
> **출력:** Return 0 (false) or nonzero (true)

> > If (rh)= 50 && th 〈= 60), then return 1
> > Return 0

CT: 논리 확인

컴퓨터로 처리하는 연산자를 이용한 검사(predicate checking)는 많은 크고 작은 작업들을 자동화 하도록 도와준다.

자동화된 조작은 종종 사용 가능한 범위 내의 어떠한 매개 변수의 값을 유지하는 것을 뜻한다. 습도 조절 시스템은 rhNormal을 정기적으로 호출하고 습도를 늘리거나 줄이는 것을 결정한다. 유사한 컴퓨터 통제 시스템은 자동차 주행 통제 시스템, 잠김 방지 브레이크 시스템(ABS: antilock brake system), GPS 네이게이션 시스템, 비행기의 자동 조종 장치 등에서 매우 흔하게 볼 수 있다.

3.3.1 조건과 함축적 표현

우리가 생각한 것과 같이 알고리즘을 만들 경우에는 다음 단계로 넘어가기 위한 올바른 의사 결정이 중요하다. 이러한 결정을 표현하기 위해 전형적으로 if는 술어, then은 액션1, else는 액션2로 사용한다. 만약 술어가 참으로 판단하면, 액션1이 실행된다. 반대의 경우에는 액션2가 실행된다. else 파트는 보통 선택적으로 사용한다.

알고리즘의 정확함은 올바른 함축적 표현을 사용하는 것에 달려 있다. 함축적 표현은 논리적인 서술이며 흔히 다음과 같은 형태를 가진다.

- p는 q를 의미한다. 혹은 $p \Rightarrow q$
- 만약 p이면 q이다
- q이다. 만약 p이면

p는 전제이고 q는 결론이다.

두 개의 입력 숫자 x와 y를 비교하는 알고리즘을 살펴보자.

1. 만약 x가 y보다 크면 양수를 반환한다.
2. 만약 x가 y보다 작으면 음수를 반환한다.
3. 만약 x와 y가 같다면 0을 반환한다.

알고리즘 numberCompare:

입력: Number x, number y
출력: Return 1, 0, or −1

```
If x ⟩ y, then return 1
If x ⟨ y, then return −1
Return 0
```

알고리즘 numberCompare는 다음과 같은 함축적 의미를 나타내고 있다.

"2단계에 도달하는 제어 흐름" ⇒ "x <= y"
"3단계에 도달하는 제어 흐름" ⇒ "x <== y"

지금부터는 왜 numberCompare가 단순히 "return x - y"로 함축적으로 표현될 수 있는지 생각해 보자.

주어진 함축적 표현인 $p \Rightarrow q$(p가 참이면 q도 참이다)이면 다음의 구문들도 참이 된다.

- p는 q에 대해 충분조건이다. 즉 p가 참이면 q도 참이다.
- q는 p에 대해 필요조건이다. 즉 p가 참이 되기 위해서는 q는 반드시 참이 되어야 한다. 또한 q가 거짓이면 p도 거짓이다. 따라서 함축 $p \Rightarrow q$는 논리적으로 함축 $q \Rightarrow p$와 같다.
- 만약 p가 거짓이면 q와 아무 관계도 없다.
- 만약 q가 참이면 p와 아무 관계도 없다.

예를 들어 "만약 x가 여자라면 x는 사람이다."라는 말은 "만약 x가 사람이면 x는 여자이다."라는 말을 뜻하지 않는다. 그럼에도 불구하고 만약 x가 사람이 아니면 x는 여자가 될 수 없다.

이와 유사하게 "이것은 강이다. ⇒ 강에서 물이 흐른다."는 "만약 물이 흐르면 그것은 강이다."를 뜻하지 않는다. 사실 그것은 물이 흐르는 호스나 배수관이 될 수도 있다. 그러나 만약 물이 흐르지 않으면 그것은 강이 아니다.

"만약 n이 8의 배수이면 ⇒ n은 짝수이다."라는 말은 "n이 짝수이면, 8로 나눌 수 있다."를 뜻하지 않는다. "만약 한 사람의 나이가 30세를 넘으면 그 사람은 어른이다."라는 말은 어른은 30세가 넘어야 한다는 것을 뜻하지 않는다.

마지막으로, "좋은 프로그래머는 논리적으로 생각한다."라는 말은 논리적으로 생각하는 누구라도 좋은 프로그래머가 될 수 있다는 것을 뜻하지 않는다. 사람은 반드시 논리를 훈련하는 많은 과정을 거쳐야 한다. 논리적인 사고 없이 좋은 프로그래머가 될 수 없다는 것은 확실한 사례이다.

요약하자면, 충분조건은 필요하지 않고 필요조건은 충분하지 않다는 것이다.

그러나 만약 두 개의 함축 $p \Rightarrow q$와 $q \Rightarrow p$를 모두 가진다면, q는 p를 위한 필요조건이면서도 충분조건이 된다. 이와 비슷하게 p는 q를 위한 필요조건이면서도 충분조건이 된다.

아니면 간단하게 필요충분조건 혹은 $p \Leftrightarrow q$로 표현할 수 있다. 이러한 경우 p와 q는 둘 다 참이 되거나 둘 다 거짓이 될 수 있다. 18세 이상이면서 죄가 없는 미국 시민이어야만 미국에서 투표를 할 수 있는 것이 그 예이다.

CT: 논리를 따르라.

이러한 모든 논리적인 것들이 간단하고 쉬운가? 다시 한번 생각하라!

처음부터 다시 공부하는 것을 주저하지 말라. 자신의 사고방식을 논리적으로 만들어라. 그러면 무엇을 하든 매우 도움이 될 것이다. 논리적으로 생각하는 것이 자신에게 자연스러운 것이 된다고 해도 다른 사람들도 똑같이 논리적일 것이라고 생각하지 마라. 내기를 해도 좋다. 자신이 논리적으로 생각한다고 해서 다른 사람들도 모두 논리적으로 생각하는 것은 아니다. 우리는 많은 일들을 이루어내기 위해 다른 사람들과 함께 작업하는 것이 필요하기 때문에 논리적인 사고로 인한 문제가 발생하는 것을 피하는 것이 현명하다.

3.4 비트에 적용된 논리

우리는 이미 산술, 논리, 관계 연산을 포함하여 데이터에 대한 기본적인 연산을 공부했다. 이러한 연산은 모든 바이트(byte)나 워드(word)를 다룬다.

그러나 데이터가 비트 패턴(bit pattern)을 대신하기 때문에 가끔 개별 비트로 연산하고 싶은 경우가 생긴다. 프로그래밍 언어는 이러한 목적을 위해 비트와이즈(bitwise) 연산자를 제공한다.

예를 들어 비트와이즈 연산자 &은 논리 연산자 AND를 비트 단위로 적용한다. 〈표 3.6〉은 2개의 바이트 b와 m의 비트와이즈 AND 연산인 b & m을 보여준다.

〈표 3.6〉 비트와이즈 AND

b	1	1	0	0	1	1	0	1
m	0	0	0	0	1	1	1	1
b & m	0	0	0	0	1	1	0	1

결과 값의 각각의 비트는 b와 m 한 쌍에 상응하는 논리 AND로 계산된다. 따라서 각각의 결과 비트는 같은 열에 있는 두 개의 비트로부터 계산된다.

우리는 종종 비트 패턴에서 어떤 부분집합(subset)에 집중할 필요가 있다. 어떠한 비트 패턴 b에 대해서, 임의적으로 원하는 부분을 추출하기 위해 b & m을 사용할 수 있다. 여기에 마스크(mask)라고 알려진 m이 있다. 마스크 안의 1비트는 b로부터 우리가 원하는 해당 비트를 선택한다. 반면, 마스크 안의 0 비트는 b로부터 원하지 않는 비트를 막는다. 마스킹을 시각화하기 위해서는 b의 비트를 게임의 참가자로 생각해야 한다. 심판은 참가자를 전진시키기 위해 1을 주고, 다른 이를 거부하기 위해 0을 준다. 따라서 마스크의 1비트 부분은 통과되고, 0비트 부분은 통과되지 않는다.

예를 들어 어떤 정수 n이 이상한지 아닌지 시험해 보고 싶으면 술어(n & 1)를 사용할 수 있다. 마스크 1을 위한 비트 패턴은 맨 오른쪽 비트를 제외하고 모두 0을 가지고 있다.

〈표 3.7〉 자바스크립트 비트와이즈 논리 연산자

연산자	의미	연산자	의미
&	비트 연산자 AND	|	비트 연산자 OR
~	비트 연산자 NOT	^	비트 연산자 XOR

〈표 3.7〉은 자바스크립트의 모든 비트 논리 연산자를 나타낸 것이다. 비트연산자 NOT을 사용하여 2의 보수 알고리즘을 실행할 수 있다(2.3절).

알고리즘 2의 보수(Algorithm 2's Complement):

입력: Integer a
출력: Returns −a

    1. Set a = ~a
    2. Return a + 1

이제 어떻게 비트연산자 XOR이 작동하는지 살펴보자. 〈표 3.8〉은 어떤 a에 대한 비트 연산자 XOR의 예시를 보여준다.

a ^ a = 0

〈표 3.8〉 비트 연산자 XOR

a	1	1	0	0	1	1	0	1
a	1	1	0	0	1	1	0	1
a^a	0	0	0	0	0	0	0	0

또한 우리는 다음과 같이 알고 있다.

a ^ 0 = a

r과 s를 비트 패턴의 한 쌍이라 하자. 우리는 제 3의 임시변수를 사용할 필요없이 그들의 값을 교환할 수 있다. 다음의 연산 과정을 생각해보자.

1. Set r = r ^ s
2. Set s = r ^ s
3. Set r = r ^ s

이러한 세 번의 단계가 r과 s의 값을 교환한다는 것이 믿어지는가? 이 세 단계 후에 s는 r의 값을 얻고, r은 s의 값을 얻는다.

이러한 과정을 살펴보면, XOR에 대해 쉽게 이해하게 될 것이다. r0을 원래의 r로, s0을 원래의 s로 만들어 보자. 1단계에서 r의 값을 가져와서 그것을 2단계에 대입한다.

s = r0 ^ s0 ^ s0 = r0 ^ 0 = r0

따라서 2단계 이후에는 s의 값은 r0가 된다.

이세 3난계에서 1단계의 r의 값, 2단계의 s의 값을 교환해 보자.

r = r0 ^ s0 ^ r0 = r0 ^ r0 ^ s0 = 0 ^ s0 = s0

아! 우리는 r의 값과 s의 값을 제 3의 변수를 사용하지 않고 바꾸었다. 이 예는 비트와 이즈 논리 연산을 보여주기에 매우 적합하다. 그러나 간단한 값의 교환 방법은 아래와 같고 여전히 추천되는 방법이다.

```
Set temp = r
Set r = s
Set s = temp
```

또한 비트 패턴을 이용하여 오른쪽 혹은 왼쪽으로 비트의 숫자만큼 이동시킬 수 있다. 예는 다음과 같다.

```
Set x = a ≫ 3(a가 오른쪽으로 3비트 이동된다.)
Set x = a ≪ 4(a가 왼쪽으로 4비트 이동된다.)
```

비트의 크기를 넘어서 이동된 비트는 버려진다. 새롭게 이동된 비트는 0이 된다. 만약 a가 무부호 정수라면 다음과 같은 결과가 나온다.

```
a ≪ 1 (a의 2배)
a ≫ 1 (a/2의 몫)
```

비트 연산의 다른 응용 예는 다음의 알고리즘과 같다. 이 알고리즘은 입력 바이트 b의 이진 코드를 보여준다.

알고리즘 byteDisplay:

입력: Byte b
출력: Display the bits of b

```
1. Set m =1 ≪ 7
2. If m == 0, then display NEWLINE and terminate
3. If (b & m), then display 1 else display 0
```

4. Set m = m $\gg$ 1

5. Go to Step 2

알고리즘을 따라가며 어떻게 작동하는지 살펴보고 조건 (m == 0)은 (!m)로 대체될 수 있다는 것을 이해하도록 한다.

> **CT: 기본 요소들을 결합하라.**
>
> 복잡한 시스템은 종종 단순한 규칙을 따르고 상호작용하는 단순한 요소적인 부분들로 구성되어 있다.

우리는 화성으로 보내지거나 인간을 달까지 보내주는 우주 탐사 로켓과 같이 섬세한 컴퓨터 시스템들이 비트와 NAND 게이트에 의해 실행되는 단순 논리 연산으로 구성되어 있다는 것을 알고 있다.

이와 유사하게 생물학에서는 원자가 식물과 동물의 세포를 구성하는 분자를 형성한다. 컴퓨터와 살아있는 것들은 결국 다르지 않다.

3.5 논리와 반복

컴퓨터 프로그램의 힘은 종종 반복적인 작업을 끊임없이 수행하는 능력에 있다. 반복적인 실행을 위한 단계들의 집합을 루프(loop)라고 부른다. 루프에 있어 중심이 되는 것은 반복작업을 어떻게 시작하고 수행하고 종료할지에 대한 조건과 행동을 다루는 루프 제어이다.

3.5.1 While 루프

프로그래밍 언어들은 보통 루프를 작성하기 위한 구조를 제공한다. 먼저 While 루프 구조를 한번 살펴보자. While 루프는 보통 다음과 같은 형태를 취한다.

While(조건)　(루프 컨트롤)
{ 수행단계들 }　(루프 바디)

　　While 루프는 기본적으로 조건이 참이면, 반복적으로 루프 바디를 실행한다. while 루프의 정확한 의미는 [그림 3.7]의 흐름도에 나타나 있다.

　　While 루프 제어는 연속적인 테스트이며 루프 바디의 실행 이전에 평가된다. 만약 테스트 결과가 참이면, 루프 바디는 일단 한번 실행된다. 테스트는 루프 바디의 다음 반복 이전에 다시 평가된다. 만약 거짓으로 판단되면 While 루프는 종료된다.

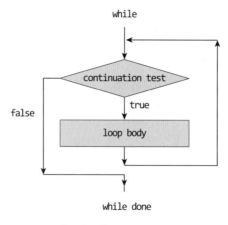

[그림 3.7] While 루프

알고리즘 isPrime:

　　입력: Integer n
　　출력: Return 0 (false) or n (true)

　　　　1. If n ⟨ 2, then return 0
　　　　2. If n ⟨ 4, then return n
　　　　3. If (remainder(n,2)==0), then return 0
　　　　4. Set d = 3
　　　　5. while (d ⟨ n)
　　　　　 { If(remainder(n,d)==0), then return 0 else set d = d+2 }
　　　　6. Return n

이 알고리즘은 while 루프를 설명하기 위한 것이다. 이는 효율적인 소수 테스트 알고리즘과는 거리가 멀다. while 루프는 n의 제곱근을 사용해서 훨씬 빨리 멈출 수 있다(d <= sqrt(n)). 알고리즘이 어떻게 작동하는지 한번 살펴보자. n에 대해서 0에서 3까지의 값을 이용하면 된다.

3.5.2 for 루프

for 루프는 다음과 같은 형태를 취한다.

for (초기화, 테스트, 증가식)   (루프 제어)
{수행단계들}   (루프 몸체)

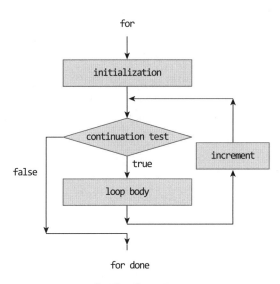

[그림 3.8] for 루프

알아두기

- 루프 컨트롤의 초기화 부분은 루프를 수행하기 위한 준비 시에 오직 한번만 수행된다.
- 연속 테스트는 루프 바디의 반복 이전에 일단 한번 평가된다. 만약 테스트 절차가 거짓으로 판단되면 루프는 종료된다.
- 증가식 부분은 각각 루프 바디의 반복 이후에 평가된다.

따라서 각 반복 이후 증가식을 평가한 다음, 또 다른 반복이 필요한지 아닌지 알아보기 위해 테스트를 수행한다.

위의 isPrime 술어는 2부터 997까지의 소인수 리스트를 사용하여 개선할 수 있다.

primes = [2,3,4,7,11,13,17,19,23,29,31,37,41,43,47,53,59,61,67,71,73,79,83,89,97, 101,103,107,109,113,127,131,137,139,149,151,157,163,167,173,179,181,191,193,197,199,211,223,227,229,233,239,241,251,257,263,269,271,277,281,283,293,307,311,313,317,331,337,347,349,353,359,367,373,379,383,389,397,401,409,419,421,431,433,439,443,449,457,761,463,467,479,487,491,499,503,509,521,523,541,547,557,563,569,571,577,587,593,599,601,607,613,617,619,631,641,643,647,653,659,661,673,677,683,691,701,709,719,727,733,739,743,751,757,761,769,773,787,797,809,811,821,823,827,829,839,853,857,859,863,877,881,883,887,907,911,919,929,937,941,947,953,967,971,977,983,991,997]

변수 prime은 값 대신에 값의 리스트를 갖고 있다. 프로그래밍에 있어서 값들의 리스트는 배열(array)이라고 불린다. 배열 안의 요소들은 색인(indexing)에 의해 접근된다. 예는 다음과 같다.

primes[0] 은 2

primes[1] 은 3

primes[2] 는 5

primes 내의 요소들의 숫자는 primes.length이다.

우리는 for 루프를 통해 숫자 n이 어떤 숫자로 나누어지는지를 알아낼 수 있다.

알고리즘 smallprimeCheck:

입력: Positive integer n >= 2, array primes

출력: Return 0 (n not prime), n (a prime), last number on primes(no divisor)

    1. If (primes contains n), then return n

    2. If (n < primes[primes.length−1]), then return 0

3. Set r = sqrt(n)

4. for (i=0; i < primes.length; i=i+1)

   { Set d = primes[i];

     If (d > r), then return n;

     If (remainder(n,d)==0), then return 0 }

5. Return d

이제 조금 더 개선된 isPrime이다.

알고리즘 isPrime2:

입력: integer n, array primes

출력: Return 0 (false) or n (true)

1. If n < 2, then return 0

2. Set d = smallprimeCheck(n, primes)

3. If (d == n), then return 0

4. If (d == n), then return n

5. Set d = d + 2 and set r = sqrt(n)

6. While (d <= r)

   { If (remainder(n,d) == 0), then return 0 else set d = d + 2 }

7. Return n

2단계에서는 smallprimeCheck를 호출한다. 만약 반환 값이 0이면 n은 소인수가 아니다(3단계). 만약 값이 n이면 smallprimeCheck에 의해 결정된 소인수이다. 그렇지 않으면, 우리는 홀수 d가 d <= sqrt(n)[2]라는 조건에 만족할 때까지 더 많은 약분을 시도할 필요가 있다.

배열의 요소들을 활용하기 위한 명시적 색인(explicit indexing) 대신 몇몇 프로그래밍 언어들은 foreach 루프를 사용하도록 한다.

---

2) 이 방법은 큰 수에 적용할 경우, 속도가 커지므로 큰 수에 적용하는 것은 피하자.

```
foreach ( 배열 속의 x )   (루프 컨트롤)
{수행단계들}               (루프 바디)
```

위에서 변수 x는 자동으로 루프 바디의 반복 이전에 주어진 배열 내의 다음 요소의 값을 가진다.

루프를 잘 작성하기 위해서는 다음과 같은 점에 주목해야 한다.

- 초기화(initialization) — 루프가 시작되기 전 초기화 값 만들기
- 종료조건(termination) — 반복을 계속하거나 종료하기 위한 올바른 논리 조건 사용하기
- 연속성(continuation) — 각 반복의 끝에서 다음 반복을 위한 값을 업데이트하기
- 효율성(efficiency) — 불필요한 반복을 피하기 위해 루프 바디 내의 작업을 최소화하기

효율적이고 잘 설계된 컴퓨터 프로그램은 프로그래밍에 대한 전문 지식뿐만 아니라 문제 영역에 대한 전문지식을 요구한다. 소수 검정은 이에 대해 가장 완벽한 사례이다. 현재 가장 효율적인 일반 소수검정 알고리즘은 ECPP(Elliptic Curve Primality Proving)이다. ECPP는 타원 곡선(elliptic curve)[3] 이론의 섬세한 결과에 의존한다. PRIMO 프로그램은 ECPP를 구현하였다. 2013년 기록에 따르면, 다음의 수

$$27^{3845} + 14717$$

이 숫자는 22,230개의 소수를 가진다. 이 숫자는 PRIMO 4.0.1 프로그램과 Peter Kaiser에 의해 확인되었다. 계산 시간은 병렬 처리로 16 제온 코어 환경에서 약 7개월이 걸렸다.

> **CT: 매일 프로그래밍을 수행하라.**
> 마치 프로그램을 작성하는 것처럼 집이나 사무실에서 중요한 일을 계획하라.
> 마치 프로그램을 작동시키는 것처럼 조심스럽고 정확하게 작업을 실행하라.

---

3) 밀러 라빈의 확률적 소수 검정은 비결정적인 방법보다 약간 빠른 방법이다.

주의 깊은 계획, 요구된 조건 확인, 작업의 올바른 시작과 종료, 모든 시나리오에 대한 고려, 신뢰있는 절차의 재사용과 효율성에 유념하기 등은 실수와 불확실한 성공을 피하는 데 도움을 준다.

예전에 필자가 타이완에서 오신 어머니를 모시고 나이아가라 폭포에 간 적이 있다. 그는 보스턴에서부터 운전을 하며 어머니에게 멋진 광경을 보여드릴 수 있다는 생각에 들떠 있었다. 긴 시간이 지나고, 그들은 토요일 오후를 맞이했다. 그러나 슬프게도 그의 어머니는 비자가 없어서 캐나다 국경을 넘을 수 없었다. 다행히 모든 것을 놓친 건 아니었다. 그들은 미국 쪽에 있는 폭포를 마음껏 구경할 수 있었다. 그러나 만약 그가 여행을 좀 더 신중히 계획했더라면 아마도 여행은 완벽하게 성공했을 것이다.

부적절한 절차를 사용하거나 중요한 무언가를 무시하거나 올바른 절차를 정확하게 따라가지 못하는 것은 위험한 결과를 초래한다. 1987년 8월 16일, 노스웨스트 항공(Northwest Airlines)의 비행기가 디트로이트 메트로폴리 웨인 카운티 공항에서 이륙한 직후에 추락하였다. 4살짜리 어린이를 제외하고 149명의 승객들과 6명의 승무원들은 모두 사망하였다. 미국 국가교통안전위원회(US National Transportation Safety Board)는 사고의 원인이 비행기가 이륙하기 위한 날개부품을 승무원이 제대로 점검하지 않은 것에 있다고 보고 있다.

연습문제

3.1 두 개의 피연산자를 가지고 하나의 결과를 생산하는 다른 부울 연산은 몇개인가? 이유를 말하고 각 연산에 대한 진리표를 만들어 보시오.

3.2 반가산기와 전가산기의 다른 점은 무엇인가? 자세히 설명해 보시오.

3.3 부울 대수에서 드 모르간 법칙을 설명하고 증명해 보시오.

3.4 어떻게 NAND 게이트만 사용해서 AND를 실행할 수 있는가? 회로도를 그려보시오.

3.5 NOR이 범용 게이트라는 것을 보여주시오.

3.6 CT 사이트에서 전가산기를 만들기 위한 게이트 시뮬레이터를 사용해 보시오.

3.7 술어, 관계 연산자, 논리 연산자는 무엇인가?

3.8 if (a = = 0)과 if (!a)의 조건이 같은지 다른지를 설명하시오.

3.9 필요조건, 충분조건, 필요충분조건은 무엇인가? 필요조건은 충분하지 않은가? 충분조건은 필요하지 않은가? 예를 들어 설명하시오.

3.10 n 〉 2인 정수에 대하여, Z수 n이 1 〈 d 〈 n이라면, 그 정수는 d 〈= sqrt(n)인 Z수를 가진다는 것을 증명하시오.

3.11 조건 !(a || b)와 (!a && !b)가 같은지 다른지를 증명하시오.

3.12 byteDisplay 알고리즘을 보고 어떻게 작동하는지 생각해 보시오.

컴퓨팅 사고력과 소프트웨어의 이해

3.13 정수 n과 배열 arr를 사용하는 술어 isMember를 위한 의사 코드(pseudo code)를 작성하시오. 프로시저(함수)는 n이 배열이나 색인이 아니면 −1을 반환한다.

3.14 [컴퓨팅 사고력 적용] 거꾸로 문제 해결 방법과 당신이 찾은 실생활 응용프로그램에 대해 설명하시오.

3.15 [컴퓨팅 사고력 적용] 논리를 적용하고 자연어로 생일 파티 계획 프로그램을 만들어 보시오. 예상하지 못한 상황이 있다는 것을 기억하시오.

3.16 [컴퓨팅 사고력 적용] DNA 복제에서 사용되는 PCR 프로세스에 대해서 더 조사하시오.

3.17 [그룹 토론 주제] 부울 대수와 영어에서 AND, OR, NOT 뜻의 차이점과 유사점

3.18 [그룹 토론 주제] 만약 내가 부자라면 행복할 것이다.

3.19 [그룹 토론 주제] 휴먼 게놈 프로젝트에 관한 PCR과 컴퓨팅

Chapter

04

운영체제
(Who is the Master?)

chapter

04

\>>>

운영체제(Who is the Master?)

운영체제(Operating System)는 스마트폰, 태블릿, 노트북, 데스크톱과 같은 컴퓨터에서 작동하는 마스터 프로그램이다. 운영체제는 컴퓨터의 모든 측면을 제어하고 사람이 사용할 뿐만 아니라 그 기능들을 사용할 수 있게 한다(1장의 [그림 1.7] 참조). 또한 컴퓨터 하드웨어 구성요소에 생명을 부여하고 컴퓨터의 모든 활동을 지휘한다. 동일한 하드웨어에 다른 운영체제가 운영된다면 이 둘은 서로 완전히 다른 컴퓨터가 된다.

4.1 운영체제란 무엇인가?

운영체제란 컴퓨터상의 사용자, 어플리케이션(앱),[1] 디스플레이, I/O, 디바이스, 메모리, 네트워크 통신, 파일, 보안 등을 포함하는 모든 자원을 제어함과 동시에 모든 것을 제공하는 소프트웨어를 말한다. 운영체제는 지금까지 인류가 만들었던 가장 복잡한 개체 중의 하나이다. 광의의 의미에서 운영체제는 다음을 포함한다.

- Microsoft Windows - Microsoft에서 제공하는 Windows XP, Windows7, Winodws8, Windows10 등을 포함하는 다양한 버전
- Mac OS X - Apple에서 제공하는 Leopard, Snow Leopard, Lion, Mountain Lion, Mavericks, Yosemite 등의 다양한 버전
- Linux - Ubuntu, Red Hat Enterprise Linux, CentOS, Fedora, openSUSE,

---

1) 앱이란 모바일 디바이스에서 흔히 볼 수 있는 간단한 어플리케이션이다.

Debian 등의 다양한 소유권이 있는(proprietary distributions) 오픈소스 형태의
무료 버전

- Android – Google에서 제공하는 Gingerbread, Honeycomb, Ice Cream Sandwich, Jelly Bean, KiKat, Lollipop 등의 스마트폰과 태블릿을 위한 다양한 버전
- iOS – Apple에서 제공하는 iOS4, iOS5, iOS6, iOS7, iOS8 등과 같은 iPhone, iPad를 위한 다양한 버전
- Chrome OS – 크롬북이라 불리는 웹기반의 포터블 디바이스를 위한 Linux 기반의 OS

물론 OS의 일반적인 목적은 사용자가 컴퓨터를 편리하게 사용하고 어플리케이션 프로그램(보통 OS의 프로그램 일부가 아닌)을 동작하는 데 있다. 당신이 바라는 어떤 것들은 그에 해당하는 어플리케이션이 있다. 대중적인 어플리케이션으로는 문서 편집기, 웹브라우저, 사진/이미지 편집기, CD/DVD 버너 프로그램, 이메일 등이 있다. 이외에 온라인 문자/채팅, 인스턴트 메신저, 전화/비디오 회의, 오디오/비디오 녹화/편집, 회계관리 프로그램, 세금 환급 프로그램들도 있다. 프로그램 목록은 계속된다.

대개 어플리케이션 프로그램은 특정 운영체제(OS)를 대상으로 쓰여지기도 한다. 서로 다른 운영체제(OS)에서 어플리케이션을 동작시키기 위해서는 상당한 프로그래밍과 테스트가 요구된다. 따라서 운영체제는 그 자신의 기능뿐만 아니라 사용할 수 있는 어플리케이션의 풍부함에 의해서 구분된다.

4.2 운영체제 커널

일반적으로 운영체제는 커널과 일련의 시스템 프로그램으로 구성된다. 커널은 하드웨어를 제어하며 I/O 제어, 동시 프로그램 실행, 메모리 관리, 파일 서비스, 네트워크 인터페이스 등과 같은 기본 서비스를 지원한다. 커널은 커널 서비스에 접속을 위한 다른 프로그램들을 호출하는 일련의 시스템을 제공한다. 커널은 또한 장치 드라이버와 인터페이스 한다. 장치 드라이버는 네트워크 카드(NIC), 웹캠, 프린터, 스캐너, 마우스 등과 같은 특정 하드웨어 장치를 제어하는 OS에 특화된 프로그램이다. 장치 드라이버는 장치가 접속하거나 제거됨에 따라 인스톨 되거나 언인스톨 된다. 컴퓨터는 항상 다음 두 가지 중 하나의 모드에

서 동작된다.

- **사용자 모드** – 컴퓨터는 커널의 일부가 아닌 프로그램의 코드를 실행한다. 예를 들어 사용자가 워드 프로세서, 이메일, 웹 서핑 등을 동작시키는 것을 말한다. 사용자 모드에서 동작되는 프로그램들은 직접적으로 하드웨어에 접속하지 않으며, 제한된 명령을 수행할 수 없고, OS에 의해 할당되지 않은 메모리에 접속할 수 없다. 사용자 모드에서 코드는 커널 서비스를 획득하기 위해 시스템을 호출할 수 있다. 시스템 호출을 사용자 모드에서 커널 모드로 전환한다. 시스템 호출을 다시 사용자 모드로 전환한다.
- **커널 모드** – 컴퓨터는 시스템 호출을 기반으로 OS 커널 코드를 실행한다. 커널 모드에서 실행된 코드는 하드웨어에 제한 없이 접속할 수 있으며 어떤 CPU에도 명령을 내릴 수 있고 어떤 메모리 주소도 참조할 수 있다.

4.2.1 시스템 프로그램

커널과 더불어 현대의 운영시스템은 컴퓨터를 기능적으로 사용할 수 있도록 일련의 프로그램을 제공한다. 시스템 프로그램이란 간단히 말해 특정한 기능을 제공하기 위해 OS 배포판에 함께 제공되는 패키지화된 어플리케이션이다. 시스템 프로그램은 다음의 기능들을 제공할 것이다.

- 그래픽 유저 인터페이스(GUI) 지원 – 그래픽 디스플레이는 사용자가 마우스, 키보드, 터치패드, 터치 스크린 등의 사용에 반응(4.4절)
- 명령창(Command-line interface CLI) 지원 – 터미널 에뮬레이터(tty), 쉘, 쉘 레벨의 명령어를 지원(4.7절)
- 파일 관리 지원 – 사용자와 어플리케이션에 의한 파일과 폴더 접근 제어
- 웹 브라우징 지원 – 인터넷 익스플로러, 사파리, 크롬 등과 같은 웹 브라우저
- 네트워크 서비스 지원 – 인터넷 서비스를 위한 서버와 클라이언트(5장)
- 미디어 핸들링 지원 – 오디오, 비디오, 다른 미디어 파일 재생
- 언어 및 지역 지원 – 서로 다른 위치 및 언어에서 OS를 유용하게 사용
- 시스템 보안 – 안티바이러스, 방화벽, 파일 암호화 프로그램
- 프로그램 배포 지원 – 컴파일러, 링커/로더, 텍스트 편집기

4.3 오픈 소스 소프트웨어

대형 프로젝트를 완료하기 위해서는 엄청난 시간과 노력, 투자가 요구된다는 점을 이해해야 한다. 소프트웨어 개발에도 예외는 없다. 이는 특히 OS처럼 크고 복잡한 소프트웨어 개발에서도 적용된다.

투자를 보호하기 위해 완성된 제품은 일반적으로 특허, 저작권, 기타 소유권에 의해 보호된다. 오늘날 마이크로소프트 윈도우, 애플 iOS 및 기타 많은 소프트웨어 프로그램들이 이에 해당된다. 그러나 리눅스는 예외이다. 이는 오픈 소스 소프트웨어(OSS)의 뛰어난 사례이다.

OSS는 전통적인 저작권 소프트웨어 개발 방법론으로부터 벗어난 완전히 다른 방법의 현대적 움직임이다. OSS의 목표는 개발된 소프트웨어를 다른 소프트웨어와 통합하거나 이를 개발, 개선, 테스트, 디버깅에 참여하고자 하는 모든 사람을 활성화하는 것이다.

이러한 접근 방법은 수많은 개발자가 참여하는 온라인 커뮤니티에서 제공하는 노력, 파워, 지혜 등을 이용함으로써 투자에 대한 부담을 줄일 수 있다. 궁극적으로 사회는 이러한 커뮤니티로부터 제공되는 노력의 결과로 혜택을 제공한다.

> **CT: 자유와 개방을 촉진하라.**
>
> 무료(Free)와 개방(Open)은 독점(Proprietary)과 폐쇄(Closed)에 대한 매력적인 대안이 될 수 있다.

오픈 소스 이니셔티브(OSI)와 자유 소프트웨어 운동이 주요 시작점이 되었다. 이 두 가지는 약간 서로 다르기는 하지만 소프트웨어에 관심있는 그 누구라도 아무런 제약없이 무료로 자유롭게 사용하고, 테스트하고, 수정하고, 개선하고, 운영하고(Drive), 설치하고 배포할 수 있다는 점이 동일하다. FOSS 또는 FLOSS(Free/Libre Open Source Software)가 함께 범용적으로 언급된다. 자유(Free)롭고 개방(Open)된 접근 방법은 리눅스, 안느로이드(OS), 아파치(웹서버), 모질라(파이어폭스), 구글 크롬(웹브라우저)과 같은 많은 뛰어난 소프트웨어 시스템, gcc(Gnu C와 C++ 컴파일러), mySQL과 같은 관계형 데이터베이스 시스템을 생산할 수 있음을 입증했다. 모든 소프트웨어가 FLOSS가 되어야 한다는 말은 아니다. 반대로 무료 저작권 소프트웨어는 소프트웨어 시장에서 각자의 역할을 가지고 있다. 오픈 소스 소프트웨어는 고유한 품질을 가지고 있다. 소프트웨어 코드의 신뢰성과 보안을 확인하기 위해 전문가에 의해 검토될 수 있다.

디지털 시대에 우리는 무료 정보의 흐름과 동기부여 된 온라인 커뮤니티의 열정이 과소평가 되는 것을 원치 않는다. 그들의 영향력은 프로그램 산업에 제한되어 있지 않다. 그 증거로 위키피디아(Wikipedia)를 들 수 있다.

4.4 그래픽 사용자 인터페이스

픽셀 기반의 컬러 그래픽 디스플레이 시절 이전에 컴퓨터는 디스플레이를 위해 문자 중심의 브라운관(CRT)[2] 모니터를 사용하였다[그림 4.1]. 초기 시절(1960~1980) 사용자는 커맨드–라인 인터페이스(CLI)[3]를 이용하여 컴퓨터와 통신하였다(4.7절). 현대 컴퓨터 모니터는 고해상도(high-resolution), 풀 컬러(full-color), 비트맵 디스플레이를 지원한다. 컬러의 각 픽셀(화소)은 디스플레이 비디오 메모리에 있는 비트 그룹(보통 24 바이트)에 의해 직접 제어된다. 현대 비트맵 디스플레이의 속도와 응답은 그래픽 사용자 인터페이스(GUIs)에 기반을 두고 있다.

GUI는 사용자와 상호 작용하기 위해 가상 데스크톱과 포인팅 디바이스(예를 들어 마우스, 터치스크린 등의)에 아이콘을 사용한다. 1973년 제록스 팔로 알토 리서치 센터(Xerox Palo Alto Research Center)는 알토 퍼스널 컴퓨터를 개발했다. 알토는 데스크톱 메타포(Desktop metaphor)[4]와 GUI를 처음 선보인 최초의 컴퓨터였다. 후에 제록스는 1981년에 오늘날 퍼스널 컴퓨터에서 흔히 볼 수 있는 기능을 탑재한 스타 워크스테이션을 선보였다. 그러나 스타 워크스테이션은 상업적으로 성공하지 못했다. 1983년 최초의 GUI 퍼스널 컴퓨터가[5] 애플 리사(Apple Lisa)에 의해 발표되었다.

---

2) CRT(Cathode Ray Tube)는 음극선관을 말하며 일명 브라운관이라고도 한다.
3) CLI(Command Line Interface)
4) 컴퓨터의 표시 화면상에 마치 책상에서 일하고 있는 것과 같은 환경을 가능하게 하는 것이다.
5) 1983년 1만 달러 정도의 비용이 들어간다.

[그림 4.1] 모노크롬 CTR 모니터

4.5 데스크톱 개요

컴퓨터에 로그인한 후 가장 먼저 보게 되는 데스크톱(바탕화면)을 통해 당신은 프로그램을 실행하거나 어플리케이션 윈도우를 관리하고, 컴퓨터의 구성정보(Configuration)를 제어하거나 다른 많은 작업 등을 수행한다. 데스크톱은 실제 객체를 시뮬레이션 하여 데스크톱 메타포를 통해 보다 직관적으로 컴퓨터를 사용할 수 있도록 GUI를 제공한다. 겹쳐진 윈도우창은 몇 장의 종이처럼 움직이거나 섞을 수 있다. 버튼(아이콘)은 실행을 시작하기 위해 눌러질(클릭) 수 있다.

대부분의 운영시스템은 고정된(Fixed) 데스크톱 환경을 제공한다. 반면 리눅스 배포판(distributions)은 높은 수준의 사용자 커스터마이징 레벨의 다양한 데스크톱을 제공한다. 데스크톱(바탕화면)을 잘 이해하고 이를 어떻게 효과적으로 사용할 것인가에 따라 훨씬 쉽게 컴퓨터를 사용할 수 있다. 현대 컴퓨터 시스템 상에서의 데스크톱은 매우 유사한 방식으로 작동한다. 우리는 다음 장에서 일반적인 데스크톱에 대해서 기술할 것이다.

4.5.1 데스크톱 구성요소

일반적인 데스크톱은 다음과 같은 구성요소를 표시한다.

- **루트 윈도우** – 로그인 후 루트 윈도우에 의해 전체 그래픽 스크린이 디스플레이 되는데 이 디스플레이가 데스크톱이다. 모든 다른 GUI 객체(데스크톱 구성요소와 어

플리케이션 윈도우)가 놓여지고 동작되는 공간이다. 루트 윈도우는 또한 모든 다른 윈도우를 위한 부모 윈도우이다.

- **작업표시줄(Task Bar)** – 보통 루트 윈도우의 양 끝 지점, 화면 상 하단 또는 좌우에 바 형태로 존재. 작업표시줄은 마우스 클릭 한 번으로 특정 어플리케이션을 시작/재개할 수 있는 런처라 불리는 아이콘을 디스플레이 한다. 당신은 작업표시줄에 런처를 더하거나 제거할 수 있다. 맥 운영체제에서는 독(dock)이라고 알려져 있다.

- **시작버튼** – 종종 작업표시줄 끝에 로고 형태로 존재한다. 시작버튼을 누르면 시작 메뉴를 볼 수 있으며 이는 다시 시작과 종료뿐만 아니라 컴퓨터의 어플리케이션, 폴더, 설정(setting)으로 가는 게이트웨이 역할을 한다.

- **데스크톱 객체(Object)** – 데스크톱에서 파일, 폴더, 어플리케이션에 쉽게 접근할 수 있도록 객체를 대표하는 아이콘을 위치시킬 수 있다. 아이콘을 클릭(보통 더블 클릭)함으로서 관련된 프로그램이나 폴더를 열 수 있다. 드래그(마우스 왼쪽 버튼을 누른 상태로) 데스크톱 상에서 객체를 움직일 수 있으며 휴지통에 넣을 수도 있다. 마우스 오른쪽 버튼을 클릭하면 사용할 수 있는 기능들을 볼 수 있다.

- **어플리케이션 윈도우** – 어플리케이션은 보통 사용자 대화방식(User Interaction)을 위한 별도의 윈도우 창을 표시한다. 다중 어플리케이션 윈도우를 오버랩시킬 수도 있다. 윈도우 관리자 덕분에 당신이 원하는 대로 사이즈 조정, 최대화, 최소화, 원래 사이즈 복원 또는 각각의 윈도우 종료하기뿐만 아니라 하나의 윈도우 창으로부터 다른 윈도우 창으로 인풋 포커스(input focus)를 변경할 수 있다.

- **작업공간 스위처(Workspace Switcher)** – OS는 종종 여러 작업공간에서 작동하고 한 작업공간에서 다른 작업공간으로 화면 표시를 전환할 수 있게 해준다. 작업공간은 추가 어플리케이션 윈도우를 배치/그룹핑을 하기 위한 더 많은 공간을 제공하기 위해 본질적으로 루트 윈도우를 복제한다. 이러한 몇 가지 작업공간을 통해 당신의 어플리케이션 윈도우를 보다 쉽게 확장(spread out)할 수 있다.

- **알림(Notification) 영역** – 작업표시줄의 일부는 다양한 어플리케이션으로부터의 알림과 메시지를 표시한다. 알림 표시를 클릭하면 일반적으로 어플리케이션 윈도우를 보여주며, 아이콘의 마우스 오른쪽 버튼을 클릭하면 사용할 수 있는 메뉴를 표시해 준다.

또한 데스크톱은 복사/잘라내기 및 붙여넣기 작업을 지원하기 위해 한 곳에서 다른 곳으로 또는 두 프로그램 사이에 데이터를 전송하는 기능을 지원하는 대부분/모든 프로그램에 접근할 수 있는 임시의 데이터 버퍼인 숨겨진 클립보드를 제공한다. 잘라내기/복사 작업은 새로운 데이터를 클립보드에 저장한 뒤 이전 콘텐트를 삭제한다. 또한 PRINT SCREEN 키를 누름으로써 당신의 디스플레이 스크린을 클립보드에 저장한 뒤 그것을 파일 또는 이미지 프로세싱 어플리케이션에 복사할 수 있도록 저장한다. 기본 GUI 개념을 일반적으로 터치스크린에 적용한다면 기존의 마우스-키보드 컴퓨터와 그 개념이 다소 다를 수 있다. 바탕 화면의 직관성은 별다른 학습 없이 대부분의 작업을 수행할 수 있다. 그러나 당신의 편안함을 넘어서 보다 많은 지식을 배우기 위해 노력한다면 훨씬 더 효과적이고 효율적으로 될 것이다. 시간이 지남에 따라 사람들은 당신을 전문가로 오해할 수 있다.

> **CT: 당신의 영역(arena)을 알아라.**
>
> 당신의 영역을 아는 것은 도움이 된다. OS, 학교, 작업장 또는 집

당신의 직장을 예로 들어보자. 당신은 비상구가 어디 있는지 알고 있는가? 구급상자가 어디 있는지 알고 있는가(그 안에 무엇이 들어 있는지도)? 화재 알람 버튼은 어디 있는지, 소화기는 어디 있는지? 휴대용 제세동기(defibrillators, 심장 박동을 정상화시키기 위해 전기 충격을 가하는 데 쓰는 의료 장비)에 바로 접근할 수 있는지? 당신의 호기심을 충족하고 편안함을(comfort zone)을 확장하라. 이는 다른 사람의 목숨을 구할 수도 있다. 심지어 당신의 목숨까지도.

4.6 나한테 이야기 하는 거야?

컴퓨터 앞에서 당신은 동시에 몇 가지 윈도우 창을 띄워 놓고 행복하게 작업하고 있는 당신 자신을 발견할 것이다. 이는 당신에게 좋은 감정과 생산성을 가져다 준다. 내면을 살펴보면 처음 생각했던 것보다 모든 것들이 조금 더 복잡해질 것이다. 이러한 복잡성을 인식하는 것은 컴퓨터를 탐색하는 데 보다 깊은 이해와 도움을 줄 것이다. 이러한 상황은 방(컴퓨터와 데스크톱 GUI)으로 들어가서 최고 관리사(OS)와 여러 식원(당신이 보고 있는 어플리케이션)을 찾아 각각 서로 다른 언어(각각의 어플리케이션은 사용자와 자신만의 인터페이스 방법을 가지고 있다)로 이야기 하는 상황과 비슷하다. 당신이 누군가에게 말을 할 때(키보드와 마우스를 이용하여) 첫 번째 질문인 "나는 누구와 이야기 하고 있는가?"

이것은 좋은 질문이다. 그 대답은 인풋 포커스(input focus)와 이벤트 핸들링에 있다.

사용자는 GUI로 복수의 윈도우(데스크톱과 어플리케이션 윈도우)를 제어하며, 각각은 사용자 입력 액션(이벤트)에 의해 영향을 받는다. 그러나 모든 윈도우가 이벤트에 관심이 있는 것은 아니다. 마우스 이벤트(마우스 커서를 움직이거나 마우스 버튼을 사용하는 것)는 마우스 커서, 즉 커서를 포함하는 윈도우와 부모 윈도우에 보고된다.

> **CT: 디테일에 주목하라.**
>
> 예리한 눈을 갖도록 훈련하라. 작고 미묘한 차이를 알아차려라. 큰 그림을 잊지 말고 항상 디테일에 신경써라. 악마는 디테일에 있다(작은 개별적인 부분들이 가장 큰 문제나 어려움을 야기할 수도 있다).

키보드 이벤트(키보드를 눌렀다 떼는 것)는 인풋 포커스를 가지고 있는 윈도우에만 리포팅 된다. 일반적으로 하나의 윈도우만 인풋 포커스를 갖는다. 당신이 마우스 커서를 다른 윈도우 창으로 옮기면(필요하다면 클릭을 포함하여) 인풋 포커스가 바뀐다. 종종 윈도우는 시각적인 신호(cue)를 제공하기 위해 input focus를 얻거나 잃게 될 경우 그 모습을 변경한다. 당신은 시각적 신호를 알아차렸는가? 키보드에 입력하기 전에 의도한 윈도우에 인풋 포커스가 있는지 확인해라. 그렇지 않으면 키보드 이벤트는 다른 윈도우 창으로 이동되거나 손실된다.

때때로, 어플리케이션은 사용자입력을 수집하거나 응용프로그램을 진행하기 위해 사용자의 확인을 받을 수 있는 대화상자 창을 팝업 시킨다. 대화상자 창은 인풋 포커스가 다른 곳으로 가도록 둔다. 이것이 사용자가 다른 작업을 수행하기 전에 입력할 수 있도록 하는 방법이다. 만약 모달(modal) 대화상자가 다른 창에 의해 닫히면 사용자는 시스템이 정지했다고 느낄 것이다. 이 경우 윈도우 창을 최소화하여 대화상자 창을 찾는 것이 일종의 해결책이 될 것이다. CT 사이트의 데모를 확인해 보라.

4.6.2 이벤트 핸들링

GUI 환경에서 OS 및 어플리케이션 프로그램은 사용자에게 직관적인 사용자 인터페이스를 제공한다. GUI 어플리케이션은 이벤트 드리븐(event driven)이다. 이벤트 드리븐 프로그램은 사용자가 다음에 무엇을 해야할지에 대해 사용자의 이벤트를 기다린다. 일반적인 구성요소는 버튼, 아이콘, 스크롤/슬라이드 바, 입력 필드, 체크박스(다중 선택을 위한), 라디오 버튼(한가지만 선택), 풀-다운 메뉴 등을 포함한다. [그림 4.2]는 친숙한 구성요소들을 보여준다. GUI 구성 요소 각각의 레지스터는 모니터를 원하는 특정 이벤트를 지원한다.

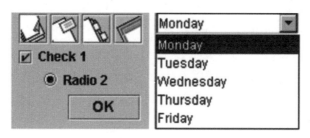

[그림 4.2] GUI 구성요소

예를 들어 OK 버튼은 마우스 클릭 이벤트를 모니터링 할 것이다. 이벤트 핸들링은 다음 3가지를 포함한다. 사용자가 이벤트를 발생시키면, 어플리케이션은 해당 이벤트를 수신하여 반응한 뒤, GUI 시스템은 이벤트를 정확한 구성요소에 전달한다. 시작할 때 GUI 어플리케이션은 OS의 GUI를 지원하는 모니터링 및 특정 이벤트의 핸들링을 셋업한다. 이러한 이벤트가 발생하면, 애플리케이션은 이벤트를 수신하여 이벤트에 반응, 신속하게 처리한 뒤 다음의 이벤트 대기로 돌아간다. 이제부터 어떻게 이벤트가 GUI 어플리케이션에 전달되는지 우리의 관점을 돌려보자. 이벤트가 감지되면 이벤트 지원은 통상적으로 다음의 행동을 수행한다.

1. 어떤 컴포넌트가 이벤트를 수신할지를 결정한 뒤, A와 B 모두를 수행한다. (A) 스크린 또는 input focus에 마우스를 위치시킴, (B) 구성요소가 이벤트 모니터링 여부 결정, 수신된 구성요소는 이벤트 대상이 됨
2. 이벤트를 나타내기 위해 내부 데이터의 일부인 이벤트 객체를 생성
3. 보통 이벤트-처리 프로시저를 호출하여 이벤트 대상에 이벤트를 보고

따라서 디스플레이 된 GUI 구성 요소와 사용 가능한 메뉴를 선택함으로써, 사용자는 명령어(command)를 기억하지 않고 프로그램을 직관적으로 만드는 GUI 어플리케이션을 조작할 수 있다. 다음 장에서 보겠지만 어떤 경우에는 덜 정교한 운영환경이 경험 많은 사용자를 더 효과적으로 만들 수도 있다.

4.7 커맨드-라인 인터페이스(Command-Line Interface)

GUI 인터페이스와 더불어 대부분의 운영체제는 사용자와의 상호작용을 위한 커맨드-라인 인터페이스(CLI)를 제공한다. GUI 및 CLI 모두는 결국 OS에서 제공하는 작업 수행을 호출하는 동일한 세트를 사용한다. CLI를 제공하는 프로그램은 일반적으로 쉘이라고 알려져 있으며 문자(Character) 기반의 CRT 모니터 화면의 터미널 윈도우에서 실행된다. 쉘은 컴퓨터 리소스를 훨씬 덜 사용하며 시스템 관리 및 네트워크 관리 작업과 같은 원격 접속 환경에서 매우 효율적이다. 쉘은 사용자 친화적이지 않고 그래픽 인터페이스처럼 쉬운 환경을 제공하지 않는다. 현대 컴퓨터에서 CUI와 CLI는 모두 유용하게 사용된다.

일반적으로 쉘은 다음을 포함한다.

- 마이크로소프트 윈도우 커맨드 쉘과 파워 쉘[그림 4.3] — 명령창에서 cmd.exe 또는 powershell.exe라고 입력하면 실행된다.
- Mac OS X 터미널 쉘 — 터미널 어플리케이션을 실행
- Linux BASH 쉘 — 터미널 윈도우를 실행

[그림 4.3] 윈도우 파워 쉘

쉘은 명령 인터프리터(command interpreter)의 역할을 수행하며 지속적으로 명령 인터프리터 사이클을 수행한다[그림 4.4].

1. 프롬프트를 디스플레이
2. 사용자가 입력, 편집할 수 있으며 다음 명령 줄을 입력
3. 커맨드 라인을 토큰(단어와 연산자)으로 분해하고 커맨드 라인을 변형하여 잘 정의된 shellexpansion을 수행
4. 요청 작업을 수행(쉘 레벨의 함수를 호출) 또는 요청된 작업을 (외부 프로그램을 시작하여) 시작

5. 초기 작업이 완료될 때까지 기다림

6. 스텝 1로 돌아감

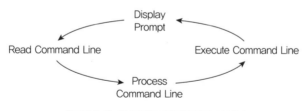

[그림 4.4] 쉘 커맨드 인터프리터 사이클

커맨드는 다음과 같은 일반적인 형태를 갖는다.

command-name options ... files ...

command-name은 어플리케이션 프로그램이나 쉘 내부의 기능을 식별한다. 옵션을 통해 어떻게 동작해야 하는지에 대한 세부내용을 제어한다. 보통은 파일이 실행 대상이 된다. CLI를 연습하기 위해 CT 사이트의 CLIdemo를 시도해 보자.

쉘은 아래의 작업을 포함하여 당신이 원하는 작업 실행을 위한 전체 커맨드 세트를 제공한다.

- 어플리케이션 시작
- 폴더 탐색과 파일 관리
- 시스템 설정 변경
- 실행중인 어플리케이션 제어

예를 들어 다음과 같은 커맨드는

rm -i 2009*.jpg

현재 폴더에서 이름이 2009로 시작하고 .jpg으로 끝나는 모든 사진을 삭제한다.

마법 쉘 문자 *는 "0개 이상의 일련된 문자"를 대표한다. 옵션 -i는 파일을 삭제하기 전에 동작을 확인하도록 사용자에게 묻는다. 이 특별한 커맨드는 BASH 쉘에서 작동한다

(Mac OS X, 리눅스).

이에 해당하는 명령어

remove-item -Confirm 2009*.jpg는 윈도우 파워 쉘에서 동작한다.

CLI를 통해 간단한 한 줄의 커맨드로 컴퓨터에 존재하는 특정 단어나 문구가 포함된 파일을 찾을 수 있다. GUI를 사용해서 이런 작업을 한다면 얼마나 어려울지 상상해 보라. 쉘은 동시에 여러 프로그램을 실행시킬 수 있으며 당신의 관심을 하나에서 다른 관심으로 전환, 각각을 의지에 따라 중단했다가 재개하고 원할 경우 작업을 강제로 종료할 수 있다. 쉘에서는 단일 커맨드 라인에서 멀티 커맨드를 실행할 수 있으며, 첫 번째 커맨드의 출력을 두 번째 커맨드의 입력과 연결하고(파이프라인이라고도 함), 기록 목록에 기록된 이전에 실행된 커맨드를 재사용한다. 또한 당신은 논리적 조건에 의해 제어되는 루프에 있는 일련의 커맨드를 포함하는 프로그램인 쉘 스크립트를 작성할 수도 있다. 쉘 스크립트는 새로운 커맨드가 될 수 있기 때문에 자주 반복되는 일들을 자동화시킬 수 있고, 매번 동일한 수작업의 반복을 피하기 위해 GUI가 필요하다. 원격으로 원격지 컴퓨터에 접속했을 때(당신 앞에 있는 로컬 시스템에서) GUI 전체 기능을 사용하기 보다는 쉘을 사용하는 것이 합리적이다. 왜냐하면 네트워크를 통해 전송되는 그래픽 디스플레이와 이벤트는 비용과 속도 측면에서 비효율적이기 때문이다. 말 그대로 응답하지 않는 GUI는 재미가 없다.

[그림 4.5] SSH

일반적인 리모트 쉘 어플리케이션은 SSH(Secure Shell, [그림 4.5])와 윈도우 리모트 쉘을 포함하고 있다. 이 기능들은 컴퓨터가 원격에서 접속하여 로그인하고 커맨드 쉘을 통해 원격시스템을 시작하는 것을 가능하게 한다.

자동차는 빠르고 편하다는 장점이 있지만 자원과 환경적 측면에서는 부정적이다. 자전거는 더 많은 노력이 필요하고 덜 편리하지만 매우 에너지 효율적이고 건강에 도움이 된다. 풀 기능의 디지털 카메라는 당신이 모든 기능을 사용한다면 매우 훌륭하지만 매우 비싸고 부피가 크다. 단순 카메라는 가격도 저렴하고 가지고 다니기도 쉽지만 어떤 상황에서는 꼭 필요한 기능이 없을 수도 있다.

컴퓨터에서 GUI는 사용자 친화적이고 매우 직관적이다. GUI가 없었다면 Personal Computer는 성공하지 못했을 것이다. 그러나 CLI는 프로그래밍을 보다 효율적이고 강력하게 잘 처리할 수 있다. 특히 원격 컴퓨터에 접속하는 데 매우 편리하다. GUI는 많은 컴퓨터 자원을 요구하지만 CLI는 전혀 그렇지 않다. 진정한 의미에서 인생은 선택의 연속이다. 트레이드 오프(Trade-Off)를 인식하고 좋은 선택을 하기 바란다.

4.8 파일

컴퓨터 파일은 연속된 바이트들로 웹 페이지나, 이메일, 그림, 음악, 영화, 프레젠테이션, 세금 환급 등 특정 유형의 정보를 인코딩해서 저장한 것이다. 당신의 컴퓨터에 파일을 저장하고 읽어내는 것을 관리하는 것은 OS의 가장 중요한 기능 중 하나이다. 파일들은 주로 HHD, SSD, USB 같은 비휘발성 메모리에 저장되고, 컴퓨터 네트워크를 통해서 손쉽게 올리거나 내려받을 수 있다. 서로 다른 정보를 표현하기 위해서 그에 맞는 인코딩과 파일 포맷이 사용되고, 파일 인코딩과 형식을 해석할 수 있어야 어플리케이션이 해당 파일을 취급할 수 있다. 예를 들어 .doc 파일들은 MS Word에서 사용하는 문서 파일이고, 그림이나 사진 등은 .jpg, .png, 음악 파일은 .mp3 파일 포맷을 사용한다. 파일 포맷은 공개된 경우도 있고, 특정 벤더들이 사용권한을 제한해서 보호받는 파일 포맷도 있다.

4.8.1 파일 콘텐트 타입

파일의 콘텐트 타입은 인터넷 표준인 MIME에서 정의한다. 콘텐트 타입 정보는 파일 내부에 포함되어 있지 않다. 그래서 파일을 제대로 다루기 위해서는 어플리케이션이 해당 파일의 콘텐트 타입을 알아야 한다.

오늘날 수많은 콘텐트 타입이 있다. 대체로 콘텐트 타입은 〈표 4.1〉에서 볼 수 있는 것과 같은 확장자가 있고 파일 이름의 끝에 붙여서 사용한다. 폴더에서 파일 이름들을 확인할 때 확장자는 보일 수도 있고 보이지 않을 수도 있다. GUI에서는 확장자 대신 종종 해당 파일을 열 수 있는 기본 프로그램을 나타내는 조그만 아이콘을 사용하기도 한다.

〈표 4.1〉 콘텐트 타입과 파일 확장자

Content Type	File Suffix	Content Type	File Suffix
text/plain	txt	text/html	html htm
text/css	css	application/javascript	js
application/pdf	pdf	application/msword	doc, cocx
image/jpeg	jpeg jpg jpe	audio/basic	au snd
audio/mpeg	mpga mp2 mp3	application/x-gzip	gz tgz
application/zip	zip	audio/ogg	oga, ogg
video/ogg	ogv	video/webm	webm

4.8.2 파일트리

OS는 파일을 체계적으로 저장 및 검색한다. 하나의 파일 폴더는 파일과 폴더를 가질 수 있다. 폴더는 디렉터리라고 불리기도 하는 특수한 형태의 파일이다. 폴더에는 해당 폴더가 가진 파일과 폴더의 이름과 속성이 저장된다. 파일들은 파일트리라고 하는 계층 구조로 저장된다. 파일 트리의 최상위 폴더는 루트 디렉터리이고, 그 외의 다른 파일과 폴더들은 루트 폴더 혹은 하위 폴더에 직·간접적으로 저장된다. Mac OS X나 Linux에서는 '/'를 루트 디렉터리로, Windows에서는 '\'(backslash)를 사용한다.

[그림 4.6]은 일반적인 Linux 파일트리를 보여준다. 다른 OS도 기본적으로 파일을 저장하기 위해서 동일한 구조를 사용한다. OS에 연관된 프로그램 파일이나 설정파일, 시스템

설정은 시스템 폴더에 저장된다. 예를 들어 Linux나 Max OS X에서는 어플리케이션 프로그램은 /bin, /usr/bin에 저장되고, Windows에서는 C:\Program Files에 저장된다.

사용자들에게 홈 폴더가 주어지는 경우, 홈 폴더에는 해당 유저의 파일들이 저장된다. 홈 폴더는 일반적으로 Windows에서는 C:\Users\userid, Linux에서는 /home/userid 이다.

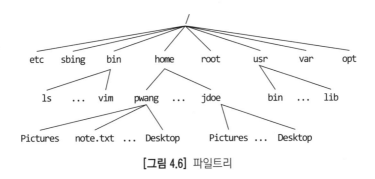

[그림 4.6] 파일트리

문자열로 표현되는 이 경로를 파일의 절대경로 혹은 풀 패스라고 한다. Linux와 Mac OS X에서는 /로 시작해서 하위폴더 이름들은 /로 구분된다. 예를 들어 [그림 4.6]에 있는 note.txt 파일은 /hong/pwang/note.txt라는 절대 경로를 가진다. MS Windows에서는 드라이브:\를 루트로 해서 \로 하위 폴더들을 구분한다. 예를 들어 C:\Users\pwang\note.txt와 같다. 풀 패스는 가장 완벽한 파일 이름이다.

그런데 보면 알겠지만 풀 패스는 종종 너무 길어질 수 있다. 다행히 파일이름은 현재 폴더에 대해서 상대적으로 표현될 수 있다. 따라서 현재 폴더가 /home이라면, /home/pwang/note.txt 파일은 pwang/note.txt라는 이름을 사용할 수 있다. 상대 경로는 현재 폴더에서 원하는 파일까지의 경로이다. 현재 폴더에 있는 파일은 파일 이름 자체만으로 표현할 수 있다. 따라서 파일 이름은 다음의 3가지 형태가 있다.

- 절대경로(풀 패스)
- 상대경로
- 파일이름

OS는 파일트리에 있는 파일들을 표시하고, 찾고, 관리하기 위해서 파일 브라우저 기능을 제공한다. 예를 들어 Windows에서는 파일 탐색기, Mac OS X에서는 파인더 같은 툴

이 있다. 트리 구조로 파일을 저장하면 계층 구조로 잘 정리되어서 트리 상에 있는 어떤 파일이든지 시작점(루트 디렉터리)에서 쉽게 접근할 수 있다. 또한 확장이 쉽고, 가지치기 하듯이 특정 부분을 삭제하기도 쉽다. 그리고 모든 가지는 전체 트리와 동일한 조직과 구조를 가지는데, 이러한 재귀적인 특성은 하나의 알고리즘이 특정 가지뿐만 아니라 전체 트리에서도 동일하게 작동될 수 있기 때문에 중요하다.

> CT: 트리로부터 배워라.
>
> 트리는 귀납적 구조를 이용해서 사물을 유연하고, 효율적으로 그리고 확장이 용이하게 계층적으로 구성하는 훌륭한 방법이다.

트리 구조는 식물에서 뿐만 아니라 우편번호, 정부기관, 족보, 회사경영, 군 지휘체계, 책 내용 구성 등에서 일반적으로 사용된다. 이런 구조의 특징은 특정 부분이 전체를 닮아 있는데, 이를 귀납적이라고 한다.

4.8.3 파일 관리 및 접근 제어

파일에 할 수 있는 작업들은 다음과 같은 것들이 있다.

- 새로운 파일 또는 폴더 생성
- 기존 파일 또는 폴더 삭제
- 파일 도는 폴더 이름 변경
- 파일 내용 변경
- 파일들이나 폴더들 복사
- 파일 혹은 폴더를 파일 트리의 다른 위치로 이동
- 파일이나 폴더들에 접근 제한 설정

이러한 작업들은 반드시 OS 커널에서만 수행할 수 있기 때문에 어플리케이션들은 OS에서 제공하는 시스템 콜들을 이용해서 해당 작업들을 요청하는 형태로 수행된다. 보안과 프라이버시 때문에 OS는 파일과 폴더에 대한 접근 제어 기능을 제공한다. 개별 사용자는 고유한 사용자 ID를 부여받고, 해당 컴퓨터상에 있는 적절한 사용자 그룹에 소속된다. 사용자가 어플리케이션을 실행하면 해당 프로그램은 사용자 ID와 그룹 ID를 부여 받는다. 파일을 만들 때, 파일에 해당 사용자 ID와 그룹 ID를 부여한다. 파일 소유자는 파일의 그룹 ID를 적절히 변경할 수 있다. 오직 슈퍼 유저나 시스템 관리자만이 파일의 소유자를 변경할 수 있다.

어떤 프로그램이 특정 파일에 접근하려고 할 때, OS는 다음과 같은 정보에 근거해서 접근을 허용할지 여부를 결정한다.

- 프로그램의 사용자 및 그룹 ID
- 접근하려는 파일의 사용자 및 그룹 ID
- 해당 파일에 설정되어 있는 접근 허용 설정 정보
- 프로그램이 하려는 작업(예를 들어 읽기, 쓰기, 혹은 삭제)

예를 들어 일반적으로 보통의 사용자는 다른 사용자가 소유하고 있는 파일을 수정하거나 삭제할 수 없다. 하지만 시스템 관리자는 할 수 있다. 프로젝트의 구성원들은 동일한 그룹 ID를 가진 파일들을 생성해서 쉽게 멤버들 간에 파일들을 공유할 수 있다. 접근 허용 정보를 설정해서 사용자들은 파일에 누가 어떤 작업을 허용할지 여부를 제어할 수 있다.

4.9 프로세스

컴퓨터에서는 흔히 많은 독립 프로그램들이 동시에 동작된다. 예를 들어 웹브라우저, 뮤직 플레이어, 워드 프로세서, 이메일 등을 동시에 동작시킬 수 있다. 사용자에게 보여지는 어플리케이션 이외에 몇 가지 예를 든다면 작업관리자, 방화벽, 시간동기화 서버, 채팅/메시지 서버 등은 보이지 않고 동시에 구동된다. 운영체제 상에서 term 프로세스나 작업은 시작되었지만 완료되지 않은 프로그램(어플리케이션)을 참조한다. OS의 핵심적인 커널 서비스는 이러한 동시에 병행되는 프로세스를 통제, 조정, 관리한다. 프로세스는 CPU를 점유해서 동작하기 때문에 실제로 컴퓨터에서 동시에 프로세스되는 CPU 숫자만이 존재한다. OS는 동시에 프로세스 간에 사용 가능한 CPU에 재빠르게 전환하여 동시에 프로세스를 계속 실행한다. 이러한 기술을 멀티태스킹이라고 부르며 거의 모든 현대 OS에서 사용된다. OS는 타임 슬라이스(time slice)라고 불리는 작업 자원이 선점 당하지 않고 쓸 수 있는 지정된 시간 간격 일정주기 후에 실행 중인 프로세스를 일시 중단하고 다른 프로세스에 해제된 CPU를 할당한다.

일반적으로 타임 슬라이스는 수 밀리 초 내지 100 밀리 초 정도의 범위일 수 있다. 프로세스가 중단될 때 OS는 나중에 처리를 재개하는 상태를 복원할 수 있도록 OS는 프로세스의 현재 실행 상태와 프로세스가 멈춤 상황정보(context)를 저장해야 한다. 프로세스 상황정보는 프로세스가 멈추었을 때 OS가 정확한 실행환경을 재구성할 수 있도록 하는 속성, 값들의 집합에 불과하다.

> **CT: 상황정보(Context)를 유지해라.**
>
> 항상 적절한 상황에서 정보를 유지해야 한다. 정확한 데이터 해석을 위한 상황정보를 유지하는 시점을 만들어라.

상황정보는 커뮤니케이션의 기본이다. 고객서비스센터에 전화를 걸어 서비스 담당자에게 당신의 이름, 전화번호, 주소를 반복해서 이야기한 적이 있는가? 좌절감을 느끼지 않았는가? 그러나 우리는 그들이 당신의 요청을 정확한 상황에 위치시켜야 한다는 점을 이해한다. 그들이 당신의 요청을 상황정보와 함께 전달하여 당신을 매번 소개하는 일을 하지 않도록 희망할 것이다.

요즘 우리는 다양한 커뮤니케이션 방법을 가지고 있다. 얼굴 대 얼굴, 전화, 이메일, 문자, 온라인 채팅 등. 각각은 장점과 단점이 있다. 얼굴을 보면서 하는 방법은 직접적이고 빠르며 비언어적인 것들을 허락한다. 전화는 상대방과 지금 당장 연결할 수 있지만 향후에 전화로 통화를 해야 한다면 첫 번째 통화 내용(context)을 저장해 놓아야 한다. 이메일은 직접적이지는 않지만 사람들이 회신을 고려할 수 있다. 게다가 메일 내용은 자동적으로 각 메일 회신에 대한 기록을 통해 저장된다. 문자와 온라인 채팅은 보통 모바일과 이메일보다는 즉각적인 응답을 위해 사용된다. 그러나 이러한 방법은 문자 길이나 파일 첨부에 제한이 따른다.

어떤 경우에도 적절한 통신 방법을 선택하는 것이 중요하고, 오해를 방지하기 위해 문맥(context)에 항상 주목해야 한다. 우리는 이 방법을 멀티태스킹의 방법이라 생각할 수도 있다. 항상 많은 단골손님들(한 번에 제공되는 저녁식사 프로세스)을 가지고 있으나 테이블(CPU)이 별로 없고 웨이터(OS)가 한 명인 레스토랑은 매우 바쁘다. 웨이터는 테이블을 돌면서(컨텍스트 스위칭) 우선권이 있는 손님들에게 멀티태스킹을 수행하여 각 테이블을 매우 빠르게 성공적으로 서빙할 수 있다. 만약 이러한 작업이 잘 수행된다면 웨이터는 모든 손님들을 행복하게 만들 수 있다. 그러나 불쌍한 웨이터는 반드시 지치게 되어 있다.

따라서 OS에서 멀티태스킹은

1. 타임 슬라이스가 끝났을 때 프로세스의 진행을 중단하거나 프로시딩(proceeding) 전에 IO 완료(completion)와 같은 특정 조건을 기다릴 필요가 있다.
2. 프로세스 컨텍스트를 저장
3. 다음 처리를 실행해야 하는 프로세스 컨텍스트를 다시 가져옴
4. 재실행(다음 프로세스의) 이러한 절차는 프로세스 컨텍스트 스위치라고 알려져 있다.

CT: 상황(상태)을 파악해라.

상황 개념을 알고 있어야 한다. 중요한 매개 변수와 시스템의 해당 값 또는 상황을 모두 기록하는 것은 가능한 시스템이나 상황을 재현하고, 그 상태를 저장할 수 있다.

모든 말의 위치를 기록하고 누가 마지막 말을 움직였는가는 체스경기의 상태를 저장한다. 사진과 진술은 범죄 현장의 상태를 저장한다. 자세한 의료기록은 당신의 건강상태를 저장한다. 당신의 수입, 지출, 빚, 세금, 자산을 기록해 놓는 것은 당신의 재정 상태에 청사진을 준다. 각 개인은 신체적인 상태를 가지고 있다. 키, 몸무게, 혈액형, 성별, 눈빛(eye color), 머리색 등. 이는 혈압, 심박 수, 알레르기, 예방접종, 수술 기록 등을 포함하기도 한다. 이러한 정보를 지속적으로 보관하는 것은 사람들에게 중요하다. 전자 건강 정보(EHR)는 도움이 될 수 있고 전 세계적으로 점점 더 많이 사용된다.

영화를 제작할 때 모든 세부 장면들은 나중에 다시 촬영해야 할 액션이나 다른 위치에서 다시 기록되어야 한다. 이러한 디테일은(현장 상황이라고 말해 본다면) 필름의 연속성(continuity)에 도움을 준다. 프로세스 컨텍스트 스위칭은 운영체제에서 멀티태스킹을 가능케 하는 컴퓨팅의 상태 저장의 구체적인 예이다.

4.9.1 프로세스 라이프사이클

OS는 모든 프로세스 관리를 위해 시스템와이드 프로세스 테이블(systemwide process table)을 사용한다. 각각의 프로세스는 프로세스의 중요한 파라메타와 상태를 기록하고 있는 프로세스 테이블에 있는 엔트리에 의해서 대표된다. 프로세스는 보통 완료되기 전에 몇 단계를 거치게 된다.

[그림 4.7]은 프로세스의 라이프사이클을 보여준다.

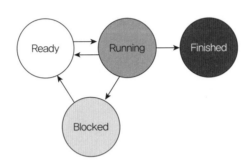

[**그림 4.7**] 프로세스 라이프사이클

프로세스의 상태는 다음 중 하나가 될 수 있다.

• Running – 프로세스가 실행 된다.
• Blocked – 프로세스가 이벤트 발생을 기다리는 상태. 이러한 이벤트는 주변장치를 이용하여 I/O 완료, 다른 프로세스의 종료, 데이터의 버퍼 공간 이용 가능, 시스템 리소스의 유휴상태 등이 될 수 있다. 실행 프로세스가 이런 이벤트를 기다려야 할 때 지속적으로 실행할 수 있도록 Block되며 unblock 상태를 기다린다. 프로세스 blocking은 CPU를 다른 프로세스로 변경하는 컨텍스트 스위치 기회를 만든다. 후에 block 된 프로세스가 대기 중인 이벤트가 발생했을 때 프로세스는 실행 준비를 한다.
• Ready – 이 상태의 프로세스는 CPU 서비스를 위한 스케줄을 준비한다. 프로세스가 타임 슬라이스 끝에서 중단된 경우 상태를 running에서 ready로 변경한다.
• Finished – 실행을 종료한 후 프로세스는 finish 상태로 변경된다. 프로세스는 더 이상 존재하지 않는다. 남겨진 데이터 구조는 종료코드(성공 또는 실패)를 포함하고 타이밍 통계를 수집한다. 이는 항상 프로세스의 마지막이 된다.

프로세스는 완료되기 전에 중간 단계를 많이 거칠 수도 있다.

4.9.2 프로세스 주소 공간

프로그램은 실행되기 전 반드시 실행 가능한 기계어인 바이너리 형태의 인스트럭션 파일과 데이터 파일(섹션 10.5)로 변환되어야 한다.

if (a>b) then function_X( )를 실행하라는 코드를 예로 들어 보자.

이는 다음과 같은 형태의 기계어로 변환된다.

1. 메모리 주소 값 1024번지에 저장되어 있는 a의 변수 값을 불러들인다.
2. 메모리 주소 값 1028번지에 저장되어 있는 b의 변수 값을 불러들인다.
3. 만약 a−b의 연산 결과가 양수값이라면 메모리 주소 262144로 이동하여 함수 X를 실행한다.

기계어의 명령어는 순차적으로 실행된다. 하지만 어떠한 특정 연산을 통해 다른 주소 값으로 이동시킬 수 있다. 예를 통해 볼 수 있듯이 명령어는 항상 메모리 주소 값을 참조한다. 따라서 기계어는 어드레스 스페이스(memory space)라고 알려진 미리 할당된 메모리 공간으로부터 상대적 오프셋을 이용해 실행된다.

4.9.3 가상 주소 공간 레이아웃

프로세스를 실행시키는 기계어가 실행되기 위해서는 보조기억장치(하드디스크)에서 RAM으로 이동되어야 한다. 이것은 RAM에 위치한 코드를 CPU가 실행하는 방식이다. 많은 프로세스를 동시에 실행하고 RAM을 공유하기 위해서 물리적 RAM 어드레스를 메모리 스페이스로 할당시킬 수 없다. 대신 각각의 프로세스는 어드레스 0에서부터 시작하는 고유의 영역을 소유하고 어떤 제약 조건하에서 공간을 할당 받는다. 이것이 프로그램을 위한 가상 주소 공간이다.

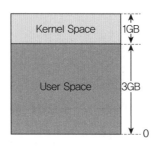

[그림 4.8] 일반적인 가상 주소 공간 레이아웃

[그림 4.8]은 다음과 같은 가상공간 주소의 특징을 보여준다.

- 커널 공간은 운영체제에 의해 사용되고 모든 프로세스가 이 공간을 공유한다.
- 유저 공간은 어플리케이션의 기계어가 위치한다.
- 유저, 커널 공간은 OS에 따라 달라진다. 32비트 시스템일 경우 주소 공간은 항상 4GB 이고 이중 1~2GB가 커널모드이다. 64비트 시스템인 경우 주소 공간은 보통 256TB 이다.

유저모드에서 인스트럭션을 실행하는 프로세스는 커널모드에 직접적으로 접근할 수 없고 커널에서 제공해 주는 시스템 콜을 이용할 수밖에 없다. 시스템 콜이 호출되면 커널 주소공간으로 통제권이 넘어가고 프로세스는 커널 모드로 변경된다. 커널모드 실행 중에 프로세스는 유저 공간과 커널 공간에 모두 접근 가능하다.

시스템 콜이 종료되면 통제권은 다시 유저모드로 돌아온다.

4.9.4 주소 매핑

운영체제는 기계어를 생성하고 이를 가상 주소 공간 레이아웃에 맞게 이차 메모리공간에 저장하여 프로세스가 실행될 수 있게 준비한다. 코드가 CPU에 의해 실행되기 위해서는 데이터와 인스트럭션이 가상 주소에서 RAM으로 이동되어야 한다. 주소 매핑은 가상공간의 기계어 블럭을 RAM으로 이동시키는 기술이다. 주소 매핑은 OS에 의해 제공되는 기능이고 하드웨어 가속화 기술을 통해 속도를 높인다. CPU 내의 주소변환 하드웨어를 MMU라고 부른다. 이 하드웨어는 자동적으로 가상공간 주소를 RAM 주소로 변환한다. 주소 매핑을 통해 여러 프로세스들이 효과적으로 RAM을 공유할 수 있다. 또한 RAM 공간보다 큰 사이즈의 응용프로그램의 코드도 실행할 수 있다.

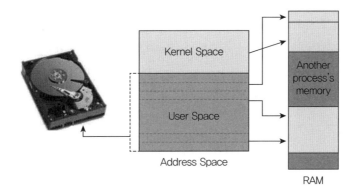

[그림 4.9] 가상 메모리 매핑

다음은 페이징으로 불리는 메모리 주소 공간 매핑 기술에 대한 요약정보이다[그림 4.9].

- 가상 주소는 페이지라고 불리는 단위로 나누어진다. RAM은 페이지들을 이루는 페이지 프레임으로 나누어진다. 페이지들은 램에서 쉽게 변환되어 전송될 수 있다.
- 페이지는 가상 주소의 블록이다. 보통 최소 4KB 크기이지만 더 클 수도 있다. 페이지는 같은 사이즈의 집합일 수도 있고 다른 사이즈일 수도 있다.
- 프로세스를 실행하기 위해서 운영체제는 초기의 페이지들을 RAM으로 이동시키고 첫 번째 명령을 실행한다.
- 가상 주소가 실제 RAM으로 변환될 수 있는 한 코드는 실행된다.
- 인스트럭션이 RAM이 아닌 가상 주소를 포인팅하고 있으면 페이지 오류가 발생한다. 페이지 오류가 발생 시 운영체제는 가상주소를 RAM으로 이동시켜 코드는 실행될 수 있게 한다.
- 페이지 스와핑이 일어날 때 사용 가능한 페이지 프레임이 이용된다. 모든 페이지 프레임이 가용하지 않을 때 잘 설계된 알고리즘이 적절한 프레임을 선택하여 바른 프레임과 바꿔치기 한다. 바꿔치기 한 페이지를 그것이 원래 위치해 있는 곳으로 돌아가는 것은 오직 페이지 내의 내용이 변환되었을 때만 발생한다.
- 운영체제는 각각의 프로세스에 대응하는 페이지 테이블을 관리하는데 페이징에 관련된 파라미터를 여기에 저장한다.
- MMU는 페이지 테이블을 이용하여 빠른 주소 변환을 가능케 한다.

실제 세계에서 호텔, 타임셰어링 휴양처, 카 렌탈업체들은 이런 방식으로 운영된다. 우리는 이것을 가상 소유권이라고 칭한다. 컴퓨터 내의 많은 프로세스들은 멀티태스킹과 페이징을 통해서 사용가능한 CPU와 RAM을 타임셰어링 하여 병렬 운영할 수 있다. 이것 말고는 이런 식으로 운영할 수 있는 방법은 없다.

4.10 작업 관리(Managing Tasks)

사용자로서 우리는 파일에 쉽게 접근할 수 있으며 동시에 여러 작업들을 즐길 수 있다. 우리는 컴퓨터에게 너무 많은 일을 주었다는 생각을 하지 않고 컴퓨터 작업을 수행한다. 물론 당연한 일이지만.

컴퓨팅에 방해가 되는 요인을 제거해라. 하지만 때때로 컴퓨터가 멈춰 버리거나 당신의 요청에 응답하지 않는 사태가 발생하기도 한다. 대부분 당신이 작업하고 있던 응용프로그램들이 멈춰버리게 된다. 또는 컴퓨터 사용자들이 사용하는 속어로 프로그램이 행 걸렸다고 한다. 이러한 상황에서 많은 사용자들은 컴퓨터의 전원 버튼을 찾게 된다. 전원을 껐다가 켜면서 시스템을 리부팅시키면 행에 걸렸던 문제들이 해결된다. 그러나 저장하지 않았던 작업들은 모두 잃게 될 것이고, 하던 작업들은 다시 시작해야 할 것이다. 이러한 과감한 작업을 하기 전에 작업관리자를 실행해 보아야 한다.

작업관리자는 당신의 컴퓨터에서 동작되는 프로그램 정보를 제공하고 제어하는 어플리케이션이다. 실행 중인 어플리케이션의 프로세스와 작업 상태 성능을 보기 위해서 작업관리자를 열어보라. 시스템이 멈춰버리는 원인을 제공하는 어플리케이션이나 프로세스를 강제로 종료할 수도 있다. 또는 소프트 재부팅을 요청할 수도 있다.

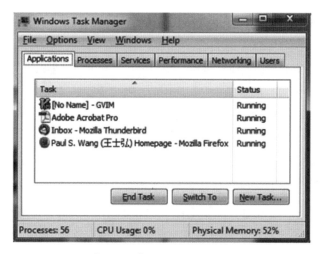

[그림 4.10] 윈도우 작업관리자

[그림 4.10]은 MS 윈도우의 기본 작업관리자를 보여준다. 어플리케이션 탭은 현재 동작하고 있는 어플리케이션을 보여준다. 그 중 하나가 행에 걸렸다고 판단될 때 당신에게 드는 좋은 생각은 해당 어플리케이션을 선택하고 작업끝내기 버튼을 클릭하는 것이다. 그러나 시스템이 멈추어 버렸을 때 작업관리자를 어떻게 열 것인가.

- 작업관리 창을 열기 위해서: ctrl+shift+esc 또는 ctrl+alt+delete 키를 동시에 누른다.
- Mac OS X Activity Monitor를 열기 위해서: command+space를 눌러서 스포트라이트 박스를 호출, "activity monitor"를 입력하거나 열기 또는 강제 종료를 위해 command+alt+esc를 누른다.
- 리눅스에서 터미널 윈도우를 열기 위해서: 터미널 윈도우를 열기 위해 ctrl+alt+f2를 누르고 문제해결을 위해 CLI를 이용한다. ctrl+alt+f1을 누르면 GUI로 다시 돌아올 수 있다. 마지막 방법으로 ctrl+alt+delete를 누르면 재부팅할 수 있다.

작업관리자를 통해 작업이나 프로세스에 관해서 더 많은 것들을 얻을 수 있다. 그리고 이후에 시스템이 멈춰버렸을 경우 대비를 할 수 있다. 모바일 디바이스(스마트폰이나 태블릿)가 멈추어 버렸을 때는 보통 시스템을 재부팅시키면 된다. 간단히 전원 버튼을 꾹 누르면 시스템이 재부팅된다.

4.11 Up and Running

시스템 작동과 관련하여, 현대 컴퓨터는 강력하고 유연한 시스템이다. 그러나 이 기계도 시작 단계를 거쳐야만 한다. 부팅이라고 알려진 전원이 공급된 후에 컴퓨터는 시작 단계의 운영을 위한 작업을 실행한다. 부트라는 단어는 "당신의 부트스트랩으로 당신을 끌어올려라."라는 일반적으로 부트스트랩에서 파생된 줄임말이다. 이 문구는 외부 도움 없이 독립적으로 절차를 진행하는 일반적인 의미를 전달한다. 부팅은 매우 중요한 절차이며 실행하는 데 몇 분의 시간이 소요된다. 일반적으로 다음의 3단계를 통해 이루어진다. 1. 하드웨어 전원 공급 자가 테스트(POST), 2. 전원이 들어 온 후에 OS를 구동시키고 CPU는 부트로더라는 프로그램을 실행한다. 부트로더는 비휘발성으로 ROM이나 펌웨어를 만드는 플래시 메모리에 저장된다. 플래시 기반의 펌웨어는 필드 업그레이드, 사용자가 펌웨어 프로그램을 다운로드하거나 업데이트하는 것을 허락한다.

부트로더는 첫 번째로 CPU, RAM, 비디오 디스플레이 카드, 키보드, 마우스, 디스크 드라이버와 같은 하드웨어를 테스트하기 위해 POST를 실행한다. POST는 시간이 걸리고 실제로 전원이 들어온 후에만 실행된다. 재부팅할 때는 이 단계를 건너뛴다.

POST가 끝나면 부트로더는 OS 커널을 로딩하고 찾기 위한 프로세스가 실행된다. 그리고 난 뒤 컴퓨터 사용을 위한 전체 프로세스, 네트워크 사용자 환경을 지속적으로 셋업할 수 있도록 OS 커널로 작업이 이동된다. 부트로더는 OS가 로드될 때 또는 다른 OS로부터 장치를 선택할 수 있도록 해준다. 따라서 백업시스템 디스크로부터 손상된 시스템을 부팅함으로써 복구할 수 있다. 또는 별도의 OS를 선택할 수도 있다. 윈도우/리눅스 듀얼부트 시스템을 가진 사람들은 이러한 부트로더의 장점에 대해서 이야기할 것이다. BIOS는 PC에서 광범위하게 사용되는 부트로더이다. 2010년부터 시작된 새로운 Unified Extensible Firmware Interface(UEFI)는 BIO를 대처할 것으로 기대된다. OS는 특히 모바일 기기에서 더 진화하고 있다. 이것들은 각 개인에게 보다 더 효율적이고, 개인적이며, 자동 조정적(self - adjusting)으로 될 것이다.

CT: 더 나은 제어, 더 나은 시스템 향상

개선, 완벽한 시스템 제어는 전체 시스템을 더 강하고 건강하게, 보다 효과적으로, 안전하고, 덜 고장 날 수 있도록 만든다.

컴퓨팅 사고력과 소프트웨어의 이해

사람마다 두뇌가 다르면 다른 사람이 되듯이 컴퓨터도 OS가 다르면 다른 컴퓨터가 된다. 우리는 더 나은 컴퓨터를 만들기 위해 OS를 더 발전시켜야 하며 더불어 더 좋은 사람이 되기 위해 우리의 마인드를 훈련하고 신경계를 발전시켜야 한다. 의료과학은 우리의 건강과 복지 증진을 위해 리듬호흡, 명상, 요가를 홍보하기 시작했다. 아마도 우리는 우리 자신의 제어 시스템과 몸 전체의 관계를 이제 막 발견하기 시작했다. 바라건대, 컴퓨터와 네트워크는 기업, 단체, 정부의 모든 구성원의 이익을 위해 자신의 제어 시스템을 개선하는 많은 새로운 방법으로 사용될 수 있다.

요약하면, OS는 부팅 후 컴퓨터를 관리하며, 사용자를 위한 GUI와 CLI 인터페이스를 제공하고, 파일을 정리, 동시에 여러 작업을 관리하고 시스템 자원을 효율적으로 사용한다. 우리 모두는 이 마스터 프로그램이 하는 일에 감사해야 한다.

■ 연습문제

4.1 시스템 호출이란? 시스템 프로그램이란? 이것들의 차이점은 무엇인가?

4.2 커널 모드란? 사용자 모드란? 모드 스위치란?

4.3 당신이 사용하는 컴퓨터에서 구동되는 OS는 무엇인가? OS에 의해서 제공되는 5가지 시스템 프로그램을 나열하시오.

4.4 공통언어기반(CLI)이란 무엇인가? 그들은 어떻게 비교하는가?

4.5 윈도우 사이의 input focus란 무엇인가? 주어진 창에서?

4.6 이벤트란? 이벤트 핸들링이란?

4.7 쉘이란 무엇인가? 다른 두 가지 쉘의 이름을 제시하시오.

4.8 프로세스란 무엇인가? 멀티태스킹이란?

4.9 가상 주소 스페이스란? 페이징이란?

4.10 문제 해결을 위해 시스템을 셧다운 하거나 리부팅하는 이유를 설명하시오.

4.11 [컴퓨팅 사고력 적용] 트리 구조를 설명하시오. 트리구조의 실생활 사례를 들어 보시오.

4.12 [컴퓨팅 사고력 적용] 스위칭이란? 실생활에서 Context 스위칭 사례를 들어 보시오.

컴퓨팅 사고력과 소프트웨어의 이해

4.13 [컴퓨팅 사고력 적용] 열심히 공부하는 친구들과 게임하고 놀기 좋아하는 친구들 사이의 trade-off는 무엇인가?

4.14 [그룹 토론 주제] 마음의 상태

4.15 [그룹 토론 주제] 오픈소스 프로젝트와 3D 프린터

4.16 [그룹 토론 주제] 나의 멀티태스킹 방법

4.17 [그룹 토론 주제] 컴퓨터 시스템은 나를 이해할 수 없게 만든다.

Chapter 05

인터넷과 네트워크
(Hello there)

chapter

05

>>>

인터넷과 네트워크(Hello there)

"네트워크가 또 죽었군. 지금 당장 인터넷 회사에 전화해 볼게." "이런, 여기 와이파이 없어요?"

현대인에게 이런 상황들은 정말 짜증난다. 컴퓨터는 강력한 기계이다. 하지만 다른 컴퓨터와 연결되지 않고서 컴퓨터는 그저 고립된 외로운 존재일 뿐이다. 컴퓨터가 기본적으로 많은 작업을 하기 위해서는 네트워크에 연결되어야 한다. 소프트웨어 업데이트, 이메일 확인, 메신저, 화상통화, 인터넷 서핑, 심지어 시계를 세팅하려 해도 컴퓨터는 연결되어야 한다. 사실 어디까지가 컴퓨터이고 어디부터가 네트워크인지 정확히 구분 하기는 어렵다. 사람들이 네트워크가 컴퓨터라고 하는 말도 놀랍지 않은 표현이다.

기본적으로 어느 컴퓨터에서 실행되는 프로세스는 네트워크에 연결된 다른 컴퓨터 디바이스에 있는 프로세스와 소통할 수 있다. 프로세스 간 통신(interprocess communication)이 이루어지려면 네트워크 하드웨어, 소프트웨어, 프로토콜 그리고 운영체제의 지원이 필요하다. 인터넷이 확장되면서 세계는 손에 닿을 듯이 좁아졌다. 인터넷이 말 그대로의 지구촌을 만들었다. 따라서 컴퓨터를 공부하는 사람만이 아닌 모든 사람들에게 네트워크에 대한 이해가 필요하다.

5.1 네트워크란 무엇인가?

컴퓨터 네트워크는 호스트들을 연결시켜 주는 매체이다. 네트워크를 이용하여 데이터를 교환하고 빠른 속도로 자원을 공유한다. 호스트는 컴퓨터일 수도 있고, 스마트폰이나 네트워크 프린터, 네트워크 디스크, 셋톱박스 혹은 다른 컴퓨터일 수도 있다. 네트워크는 그래프(선으로 연결된 노드(Node)들로 이루어진 구조)로 표현될 수 있다.

- 내부 노드(internal Nodes) – 커뮤니케이션과 라우팅을 관장하는 프로세스
- 엣지(Edge) – 데이터가 전송되는 링크
- 터미널 노드(Terminal Nodes) – 최종 사용자 호스트

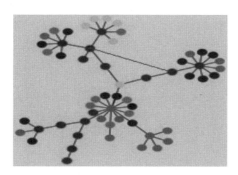

[그림 5.1] 네트워크 그래프

내부 노드는 네트워크 기능을 수행한다. 허브나 스위치, 브리지, 라우터, 게이트웨이 등이 바로 내부 노드이다. 대규모 네트워크는 수많은 노드들을 포함하고 있다. 가장 거대한 네트워크인 인터넷에는 현재 수억 개의 노드가 존재한다. 내부 노드와 터미널 노드의 구분이 없는 소규모 네트워크는 [그림 5.2]에서 나열되는 간단한 토폴로지를 사용할 수도 있다.

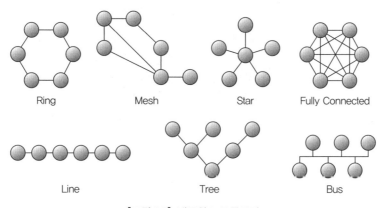

[그림 5.2] 네트워크 토폴로지

네트워크를 통해서 구현되는 서비스들

- 이메일
- 월드 와이드 웹, e-Business, e-커머스, 소셜 네트워크
- 온라인 채팅, 인터넷 전화
- 오디오, 비디오 스트리밍
- 파일 교환
- 원격 로그인
- 클라우드 컴퓨팅

5.2 인터넷

전화가 발명된 이후 전 세계에는 전자적인 통신 인프라가 구축되었고 현재까지 이어지고 있다. 인프라가 구축되었기 때문에 당연하게도 사람들은 전화의 아날로그 네트워크를 통해 디지털데이터를 전송하고자 했다. 이를 위해서 어쿠스틱 모뎀(모듈러-모듈레이터; [그림 5.3])이 발명되었다. 사용자가 모뎀을 이용해 터미널에 접속한 후 원격에 있는 사무실 컴퓨터에 전화를 걸어 집에서 메시지를 보내는 시대가 되었다.

[그림 5.3] 초기 전화 모뎀

얼마나 투박한가? 오늘날 전화(유선/무선), 텔레비전, 스트리밍 미디어 등의 디지털 네트워크는 하나의 거대한 전 세계적 네트워크로 통합되었다. 인터넷은 인터넷 프로토콜

(Internet Protocol)을 사용하는 컴퓨터 네트워크들을 연결하는 전 지구적인 네트워크다. 컴퓨터 네트워크에 연결하는 것은 인터네트워킹(Internetworking)이라고 칭하는데 이 때문에 인터넷의 이름이 탄생했다. 인터넷은 가정, 학교, 기업, 정부 등의 다양한 네트워크들을 이어준다. 인터넷 사용자는 수억 명에 이른다.

인터넷은 1960년대 후반 안정적인 군사 네트워크를 개발하기 위해 미 국방부의 지원을 받아 시작된 프로젝트인 아르파넷(ARPANET)에서 발전했다. 처음 이 네트워크에는 4개의 노드만이 존재했다. 캘리포니아 산타바바라 대학, 스탠포드 연구소, UCLA 네트워크 측정센터, 유타 대학이 그것이다. 아르파넷을 통해 IP가 개발되었고, TCP나 UDP같은 네트워크 프로토콜도 개발되었다. 아르파넷은 전시의 적국 공격에도 대응할 수 있게 신뢰할 수 있고 유동적인 네트워크를 디자인했다. 1980년 후반 NSFnet(the US National Science Foundation's network of universities and supercomputing center)의 주도하에 엄청난 양의 IP 기반 네트워크와 네트워크 간의 통신을 구축하여 아르파넷이 인터넷으로 전환되었다.

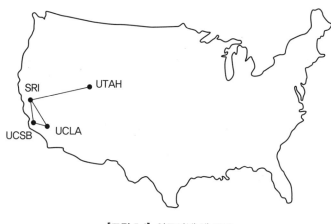

[그림 5.4] 아르파넷 맵 1969

오늘날 인터넷의 위세는 어마어마해서 과거의 경쟁자였던 BITNET이나 DECnet은 이미 사장되었다. ICANN은 IP 주소를 관리하는 비영리 단체로 프로토콜 파라미터 할당, 도메인 네임 관리, 루트 DNS 서버 등을 관리한다.

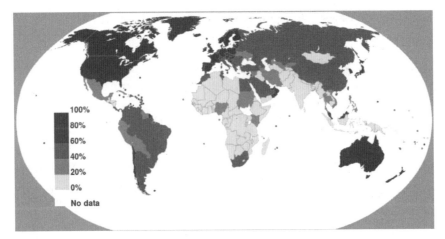

[그림 5.5] 2012년 각 국의 인구 대비 인터넷 이용자 비율

5.3 Lan 그리고 Wan

인터넷의 기본 단위는 집이나 빌딩, 캠퍼스 등에 설치된 LAN이다. LAN은 보통 10킬로미터 내 근거리에 있는 호스트들을 연결한다. 대부분의 LAN은 이더넷(Ethernet) 프로토콜을 사용하는데 그 속도는 100mbs(mega bits per second), 1gbs(gigabit per second), 10gbs, 100gbs 등으로 다양하다. 대역폭(Bandwitdth)이라고 불리는 네트워크 속도는 네트워크의 물리적인 거리와 데이터를 전송하는데 사용되는 하드웨어와 소프트웨어에 의해 결정된다.

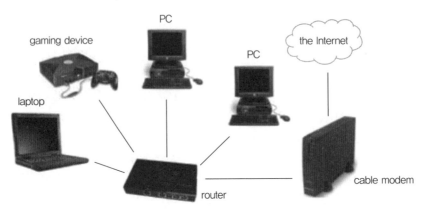

[그림 5.6] 홈 인터넷

[그림 5.6]은 일반적인 가정 내 네트워크 구성도이다. 각각의 호스트(PC, 게임 콘솔, 프린터, 네트워크 디스크 드라이브)에는 네트워크 카드(NIC)가 장착되어 RJ45 이더넷 케이블을 통해 라우터와 통신하게 된다. 각각의 네트워크 카드는 제조업체에서 부여한 고유한 번호(MAC address)를 이용하여 라우터와 데이터를 송수신하고, 라우터는 이 데이터를 LAN을 통해 다른 호스트에 전달한다. 라우터는 보통 다음과 같은 기능을 가지고 있다.

- 호스트의 전원 여부에 따라서 호스트들을 LAN 네트워크에 연결하거나 연결을 해지함
- 각각의 호스트들에게 고유의 IP 주소 부여
- LAN 네트워크를 인터넷에 연결시킴
- 원하지 않는 인터넷 트래픽을 허용하지 않는 방화벽 기능

라우터는 인터넷 업체(ISP)에서 제공하는 모뎀을 통해 WAN(Wide Area Network)이라고 불리는 인터넷에 연결된다. ISP는 전화업체가 될 수도 있고 케이블 TV 회사, 위성 TV 회사 혹은 다른 통신 회사일 수 있다. 많은 경우 라우터는 LAN 내의 호스트들이 와이파이(wifi)를 통해 무선으로 접속할 수 있도록 엑세스 포인트로 동작하기도 한다.

이더넷은 데이터 버스처럼 운영된다. 호스트는 데이터를 버스에 올려놓는 방식으로 다른 호스트에 메시지를 보낼 수 있다. 이더넷 프레임이라 불리는 이 메시지에는 목적지 호스트 NIC의 MAC 주소가 포함되어 있다. 모든 노드가 이 메시지를 수신할 수 있다. 하지만 약속된 노드만 이 메시지를 수신한다. 더 규모가 큰 LAN 환경에서는 더 많은 호스트들을 연결하기 위해 허브가 사용되기도 한다. 브리지는 LAN의 범위를 확장시키기 위해서 사용되고, 스위치는 노드 간의 더 효율적이고 직접적인 통신을 지원하기 위해 사용된다. 대규모 사업장에서는 한 기업 내의 인터넷 프로토콜을 사용하는 LAN들을 연결하는 인트라넷을 운영한다.

WAN의 연결 범위는 넓어서 다른 지역이나 도시, 심지어 다른 나라의 네트워크까지 섭렵한다. 인터넷은 가장 유명한 WAN의 하나이다. 이용자가 ISP를 이용하여 집에서 접속했을 경우 통상적인 WAN의 속도는 128kbps(기본적인 ISDN 이용 시)에서 150mbps(초고속 브로드밴드 이용 시)까지 측정된다. 일반적으로 업로드 속도가 다운로드 속도보다 느린데 보통 업로드 속도는 다운로드 속도의 10% 정도이다.

5.4 인터넷 아키텍처

인터넷은 다음 두 가지로 이루어다.

- **최종 사용자 LAN과 호스트**: 인터넷 서비스를 소비하는 컴퓨팅 디바이스
- **ISP 네트워킹 디바이스**: 전문화된 네트워킹 장비와 인터넷 인프라를 구성하는 초고속 데이터 링크

신뢰성 있고 복구가 쉬운 인터넷 인프라는 상당한 단계로 중첩된 연결(노드와 노드 사이에 복수의 루트가 존재함)과 중앙의 통제를 허용하지 않는 인터넷의 특성에 의거한다.

> **CT: 이중화(redundancy)를 통한 안전장치**
>
> 시스템을 안전하고 견고하게 만들기 위해 이중화하고 중요 자원의 손실을 막아라.

인터넷은 미국 속담 "한 바구니에 계란을 함께 담지 말라."와 중국 속담 "재주 있는 토끼는 3개의 굴을 판다."에서 주장하는 바를 이용하고 있다. 예를 들어 은행은 귀중한 계좌 정보를 안전하게 보호하기 위해 여러 복사본 정보를 복수의 안전한 장소에 보관하고 싶어 한다. 이런 전략 때문에 시스템은 좀 더 복잡해지고 더 많은 자원을 소비하는 것처럼 보일 수도 있다. 하지만 전략적인 이중화 덕분에 시스템은 의도적인 공격이나 사고에도 건재할 수 있다. 우리가 집에서 중요한 자료들은 다른 곳에 백업하는 것과 마찬가지이다.

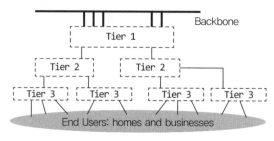

[그림 5.7] 인터넷 아키텍처

[그림 5.7]은 계층화된 인터넷 아키텍처를 보여주고 있다. 2와 3계층의 ISP는 상위 1계층 네트워크에 접속하여 다른 ISP에서 제공하는 원격 주소에 데이터 트래픽을 전송한다.

1계층은 인터넷의 백본(Backbone)을 구성한다. 통상적으로 백본 네트워크는 광케이블을 이용한다. 많은 광케이블들은 빠른 속도를 제공하기 위해 묶여 있다. 백본 코어 노드 사이의 속도는 100gbs에 이른다.

1계층 ISP는 대부분 장거리 전화망을 운영하고 있는 회사들이다. 미국의 1계층 ISP를 나열해 보자면 AT&T, 센츄리링크(Century Link), 레벨쓰리 커뮤니케이션(Level 3 Communication), 스프린트(Sprint), 버라이즌(Verizon), 보다폰(Vodafone)이 있다. 다른 국가를 살펴보면 인도의 Bharti, 영국의 British Telecom, 중국의 China Telecom, 독일의 Deutsche Telekom AG, 프랑스의 France Telecom, 스페인의 Telefonica를 들 수 있다.

CT: One and All

전체를 위한 하나, 하나를 위한 전체. 이것이 인터넷이다.

즉각적인 커뮤니케이션, 정보 획득, 쉽고 저렴한 접속 등의 인터넷 특성이 인류에게 평등하게 분배되었고 인터넷은 더 혁신적인 방법을 통해 인류 발전에 이바지할 것이다.

인터넷은 우리가 소통하거나 정보를 획득하고 소비하는 방식을 바꾸어 놓았다. 시공간과 국가 간의 장벽을 허물고 표현, 연대, 창작, 발명의 자유를 증진시켰다.

인터넷을 이용하면, 모든 정보와 전문가 뉴스, 사람들의 여론 그리고 즐길 거리를 바로 찾을 수 있다. 개인은 노력을 기울여 사람들과 쉽게 공유할 수 있을 만한 자료를 생산해낼 수 있다. 개개인 모두의 협업의 결과물인 거대한 인터넷의 혜택을 입고 더 나은 미래를 만들어낼 것이다.

우리는 이미 이메일, 전자상거래, 전자정부, 원격 교육, 미디어 스트리밍, 온라인 쇼핑, 온라인 데이팅, 소셜 네트워크, 위키 등 인터넷이 우리에게 미친 영향을 보았다.

하지만 인터넷의 모든 잠재력은 아직 발견되지도 않았다.

5.5 무선 네트워킹

무선 네트워크는 유선만큼 원거리를 커버하지도 못하고 속도 또한 빠르지 않다. 하지만 무선 네트워크의 장점은 편의성과 이동성이다.

와이파이란 무엇인가?

와이파이는 표준 무선 랜(Wirelass LAN)이다. IEEE는 802.11 무선 통신 프로토콜을 개발해 왔다.

802.11b(속도: up to 11 MBps, 범위 115-460ft)

802.11g(속도: up to 54 MBps, 범위 125-460ft)

802.11n(속도: up to 150 MBps, 범위 230-820ft)

802.11ac(속도: 0.87 Gbps)

802.11n과 802.11ac 프로토콜은 다중 데이터 스트리밍(multiple data streaming)을 더욱 빠르게 지원한다. 이 모든 프로토콜은 흔히 wifi라고 알려져 있으며 속도와 범위는 점점 더 향상되고 있다.

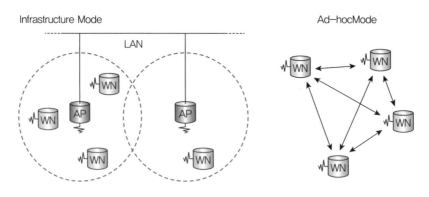

[그림 5.8] WiFi 네트워크 모드

노트북이나 태블릿, 스마트폰, 셋톱박스, 스마트TV 등의 무선기기들은 통상적으로 Wifi 네트워크에서 인프라스트럭처 모드(Infrastructure mode)로 통신한다. 각 노드끼리 직접적으로 통신하는 애드혹(ad - hoc) 모드를 이용할 때도 있다.

- 인프라스트럭처 모드 – 무선 노드들은 액세스포인트라고 불리는 중심 노드와 통신한다. 액세스포인트를 통해서 WLAN은 LAN이나 인터넷에 접속할 수 있게 된다.
- 애드혹 모드 – 복수의 무선기기가 AP없이 peer – to – peer 방식으로 직접 통신한다.

대부분의 WLAN은 인프라스트럭처 모드를 이용하여 인터넷이나 로컬 프린터에 접속하게 된다. 애드혹 모드는 한 기기에서 다른 기기에 직접 접속하는 것을 지원한다.

각각의 무선 노드는 무선 네트워크 어댑터가 설치되어야 한다. 이것은 무선 랜카드의 형태가 될 수도 있고 USB 어댑터일 수도 있다. 무선 라우터는 보통 액세스 포인터로 이용된다.

블루투스

널리 알려진 또 다른 무선 표준으로 블루투스가 있다. 블루투스는 저비용의 라디오 칩과 비교적 적은 전력을 이용하여 데이터를 전송한다. 하지만 전송거리가 고작 30피트(9미터)에 지나지 않는다. 블루투스는 규제되지 않는 2.4GHz대 주파수를 이용하고 최대 8개 기기의 접속을 지원한다. 최대 전송 속도는 1mbps이다.

wiMax

Worldwide Interoperability for Microwave Access(WiMax)는 IEEE의 802.16 프로토콜을 기반으로 하며 최대 속도는 10Mbps 이다. 미국 내에서는 2.5Ghz 주파수대를 사용한다. WiMax의 전송거리는 10에서 30마일이다.

Mobile Phone Data Service

모바일 폰 네트워크는 Generally pocket radio service(GPRS), 3G, 4G LTE 등의 초고속 데이터 전송기술을 이용하여 디지털 커뮤니케이션과 인터넷 접속을 지원한다. 휴대폰 회사들은 더 빠른 속도와 넓은 서비스 지역을 제공하기 위해 경쟁하고 있고, 이 서비스들은 보통 휴대폰이나 태블릿을 통해 사용된다.

컴퓨팅 디바이스는 스마트폰이나 태블릿에 블루투스나 USB, wifi 등을 이용하여 테더링 할 수 있다. 테더링된 디바이스는 휴대폰의 데이터서비스를 이용하여 인터넷에 접속할 수 있다. 최근 전 세계적으로 모바일 네트워크 서비스에 대한 수요는 폭발적으로 늘었다.

5.6 네트워킹 프로토콜

각기 다른 운영체제를 채택하고 있는 수많은 제조사의 컴퓨터들끼리 네트워크상에서 통신하려면 먼저 상세하게 기술된 규약이 확립되어야 한다. 이런 규칙들을 네트워킹 프로토콜이라고 칭한다. 네트워킹은 수많은 서비스들을 가능하게 한다. 각각의 네트워킹 서비스는 그 자신만을 위해 디자인된 특별한 프로토콜을 지킨다. 프로토콜은 다음과 같은 것을 규정한다.

- 호스트와 프로세스의 주소 형식
- 데이터 형식
- 데이터 전송 규칙
- 메시지 시퀀싱, 어드레싱(Sequencing and addressing of message)
- 연결/연결 해지(Initiating and termination connections)
- 서비스 확립(Establishing Service)
- 서비스 접속(Accessing Service)
- 데이터 통합, 데이터 프라이버시, 데이터 보안(Data Integrity, privacy and security)

어느 한 호스트의 프로세스가 다른 호스트의 프로세스와 통신하기 위해서는 두 프로세스가 동일한 프로토콜을 따라야 한다. OSI 참조모델(Open System Interconnect Reference Model)은 표준화된 계층의 네트워크 프로토콜과 프로세스 간의 상호의존성(interdependence)을 제공한다. 다른 호스트들의 연관된 계층과 네트워크 인프라의 도움으로 프로세스 간의 데이터를 주고받을 수 있다([그림 5.9]의 P1과 P2).

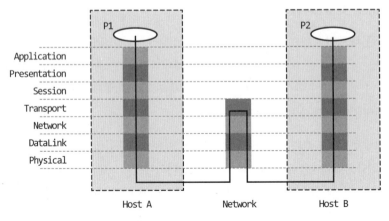

[그림 5.9] 네트워킹 레이어

네트워크 프로토콜 중에 Internet Protocol Suite가 가장 널리 쓰이는 프로토콜이다. IP는 network layer 프로토콜이다. TCP와 UDP는 transport layer에 위치한다. HTTP 는 application Layer이고 웹에서 사용된다.

CT: Following Protocol

프로토콜을 따라야만 서로 만난 적이 없는 집단들이 아무 문제없이 소통할 수 있다.

프로토콜은 전체 시스템의 효율성과 속도에 영향을 미친다. 네트워킹 프로토콜은 새로울 것이 없다. 전화를 걸 때의 프로토콜을 떠올려 보라. 당신은 전화기를 들어야 한다. 신호가 울리는 것을 확인하고, 전화번호를 누른다. 수신인 측이 수화기를 드는 것을 기다린다. 그리고 나서 당신은 "여보세요."라고 인사한 후 자신이 누군지 밝힌다. 당신이 전화통화를 성공하려면 이 과정을 꼭 거쳐야 한다. 그러므로 이 전화 프로토콜은 매우 중요한 것이라고 볼 수 있다.

전화의 예제와 마찬가지로 컴퓨터 프로그램이 네트워크를 통해 또 다른 컴퓨터와 커뮤니케이션 할 때도 이러한 프로토콜은 매우 중요하다. 컴퓨터 과학에서 효과적이고 효율적인 네트워크 프로토콜 디자인은 매우 중요한 영역이다.

5.7 IP 주소

인터넷의 모든 호스트들은 자신의 네트워크 주소를 가지고 있고 이를 통해 다른 호스트들과 커뮤니케이션을 할 수 있다. 주소기법(Addressing Technique)은 네트워크와 프로토콜에 굉장히 중요한 부분이다. IPv4 주소는 32비트(4바이트) 구조를 가지고 있다. 예를 들어 Kent주의 tiger라는 호스트는 IP 주소 131.123.38.172[그림 5.10]를 가진다.

[그림 5.10] IPv4 주소

점으로 끊어진 각 부분은 0부터 255 사이의 십진수 숫자로 표현될 수 있다. 폭발적인 성장세를 따라잡기 위해 인터넷은 IPv4에서 128bit 주소체계를 지원하는 IPv6로 전환되고 있다. IP 주소는 전화번호와 비슷한 면이 있다. 앞쪽의 번호는 지역번호라고 볼 수 있고, 뒤따르는 번호는 각 개인의 번호라고 봐도 무방하다. 본질적으로 인터넷은 데이터 패킷을 시작점 IP 주소에서 도착적점 IP 주소로 라우팅 하는 것이다.

5.8 도메인 네임

IP 주소는 숫자로 이루어져 있기 때문에 컴퓨터에서 다루기는 쉽지만 사람들이 한눈에 알아보기에는 불편하다. 이 불편을 해결하기 위해 우편주소처럼 문자로 이루어진 도메인 네임(domain name)이 등장했다. 예를 들어 도메인 네임 tiger.cs.knet.edu는 켄트대학(knet.edu)의 컴퓨터 사이언스 학부(cs)에 존재하는 tiger라는 호스트를 뜻한다.

도메인 네임은 편의성을 위해 존재하는 것이지만 모든 호스트가 필수적으로 이것을 가질 필요는 없다. 인터넷 전체로 범위를 확장시키면 도메인 네임은 공통의 해를 가지지 않은 각각의 도메인들로 분리된 트리구조로 컴퓨터의 파일구조와 비슷하다. Tiger에 대한 주소는 cs 로컬 도메인 아래 위치해 있다.

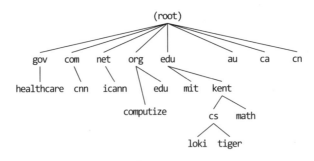

[그림 5.11] 도메인 네임 트리

cs는 kent 도메인의 서브 도메인이고 kent는 edu라는 top-level domain(TLD)의 서브 도메인이다. 이런 TLD도메인을 열거해 보자면, org, gov, mil, com, net, uk, cn 등이 있다. 번외로 우리의 CT 웹사이트는 comitoze.org 도메인 아래 위치한다.

같은 도메인 내에서는 로컬 도메인의 호스트는 호스트 네임만 사용해도 인식된다. 하지만 도메인 밖에서 인식되려면 전체 도메인 네임을 사용해야 한다. 인터넷 도메인 네임에 대한 더 자세한 내용은 5.11절에서 찾아볼 수 있다.

모든 네트워크 어플리케이션은 도메인 네임이나 IP 주소를 인식한다. 실제로 도메인 네임은 호스트에서 사용되기 전에 숫자로 이루어진 IP 주소로 전환된다. 예를 들어 Kent State의 Web호스트의 도메인 네임은 www.kent.edu이고 IP는 131.123.246.53이다. 지금 주소창에 도메인 네임이나 IP 주소를 치면 똑같은 웹페이지를 브라우저에서 볼 수 있다. 한번 시도해 보라. 도메인 네임의 가치는 똑같지 않다. 어떤 도메인의 가치는 다른 것보다 월등히 높다. 사람들은 사업에 도움이 될 수 있는 좋은 도메인 네임을 얻기 위해 돈을 지불하기도 한다.

5.9 클라이언트와 서버

포토샵이나 워드패드 같은 독립형 어플리케이션이 구동할 때 인터넷 환경은 필요없다. 하지만 파이어 폭스나 아웃룩, 스카이프는 인터넷 없이 이용할 수 없다.

대부분 네트워크 서비스에는 클라이언트와 서버가 있다. 클라이언트와 서버로 묶인 프로그램은 의도한 네트워크 서비스를 제공한다. 클라이언트 어플리케이션은 사용자 인터페이스라고 볼 수 있다. 클라이언트 어플리케이션을 통해 특정한 네트워크 서비스를 이용할 수 있게 해 준다. 클라이언트 단독으로는 사용자의 요청을 처리할 수 없다. 클라이언트는 특정 호스트에서 실행되고 있는 서버 프로그램을 반드시 호출해야 한다. 그리고 서버 프로그램은 클라이언트에서 요청한 서비스를 제공한다[그림 5.12].

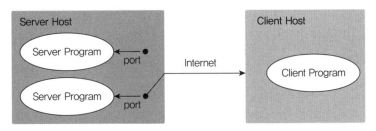

[그림 5.12] 클라이언트와 서버

클라이언트 어플리케이션이 실행되는 컴퓨터를 클라이언트 호스트라고 부른다. 서버 프로그램이 실행되는 컴퓨터는 서버 호스트이다. 인터넷에서 널리 사용되기 위해서 클라이언트와 서버는 특정 서비스에서 요구되는 특정한 프로토콜을 따라야만 한다.

네트워크상의 클라이언트 어플리케이션은 더 좋은 기능을 무기로 사용자를 얻기 위해 서로 경쟁한다. 현재 사용되는 수많은 인터넷 웹 브라우저를 보면 이를 확실히 알 수 있다. 비슷하게 서로 다른 서버 프로세스가 다른 서비스를 제공하기 위해서 사용된다. 서로 다른 소스에서 동일한 서비스를 제공하기도 한다. 웹이 극명한 예이다. 인터넷에는 수 백만의 웹서버가 존재하고 이들은 셀 수 없을 만큼의 웹사이트를 제공한다.

공용적인 인터넷 클라이언트 어플리케이션은 다음과 같다.

- 이메일 클라이언트 - 마이크로 소프트 아웃룩 익스프레스, 맥 OS X mail, 선더버드. 이 어플리케이션들은 SMTP 프로토콜을 이용해 메일을 발송하고 POP이나 IMAP 프로토콜을 이용하여 이메일 서버로부터 메시지를 수신한다.
- 보안 원격 접속 클라이언트 - Putty, OpenSSH는 SSH 프로토콜을 이용하여 원격 로그인을 가능케 한다. 또 SFTP 프로토콜을 이용하여 원격 호스트에 파일을 전송한다.
- 월드와이드 웹 클라이언트 - 인터넷 익스플로러, 사파리, 구글 크롬, 파이어 폭스 등은 http와 https를 이용하여 원격에 있는 웹서버에 접속한다.

각각의 인터넷 표준 서비스들은 고유의 포트번호를 가지고 있다. 포트번호와 호스트의 인터넷 주소를 이용해서 네트워크상의 특정한 서버 프로그램은 식별 가능하다. 예를 들어 SFTP의 포트번호는 115, SSH는 22, Http는 80의 포트번호를 가진다.

비표준적인 서비스도 개인적인 용도로 개발되고 포트번호가 부여될 수 있다. 이 서비스에도 포트번호가 부여될 수 있는데 널리 사용되고 있는 다른 포트번호와 충돌이 없어야 한다. 어떤 특정한 목적을 가진 프로토콜을 정의할 수 있는 누구도 클라이언트와 서버 프로그램을 제작할 수 있다. 그 프로그램들은 다양한 호스트에서 인터넷을 통해 프로토콜을 따르며 커뮤니케이션한다. 혹은 표준적인 서비스가 무작위적인 어떠한 포트를 이용하도록 설정되면 오직 그 주소와 포트번호를 알고 있는 클라이언트와만 커뮤니케이션이 가능하다.

5.10 피어 투 피어

클라이언트 서버 커뮤니케이션 환경에서 클라이언트와 서버 프로그램은 서로 다른 기능을 담당한다. 클라이언트와 서버는 동일하지 않다. 클라이언트는 서비스 요청을 할 수 있다. 오직 서버만이 그 요청에 응답할 수 있다. 하지만 P2P 커뮤니케이션에서는 커뮤니케이션에 참가하고 있는 모든 노드는 동일한 능력을 갖는다. 그들은 같은 규약 하에서 서로 협업하고 동일한 서비스를 다른 노드에 제공한다. 피어(Peers)들은 다른 피어에게 서비스를 요청하고 또 제공한다. BitTorrent 프로토콜을 이용해 파일을 공유하는 것이 이 피어 투 피어의 대표적인 예이다. [그림 5.13]은 서버에 접속해서 파일을 다운로드 받는 상황을 나타내고 있는데, 이때 서버 연결이 느리거나 서버에 작업이 과중될 수도 있다. 만약 서버가 고장 난다면 다운로드는 더 이상 불가능해진다.

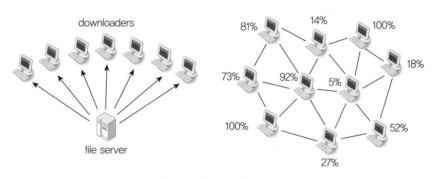

[그림 5.13] P2P 파일 공유

[그림 5.13]의 오른쪽에 나오는 P2P에서는 파일은 여러 조각으로 분할된다. 각각의 피어는 각 조각의 파일을 다른 피어에 업로드하고 다른 피어로부터 다른 조각의 파일을 다운로드한다. 그 결과 최종적으로는 파일서버에서 파일을 다운로드 하는 것과 동일한 파일을 얻을 수 있다. BitTorrent 사용자는 대용량 파일을 다운로드하기 위해 피어 그룹에 가입한다. 피어들로부터 여러 파일 조각을 다운로드한 후 그 파일 조각을 다른 피어들에게 업로드하기 시작한다. 모든 파일 조각을 소유하고 다른 피어들에게 서비스를 시작한 피어를 시드(seed)라고 칭한다. 다른 피어로부터 다운로드하고 있는 현황은 피센디지로 표시되어 이용자에게 보여진다.

5.11 DNS 서버

5.2절에서 언급했듯이 인터넷상의 모든 호스트에는 고유의 IP 주소가 할당된다. 호스트는 때때로 도메인 네임을 가진다. 모든 도메인 네임과 그에 해당하는 IP 주소(이 집합을 도메인 네임 스페이스라고 부른다)는 호스트의 추가와 삭제에 따라 동적으로 변동된다. 이 변경은 로컬작업 그룹이 다시 조직되거나 네트워크의 하부구조의 재편성 또는 시스템 관리 등에 의하여 변동되기도 한다. 새로운 도메인 네임과 새로운 IP 주소나 도메인 네임과 IP 주소의 연관정보는 중앙에서 통제되지 않고 언제나 사용자가 원할 때 등록될 수 있다. DNS는 동적인 정보 변경과 도메인 네임 스페이스 내에서의 정보조회를 담당하는 네트워크 서비스이다.

각 로컬 DNS 도메인(Zone)은 로컬 DNS 데이터베이스에서 정보를 제공하는 자신의 DNS 서버를 실행한다. 모든 DNS 서버는 DNS 데이터 요청에 응답하기 위해 협력한다. 따라서 DNS는 분산된 정보 시스템이라고 할 수 있다.

[그림 5.14] 도메인과 IP

네트워크 클라이언트(웹 브라우저 같은)는 목적지 호스트의 IP 주소를 얻기 위해 DNS 서버를 이용한다. 동적인 DNS는 호스트와 개별이용자에 대한 매우 다양한 정보를 제공하기 위해 범용적인 메커니즘을 적용한다.

다음은 DNS에 대한 특징들이다.

- DNS는 전체 인터넷 네임을 커다란 트리 구조로 조직한다. 트리의 각 노드는 도메인을 나타내고 각각의 레이블과 리소스 목록을 가진다.
- 레이블은 문자열이다(대소문자는 구분하지 않는다). 같은 계층의 노드들의 레이블은 중복되지 않아야 한다. 최상위 계층의 레이블은 빈 문자열이다. 최상위 계층 바로 다음의 계층이 TLD이다. Edu, com, gov, net, org, info 등이 이에 속한다. TLD에는 At(Austria), ca(Canada), cn(China)과 같은 국가 별 도메인도 포함한다. edu 도메인은 Berkeley, kent, mit, uiuc 같은 각 대학 도메인을 서브 도메인으로 가진다[그림 5-11].

- 노드의 전체 도메인 이름은 루트 노드에서 최고의 레이블의 점으로 구분된 목록이다. 최하위 노드부터 루트 노드가 순차적으로 배열된다(예, cs.kent.edu).
- 레이블은 도메인의 공식적인 이름이다. 별칭(alias)라고 불리는 또다른 이름을 사용할 수도 있다. 예를 들어 tiger 호스트가 내부의 네임서버를 운영하면 ns라는 별칭이 부여된다. 따라서 tiger.cs.kent.edu는 ns.cs.kent.edu와 같은 호스트이다. 만약 동일한 호스트가 웹서버를 운영한다면 또 다른 별칭인 www가 부여된다.

> **CT: 간접적인 것은 탄력적이다.**
>
> 간접성과 유연성을 제공하기 위해 에이전트나 대리인을 사용한다. 덜 직접적이지만 운영 시 더 많은 자유를 확보할 수 있다.

간접의 예는 많다.

- 소매상–도매상–생산자
- 에이전트와 영화배우
- 부동산 중개인과 자산 소유자
- 프론트 데스크 리셉셔니스트와 회사 직원

프로그래밍에서는 직접적인 상수 21의 사용을 피하는 대신 legal_drinking_age라는 변수를 사용한다. 변수를 사용함으로써 각 지역마다 다를 수 있는 법적인 음주 가능 연령 문제를 해결할 수 있다.

인터넷에서는 IP 주소를 목적지 호스트가 아닌 DNS를 통해 획득한다. DNS가 에이전트 역할을 하는 것이다. 이런 간접적인 자료획득 과정으로 인해 사용자들은 의미있고 기억하기 쉬운 도메인 네임을 사용할 수 있고, 호스트의 서버 관리자들은 언제나 그들이 원할 때 IP를 변경할 수 있다.

5.12 DNS 서버와 이름풀이

DNS 서버

분산된 DNS의 정보는 zone으로 나누어진다. 각각의 zone은 각기 다른 호스트에서 운영되는 하나 이상의 서버에 의해 관리된다. Zone은 도메인 트리에서 각각의 노드와 연관이 있고 이 노드 아래 모든 서브 트리를 관리한다. 특정 존에 대한 완전한 정보를 소유한 네임서버는 authority라고 명명된다. 승인 정보(Authoritative information)는 자동적으로 다른 네임서버에 전파되어 zone에 대한 중첩적인 서비스를 제공할 수 있다. 하위 도메인에 대한 다른 정보를 얻기 위해 서버는 하위레벨 서버에 정보를 조회하고, 도메인 트리의 다른 Zone에 관련한 정보를 얻기 위해서는 외부의 서버에 의존한다. 루트노드 도메인 트리와 연관이 있는 서버를 루트네임서버라고 부른다. 승인서버는 정보를 파일에 저장하고 다른 서버의 요청에 빠른 응답을 위해 정보를 캐쉬한다. 각각의 Zone 관리는 네임서버가 운영되는 호스트나 승인 데이터베이스를 변경하는 것과는 무관하다. 예를 들어 ns.cs.kent.edu는 cs.kent.edu 도메인에 대한 네임서버로 운영될 수 있다.

네임서버는 리졸버(이름풀이)의 질의에 응답한다. 자신이 처리할 수 있는 질의이면 즉각 응답하고 그렇지 않을 경우에는 다른 DNS 서버를 조회한다. DNS 데이터 베이스는 네트워크 어드레싱, 메일 교환, 호스트 설정을 담당한다.

ICANN은 DNS tree의 루트노드와 연관이 있는 루트 네임 서버를 관리한다. 베리사인(veriSign)은 a.root-servers.net을 호스팅 한다. 현재 알파벳 a부터 m까지 총 13개의 서버가 운영 중에 있다. 도메인 네임 등록처, 기업, 조직, 웹호스팅 회사와 여러 ISP들은 그들의 Zone에서 도메인 네임과 IP 주소를 연동시키는 서버를 운영하고 있다. 인터넷상의 모든 네임서버는 도메인과 IP 주소 매핑 작업을 실시간으로 수행한다.

DNS 이름풀이

DNS는 이름풀이 질의를 네임서버에 보내고 그들에게서 응답을 수신하는 프로그램이다. 리졸버는 최소한 하나의 네임서버에 접속하고 그들에게서 응답을 받아오거나 다른 네임서버에게 다시 질의를 한다. 따라서 리졸버는 인터넷 어플리케이션이 특정정보를 DNS에서 얻는 것과 같은 클라이언트이다.

데모: CT 웹 사이트에서 nslookup 명령어를 실행해 보자. DNS로부터 도메인/IP정보를

컴퓨팅 사고력과 소프트웨어의 이해

얻을 수 있다. IP와 도메인 네임 외어도 호스트의 DNS는 도메인의 이메일 플로우를 표시해 주는 MX 엔트리를 제공한다. 또 호스트에 관련된 중요한 정보를 제공해 주기도 한다. 〈표 5.1〉은 DNS의 정보와 요청 형식이다.

〈표 5.1〉 DNS 레코드/요청 타입

Type	Description
A	Host's IP address
NS	Name servers of host or domain
CNAME	Host's canonical name, and an alias
PTR	Hot's domain name, IP
HINFO	HOST information
MX	Mail exchanger of host or domain
AXFR	Request for zone transfer
ANY	Request for all records

A 호스트 IP 주소

NS 호스트나 도메인의 네임서버

CNAME 호스트의 공식적인 이름이나 별칭

PTR 호스트의 도메인 네임, IP

HINFO 호스트 정보

MX 호스트나 도메인의 이메일 익스체인저

AXFR 존 트렌스퍼 요청

ANY 모든 정보에 대한 요청

CT: 분산화(Decentralize)

분산화는 대형 시스템을 보다 효율적이고 강력하게 제어한다.

정부를 운영하거나 큰 기업을 운영하는 개념은 동일하다. 로컬 엔티티가 제한된 범위내의 이슈를 해결하고 큰 조직이 기업레벨의 미션을 해결하는 것이 최선일 경우가 많다. 동일한 작업을 여러 명에게 배분해 줌으로써 서비스의 중첩성과 유연성을 제공해 준다. 이 원

칙은 특정 부서의 소규모 그룹에도 적용될 수 있다. 예를 들어 여러 명의 은행 창구 직원은 중앙통제 없이 고객지원업무를 할 수 있다. 한 두 명의 텔러가 특정일에 결근을 하더라도, 은행은 업무를 지속할 수 있다. 레스토랑에 있는 많은 웨이터도 같은 예이다.

아르파넷은 개발 초기에 도메인과 IP의 연관 정보를 hotst.txt 파일에 저장하여 스텐포드 연구소에 보관했다. 이 파일은 스텐포트 연구소에 의해 수정되었고 연결된 노드로 전파되었다.

인터넷이 확장되면서, 실시간으로 변동되는 IP와 도메인 연관정보를 관리해야 할 필요성이 생겼다. 또한 호스트와 서비스도 이 요청에 즉각적으로 응답해야 했다. 그래서 어떤 해결책이 등장했을까? 그것은 분산화였다. 하지만 어떻게? 광범위하게 보급된 인터넷이 문제의 시작이자 해결책이었다. DNS는 인터넷에 배포되고 로컬관리자는 DNS 데이터베이스를 관리하고 서비스를 제공할 수 있게 되었다. DNS가 분산화 되면 분산화 될 수록 DNS와 인터넷은 점점 더 견고해졌다. 얼마나 똑똑한 해결방법인가.

5.13 도메인 등록

누구나 도메인을 등록할 수 있다. 웹 사이트를 만들고 웹 사이트를 운영할 도메인일 수도 있고 다른 이유가 있을 수도 있다. 도메인 네임 레지스터라는 서비스가 도메인을 실제로 등록해 준다. 등록비용은 매우 저렴하고 1년에 한 번씩 지불하면 된다. 일단 도메인 네임이 등록되면 그 소유권은 등록처(registrant) 에 귀속된다. 도메인이 어떤 개인이나 단체에 의해 등록되었고 그들이 그 등록을 별다른 문제없이 유지하고 있다면 다른 측에서 그 이름을 쓸 수 없다.

ICANN 측이 .com, .net, .org, .info와 같은 TLD 레벨의 상업적 도메인등록을 관장한다. .biz, .pro, .aero, .name, .museum도 ICANN에서 관리한다. .edu, .gov, .us와 같은 제약이 있는 도메인은 net.education.edu나 nic.gov 같은 기관에서 관리하며, 각 국가 도메인은 해당 국가의 등록처에서 관리한다.

5.13.1 도메인 등록 데이터 접근

도메인 네임 등록 정보는 모든 사람들이 열람할 수 있다. 후이즈(whois) 서비스를 이용하여 이 정보를 쉽게 얻을 수 있다. 간단히 www.internic.net/whois.html을 입력하면 된다. 리눅스나 유닉스에서는 whois라는 명령어를 통해 이 정보를 얻을 수 있다.

whois domain_name,

도메인 등록 기록 리스트를 보여준다.

whois kent.edu라고 입력하면 아래와 같은 정보를 보여준다.

```
Domain Name: KENT.EDU

Registrant:
    Kent State University
    500 E. Main St.
    Kent, OH 44242
    UNITED STATES

Administrative Contact:
    Philip  L Thomas
    Network & Telecomm
    Kent State University
    STH
    Kent, OH 44242
    UNITED STATES
    (330) 672-0387
    pki-admin@kent.edu

Technical Contact:

    Network Operations Center
    Kent State University
    120 Library Bldg
    Kent, OH 44242
    UNITED STATES
    (330) 672-3282
    noc@kent.edu

Name Servers:
    NS.NET.KENT.EDU          131.123.1.1
    DHCP.NET.KENT.EDU        131.123.252.2
    ADNS03.NET.KENT.EDU      128.146.94.250

Domain record activated:     19-Feb-1987
Domain record last updated:  06-Jul-2011
Domain expires:              31-Jul-2015
```

kent.edu 도메인은 세 개의 네임 서버에서 호스팅되고 있다.

데모 사이트에서 실습해 보자. Whois CT 웹 사이트에서 원하는 도메인 등록 기록을 검색할 수 있다.

5.14 패킷 스위칭

인터넷상의 데이터는 패킷단위로 송신되고 수신된다. 따라서 인터넷은 패킷이 교환되는 네트워크이다. 편지와 비슷하게 패킷은 주소정보를 가지고 있는 데이터 블록으로 봉투에 담겨 인터넷을 통해 라우팅되며 연결된 모든 사용자에게 공유된다. 네트워크는 라우팅 알고리즘을 이용하여 목적지에 가장 효율적으로 패킷을 전달한다. 발신지에서 목적지까지는 여러 경로가 있기 때문에 인터넷은 매우 신뢰할 수 있고 어느 한 네트워크가 동작하지 않더라도 다른 경로를 택하여 목적지까지 패킷을 전달할 수 있다. [그림 5.15]는 IPv4 패킷 구조를 보여준다. 패킷의 각 부분은 다음과 같다.

- Version(4 bit): IP 버전 넘버(Ipv4는 4)
- Ihl(4bit): 32bit 문자열의 헤더 길이
- Type of service(8bit): 서비스 품질 파라미터
- Total Length(16 bit): 패킷의 전체 크기, IP헤더와 데이터의 길이의 합
- Identification(16bit): 패킷 송신자에게서 할당된 ID
- Flags(3bit): 패킷 조각화 관리를 위한 비트 값
- Fragment offset(13bit): 조각화된 패킷의 0부터 시작하는 순차 번호
- Time to live(8bit): 패킷이 버려질 때까지의 Hop 회수. 0은 즉시 패킷 폐기를 뜻함
- Protocol(8bit): 네트워크 레이어. 예를 들어 1은 ICMP, 6는 TCP, 17은 UDP를 뜻함
- Header Checksum(16bit): 패킷이 오류 없이 수신되었는지 확인하는 검사합의 값
- Source Address(32bit): 송신자의 IP 주소
- Destination Address(32bit): 수신자 IP 주소
- Options(길이 다양함): IHL의 값이 5보다 클 경우 사용될 수 있음. 보안정보, 타임스탬프와 같은 값이 들어갈 수 있음

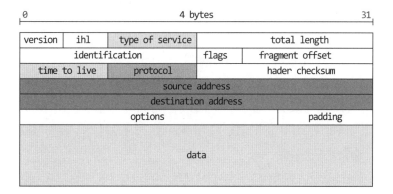

[그림 5.15] IPv4 패킷

5.15 클라우드 컴퓨팅

인터넷에서 늘어나는 속도, 신뢰성, 접근성의 결과로 컴퓨터 업계는 인터넷에서 데이터 저장과 데이터 프로세싱 서비스를 제공하기 시작했다. 대부분의 서비스는 구독(subscription) 방식이지만 어떤 서비스는 무료로 제공된다. 바로 클라우드 컴퓨팅에 대한 이야기이다. 서비스 가입자인 개인이나 조직은 하드웨어 소프트웨어 설치나 운영 등에 대한 고민없이 제공되는 서비스를 즐길 수 있다. 사실 클라우드 서비스에서는 장비가 어디에 위치하고 있는지는 문제가 되지 않는다. 모든 것이 클라우드에 있기 때문이다. 서비스는 인터넷에서 중단 없이 제공되고 어떤 클라이언트 디바이스(데스크톱, 모바일, 태블릿)에서도 접근 가능하다.

아마존이나 구글, IBM, 오라클, 마이크로소프트, 클라우드비, 랙스페이스와 같은 기업들은 규모의 경제를 이용하여 저렴한 비용의 서비스를 제공할 수 있다. 사업의 규모가 크든 작든, 클라우드는 내부 시스템을 소유하고 시스템을 운영할 인력을 충원해야 하는 일의 대안이 될 수 있다. 클라우드를 홍보하는 문구중 하나를 소개한다. "우유가 필요하다고 소를 키울 것인가? 우유만 사라(당신이 필요한 컴퓨팅 파워). 소는 다른 사람들이 신경 쓸 것이다(우유는 생산하기 위해 관련된 모든 이슈)."

클라우드에서 제공되는 서비스는 다음과 같다.

- **클라우드 스토리지** – 분산되고 가상적이며 신뢰할 수 있는 스토리지. 저장되는 데이터는 인터넷을 통해 쉽게 접근 가능하다. 드롭박스나 파키사가 그 예이다. 보통 스토리지 서비스는 문서 관리 기능도 제공한다.
- Software as a service(SaaS) – 소프트웨어가 클라우드 서버에서 운영되며 보통 Thin client라고 불리는 웹 브라우저를 통해서 가입자에게 서비스가 제공됨. CRM(고객관리 프로그램), CAD, 데이터베이스 프로그램, 인사관리 프로그램 등이 서비스 형태로 제공된다.
- Platform as a service(PaaS) – 운영체제와 어플리케이션 프로그램, 실행환경, 데이터베이스, 웹 서버를 제공하는 가상 하드웨어 소프트웨어 서버. 사용자가 이를 조작하여 사용자에게 특화된 프로그램을 운영할 수 있다.
- Infrastructure as a service(IaaS) – 관리되는 서버와 스토리지, 네트워크 장비로 무장된 가상 IT 데이터 센터. 사용자는 운영시스템을 설치하여 어플리케이션을 개발하고 배포할 수 있으며 운영할 수 있다.

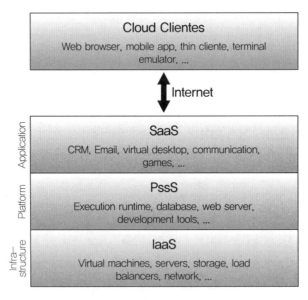

[그림 5.16] 클라우드 컴퓨팅 레이어

[그림 5.16]은 클라우드 컴퓨팅 장비의 구조를 보여준다. 직접 시스템을 보유하는 것에 비해 클라우드는 확실한 장점이 있고 또한 단점도 있다. 가장 큰 장점은 초기 비용이 적게 들어가고, 빠르게 설치하고 운영할 수 있으며, 인력충원이나 장비구매 비용을 줄일 수 있

다. 또한 신뢰할 수 있고 물리적으로 안전하며, 향후 시스템을 확장하거나 축소하기도 용이하다.

한편 클라우드 컴퓨터 업체에 보안과 프라이버시 데이터 관리를 의존해야 하고 서비스에 대한 통제권이 보다 제한되며, 내부 LAN 망에 비해 속도가 느린 WAN 망으로 시스템을 원격 관리해야 한다는 것이 단점으로 지적된다.

예를 들어 항공기에는 블랙박스라고 하는 음성과 데이터 저장장치가 설치되어 있다. 사고 후 잔해로부터 이 블랙박스를 회수하는 것은 굉장히 어려운 일이다. 만약 실시간으로 항공기 운항에 대한 정보가 위성을 통해 안전한 클라우드 스토리지에 저장된다면 좀 더 효율적으로 항공기 운항을 모니터링 할 수 있고 언젠가는 블랙박스도 사라질 것이다. 클라우드 컴퓨팅은 성장하고 있는 산업이다. 기대에 맞는 서비스를 제공하고 비용도 적게 들며 편리하기 때문이다. 개인과 IT 전문가들은 장단점을 따져 그들 요구에 맞는 클라우드를 선택해야 할 것이다. 자체 보유 시스템과 보안 클라우드 그리고 공개 클라우드의 조합이 최상의 선택이라고 여겨진다. FOSS 클라우드와 같은 공개 무료 클라우드를 통해서 개인화된 클라우드 서비스를 제공하는 것이 용이해졌다.

지금까지 우리는 유무선 LAN/WAN 그리고 인터넷에 대해 간략하게 알아보았다. 다음 장에서는 월드 와이드 웹(WWW)에 대해 더 집중적으로 다룰 것이다.

네트워크가 복구되었고 온라인에 연결되었다. 마침내 이메일을 열어볼 수 있고, 스카이프로 통화가 가능하며, 구글 플러스로 친구와 대화할 수 있다. 인생은 만족스럽고, 당신의 메신저에서 송신되는 메시지는 확신에 차있으며, 이 상황에 감사하고 있다. 인터넷에 연결되어 정말 감사한다.

연습문제

5.1 트리는 그래프인가? 트리 구조와 그래프 구조의 차이점은 무엇인가?

5.2 네트워크에서 터미널 노드는 무엇인가? 인터널 노드는?

5.3 홈 LAN에 사용되는 라우터는 무엇인가? 그것의 역할은?

5.4 다가오는 5G 모바일 네트워크 기술을 기술하고 4G와 비교하시오.

5.5 네트워크 프로토콜이란 무엇인가? 세 가지 예를 들어보시오.

5.6 IP 주소란 무엇인가? 도메인 이름이란? 이들의 관계는?

5.7 네트워킹에서 클라이언트와 서버 모델에 대해서 기술하시오.

5.8 패킷 스위칭이란? 예를 들어보시오.

5.9 DNS란 무엇이며 인터넷에서 왜 중요한가?

5.10 [컴퓨팅 사고력 적용] 당신의 관점에서 인터넷이 인류에 미친 영향 Top 3가지를 기술하시오.

5.11 [컴퓨팅 사고력 적용] 수신자에게 보다 쉽게 이메일을 보낼 수 있는 어떤 방법을 추천할 것인가? 강사에게 당신이 추천하는 방법으로 이메일을 보내서 숙제를 완료하시오.

5.12 [컴퓨팅 사고력 적용] 이메일로 숙제를 제출하는 스텝 바이 스텝 플로차트를 만드시오. 어떤 사람(당신의 여동생도)도 정확하게 그 절차를 따라 할 수 있을 만큼 상세하게 만들어야 한다.

5.13 [컴퓨팅 사고력 적용] Y2K 문제를 보자. Y2K 문제를 해결하기 위해 "간접적"인 아이디어를 어떻게 적용할 것인가?

5.14 [컴퓨팅 사고력 적용] 클라우드는 매우 유용하다. 당신의 CT에 어떤 영감을 주는가?

5.15 [컴퓨팅 사고력 적용] 미국의 9/11 테러와 말레이시아의 370 미스터리 비행을 조사해 보자. "우리는 매 순간 핸드폰이 어디 있는지 알 수 있다. 어떻게 그렇게 큰 비행기가 실제 상황에서 흔적도 없이 사라졌는지?"당신의 의견을 제시하시오.

5.16 [그룹 토론 주제] 정보 고속도로 대 실제 고속도로

5.17 [그룹 토론 주제] 망(Net) 중립성(neutrality)

5.18 [그룹 토론 주제] 교통(Traffic)과 수송(transportation)의 안전성과 스마트폰

Chapter 06

웹(Web)
(Home Sweet Homepage :-))

>>>
웹(Web)(Home Sweet Homepage :-))

"안녕하세요, 로라, 만나게 되어 반갑습니다. 저희 웹 사이트를 방문해주시고(명함을 건네주며), 저와 저희 회사에 대한 모든 정보를 찾아보세요." 또는 "믿어지니? 여기를 한번 봐(이메일에서)." 혹은 "메뉴를 봐, 우리가 함께 할 저녁이 기다려지는 걸." 오늘날 전 세계 통신망(World Wide Web)에서 사이트를 구축하지 않았거나 구축할 계획이 없는 조직이나 전문가는 없다.

웹 사이트는 도메인(domain) 이름을 제공한다(예를 들면 BigBadWolf.com). 그런 다음 someone@BigBadWolf.com 같은 형태의 이메일 주소를 갖게 된다. 주의할 점은 웹 사이트와 이메일 주소를 당신의 명함에 넣는 것을 잊지 않는 것이다. 당신은 웹 페이지와 모든 사람들이 이용할 수 있는 다른 정보들을 당신의 사이트에 업로드 할 수 있다. 이것은 시작에 불과하며 더 많은 이점들이 존재한다.

5.9절에서 설명했듯이 웹 서비스는 클라이언트와 서버 모델을 사용한다. 웹 서버와 클라이언트는 TCP/IP 상단에서 HTTP(Hypertext Transfer Protocol)와 HTTPS(Secure HTTP) 응용계층(application-level) 프로토콜을 사용하여 통신한다[그림 5.9]. HTML(Hypertext Markup Language)은 웹 페이지를 만들기 위해 사용된다. 웹상에서 사용 가능한 리소스들은 URL(Universal Resource Locator)이라고 알려진 자신의 웹 주소에 의해 검색된다(예를 들어 CT 웹 사이트는 http://computize.org에 존재한다).

웹의 세계적인 영향은 우리에게 크든 작든 어마어마한 이점들을 제공해 주었다. 그리고 많은 사람들이 블로그(blog), 마이크로 블로그(microblog)를 사용하여 각계각층에서 세상을 변화시키기도 하고, 온라인 미디어를 사용하여 자신들을 표현하기도 한다. 웹 자체와 웹이 어떻게 동작하는가를 이해하는 것이 모두에게 중요하다는 것은 두 말할 나위도 없다.

6.1 웹 서버란 무엇인가?

웹의 핵심 성공 요소는 정보를 웹에 업로드 하는 비용이 저렴하다는 것이다. 당신은 웹사이트에 파일을 업로드하기 위하여 웹 호스팅 서비스를 찾는다. 인터넷 연결이 잘되어 있다면 어떤 인터넷 호스트라도 웹 호스팅(web hosting)을 제공할 수 있다. 웹 호스트는 웹사이트를 위해 웹 페이지, 사진, 오디오, 비디오 파일, 웹 콘텐츠를 생산하는 프로그램을 저장하기 위한 공간을 제공한다. 더욱 중요한 것은 웹 호스트는 저장된 웹 사이트를 웹상에서 접근할 수 있게 하는 웹 서버 프로그램을 운영한다는 것이다는 것이다.

많은 수의 웹 서버가 존재하지만 apache.org의 오픈 소스 웹 서버 아파치(apache)가 가장 우위를 점하고 있다. Web Technology Surveys(2015년 3월)에 따르면 주요 웹 서버의 시장점유율은 아파치가 58.4%, NGINX가 23.3%, 마이크로소프트(Microsoft)–IIS 13.2%로 조사되었다.

웹 서버 프로그램은 서버 호스트 상의 구체적인 네트워킹 포트(networking port)와 요청을 수신하고 응답을 보내기 위해 HTTP와 HTTPS를 따른다. 표준 HTTP 포트는 80이지만 8080과 같이 다른 포트가 지정될 수 있다. 표준 HTTPS 포트는 443이다.

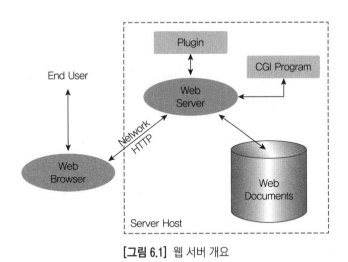

[그림 6.1] 웹 서버 개요

들어오는 요청에 응답하기 위해 서버는 서버 호스트에 저장된 파일로부터 정적인 문서를 반환하거나, PHP 스크립트와 같이 요청에 의해 지시된 프로그램으로부터 동적으로 생성된 문서를 반환한다[그림 6.1].

단일 스레드 서버(single-thread server)는 한 번에 하나의 요청을 다루는 반면, 다중 스레드 서버(multithread server)는 동시에 발생하는 다수의 요청들을 다룰 수 있다. 서버 호스트는 들어오는 요청들의 처리속도를 향상시키기 위해 보통 다수의 웹 서버 복사본을 가진다.

서버 호스트 상에서 웹 페이지와 웹으로부터 접근되는 다른 파일들은 웹에서 접근되기 이전에 반드시 웹 서버의 문서 공간에 위치해 있어야 한다. 문서 공간의 상위 폴더는 서버 루트로 알려져 있다. 접근, 파일, 문서 공간 안의 폴더들을 통제하기 위해서는 웹 상에 전달되기 전에 반드시 올바른 접근 허가를 받아야만 한다.

6.2 웹 브라우저

웹의 성공을 위한 또 다른 결정적인 요소는 웹 탐색을 사용하기 쉽게 제공되는 클라이언트(브라우저)이다.

우리는 데스크톱, 노트북, 태블릿, 스마트폰 등을 사용하여 인터넷 상에 있는 어떤 웹에도 접근이 가능하다. 인기 있는 웹 브라우저는 [그림 6.2]와 같다.

[그림 6.2] 상위 다섯 개의 브라우저

- 공급업체 소유 – 구글 크롬(모든 플랫폼), 인터넷 익스플로러(마이크로소프트 윈도우), 사파리(Max OS X와 iOS)
- 모든 플랫폼을 위한 오픈 소스 – 파이어폭스, 오페라 외 다수

인기의 관점에서 구글 크롬과 파이어폭스가 각각 시장에서 56%와 30%를 차지하고 있다.[1]

---

1) W3school의 2014년 통계치

브라우저는 웹 서핑에 있어 좋은 경험을 만들어 준다. 브라우저는 탐색기록을 유지하고, 즐겨찾기를 기억하여 정리하며, 사용자 ID와 비밀번호를 다른 사이트를 위해서 안전하게 저장하고, 속도를 위하여 캐시하고, 편의를 위해 다수의 탭을 지원하고, 브라우저 홈페이지(시작 페이지), 폰트, 색상, 보조 응용프로그램 등에 대하여 높은 수준의 개인맞춤기능을 사용할 수 있게 한다.

웹에 끊임없이 접근한다는 것은 중요하고 재미있는 일이다. 안드로이드 태블릿과 스마트폰은 구글 크롬을 사용한다. 애플 기기들은 사파리를 사용한다. 윈도우 폰은 인터넷 익스플로러를 사용한다. 기업들은 그들의 정보와 서비스에 접근하기 위한 전용 모바일 어플리케이션을 제공한다.

6.3 웹에 관한 짧은 역사

웹은 1980년대 말에 시작되었다. 1989년에 유럽입자물리연구소(CERN)의 팀 버너스 리(Tim Berners-Lee)는 사람들이 정당하고 유용하게 인터넷에 접근하는 데 알맞은 기술들을 개발하기 시작했다.

- URL - The Uniform Resource Locator
- HTML - The Hypertext Markup Language
- HTTP - The Hypertext Transfer Protocol

버너스 리는 또한 최초의 웹 브라우저와 서버를 제작하였다.

HTML의 원리는 단순해서 웹 페이지를 배우고 게시하기 쉽다. 이것으로 웹 페이지는 인기를 얻게 되었다. 1992년부터 1993년 동안 NCSA(National Center for Supercomputing Applications, US)의 한 그룹에서는 비주얼/그래픽 브라우저인 모자이크(Mosaic)를 개발했다[그림 6.3]. 모자이크는 이미지 지원, 중첩 목록, 채우기 폼 등을 추가하며 웹의 폭발적인 성장을 가져오게 되었다. 1994년 모자이크 프로젝트의 구성원들은 넷스케이프(Netscape)의 시작을 도와주었다[그림 6.3]. 같은 시기에 W3 컨소시엄(W3C)이 구성되었고, 웹에 대한 표준화와 개발을 위한 산업지원조직으로써 MIT에 자리를 잡게 되었다.

[그림 6.3] 모자이크와 넷스케이프

6.4 URLs

웹은 인터넷 상에서 이용 가능한 많은 종류의 리소스들을 확인하기 위해서 URL (Uniform Resource Locators)을 사용한다. URL은 정보를 요청하고 검색하기 위해 웹 브라우저에 서 사용된다. 우리는 URL이 웹 페이지의 위치를 찾을 수 있다는 것을 알고 있다. 또한 URL은 인터넷, 웹 서비스뿐만 아니라 사진, 이미지, 오디오, 비디오 등을 확인할 수 있다.

URL은 보통 다음과 같은 형식을 갖는다.

scheme://serverhost:port/pathname?query_string

URL은 몇 개의 파트(part)로 구성되어 있다. URL을 분석해 보자.

- 방식(scheme) 부분은 정보 서비스 유형을 나타내며 프로토콜에 해당한다. 일반적인 방식은 http(웹 서비스), ftp(파일 전송 서비스), file(파일 시스템), https(보안 웹 서비스), sftp(보안파일 전송 서비스)를 포함한다. 많은 다른 방식은 www.w3.org/addressing/schemes에서 찾아볼 수 있다. http는 기본 방식이기 때문에 뒤에 :// 가 오기도 하고 때론 http://가 생략되기도 한다.
- 서버 호스트(server host) 부분은 방식(://)으로부터 분리되어 있으며 도메인 이름이나 서버 호스트를 확인하는 IP 주소로 구성되어 있다.
- 포트(port) 숫자는 선택적인 값이다. 포트 숫자는 호스트 상에 네트워킹 채널을 확인하기 위해 주어진 접두어 :과 함께 따라다니는 숫자이다. 표준 인터넷 서비스는 기본 포트가 할당되어 있다(예를 들면 HTTP는 80, HTTPS는 433이다). 포트 숫자는

오직 서버 프로그램이 자신의 기본 포트를 사용하지 않는 경우에만 필요하게 된다.

- 경로 이름(path name) 부분은 선택적인 값이다. 만약 경로 이름이 생략되어 있다면 URL이 웹 사이트의 호스트 페이지(site entry)를 가져온다. 경로 이름은 서버 호스트 상에 서버 루트 폴더와 관련하여 접두어 /가 따라다니는 파일 이름이다. 만약 이 경로 이름이 뒤에 /문자가 따라온다면 이것은 데이터 파일이 아닌 디렉터리를 나타낸다.

- 검색 문자열(query string)은 선택적인 값이다. 경로 이름이 동적으로 HTML이나 반환하기 위한 유효한 파일의 실행 가능한 프로그램(executable program)을 동작시키는 경우에 물음표(?) 뒤에 위치하는 검색 문자열은 실행 가능한 프로그램에 입력값을 제공한다. 검색 문자열은 &로 구분되는 name=value 쌍의 형태를 가진다.

다음에 몇 가지 예시가 있다.

http://www.kent.edu	(Ket State U. homepage)
http://w3.org/	(W3C site)
https://chase.com	(Chase Bank secure site)
http://computize.org/example.html	(CT site example page)
https://amazon.com/.../home?ie= UTF8	(amazon.com after login)
ftp://webtong.com	(Public FTP webtong.com)
file:///C:/Users/pwang/Desktop/a.jpg	(Picture on local Desktop)

URL은 웹 운영에 있어서 핵심적인 부분이다. 대상 리소스에 접근하기 위해 유효한 URL을 어느 웹 브라우저라도 주소 입력줄에 입력할 수 있다. URL이 디렉터리를 나타내는 경우, 웹 서버는 보통 자신의 디렉터리를 위해 전형적으로 index.html이라는 이름의 인덱스 파일을 반환한다. 그렇지 않으면 웹 서버는 디렉터리 내의 파일 이름 목록을 반환한다. 따라서 URL http://cnn.com은 http://cnn.com/index.html과 같다.

URL은 다른 웹 페이지, 리소스, 내부나 외부의 특정 웹 사이트를 연결하기 위해 웹 페이지 내에서도 사용된다. 웹 페이지 간의 교차연결은 세계적으로 전 세계 웹 구조를 형성한다. 이런 방식으로 인해 이메일, PDF, 문서 편집기, 발표 도구, 쉘 윈도우 등을 포함하는 많은 응용프로그램들이 http URL을 인식하고 URL을 클릭하는 순간 웹 브라우저가 실행된다.

상대적 URLs

HTML 문서 안에서는 오직 URL의 경로 이름 부분을 제공함으로써 같은 웹 페이지 내의 또 다른 문서를 연결할 수 있다. 다음과 같은 연결이 상대적 URL의 예시이다.

- 슬래시(/) 뒤에 따라다니는 상대적 URL은(예를 들어 /file_xyz.html) 웹 서버에 의해 통제되는 상위 계층의 디렉터리인 서버 루트에 속해 있는 파일을 참조한다.
- 슬래시(/)가 없는 상대적 URL은 검색한 내용 안에 URL을 포함하는 문서의 위치와 관련 있는 파일을 가리킨다. 따라서 단순한 file_abc.html은 현재 문서로써 같은 디렉터리 내의 해당 파일을 참조한다.

> ### CT: 암묵적인 맥락 인지하기
> 암묵적 맥락을 인지하라.
> 그것은 편리함과 효율성을 가져올 수 있다.
> 혹은 혼란과 오해를 가져올 수 있다.

암묵적 맥락은 어디에나 존재하며 항상 발생한다. 지역번호를 사용하여 다이얼을 누를 때, 우리는 국가번호나 지역번호를 생략한다. 국내에서 편지를 보낼 때 국가를 나타낼 필요가 없다. 친구에게 주소를 알려줄 때, 우리는 나라, 주(州), 심지어 도시 이름도 생략한다. 인터넷 상에서 내부 도메인 cs.kent.edu는 tiger.cs.kent.edu를 단순히 tiger로 호스트를 참조할 수 있다.

웹 사이트를 구축할 때, 되도록이면 현재 페이지에 관련한 URL을 사용하는 웹 페이지를 특정 규칙으로 구조화하는 것이 바람직하다. 이것은 웹 사이트의 파일/폴더 구조를 알아보는 것과 웹 사이트 전체를 로컬 파일 시스템 상에서의 다른 위치 혹은 다른 서버 호스트로 이동시키는 것을 쉽게 만들어 준다.

또한 의사소통을 할 때, 화자들은 반드시 동일한 암묵적 맥락을 사용해야 한다. 그렇지 않으면 오해의 소지가 생기게 된다. 예를 들어 "당신은 솔직해져야 합니다."라는 문장은 당신의 원칙을 이야기하는 것일 수도 있고 비난하는 것일 수도 있다. 일주일 중의 하루는 일주일과 관련이 되어 있다. 그러므로 사람들은 반드시 이메일이나 문자를 읽을 때 보낸 날짜와 시간에 주의해야 한다(세부적인 것은 4.6.1절 참조). 그러나 왜 다른 사람들이 주의를 기울이는 것에 의존해야 하는 것일까? "토요일", "어제", "내일", "다음주"와 같은 용어 대신 우리는 항상 구체적인 날짜와 시간을 우리의 메시지 속에 반영해야 한다.

교묘한 광고 속에서 암묵적 맥락은 종종 잘못된 경로로 유도하기 위해 사용된다. 왜 법률 문서가 길고 반복적이고 형식적인 것인지는 두말할 필요도 없다.

6.4.1 URL 인코딩(Encoding)

URL 명세서(RFC1738) 문서에 따르면 오직 다음의 문자들만이 URL 안에 직접적으로 포함된다.

- 예약 문자: URL 문법을 지원하는 목적으로 사용되는 ! * ' ( ) ; : @ & = + $ / ? # [ ]
- 비예약 문자: 0-9, a-z, A-Z, $ - _ . ~

공백문자, 개행문자, \, "와 같은 문자들, 예약된 문자들은 URL 문법을 위해 사용되지 않으며, 중국어와 같은 비 ASCII(2.6.1절) 유니코드 문자들은 직접 URL로 사용할 경우 불안정한 문제들을 유발한다. 이러한 문자를 포함시키기 위해서는 다음과 같은 퍼센트 인코딩 규칙을 따라야 한다.

- 불안정한 아스키(ASCII) 문자를 퍼센트 인코딩하기 위해서는 아스키 문자를 세 개의 문자열 %hh로 바꾸어주어야 한다. hh는 16진수 문자의 바이트 코드이다. 예를 들어 ~는 %7E이고 공백문자는 %20이다. 따라서 파일 "chapter one.html"의 상대적 URL은 chapter%20one.html이 된다. 이상한 이름의 문서 파일 Indeed?.pdf는 Indeed%3F.pdf가 된다. 이유는 분명하다. 인코딩이 되지 않은 물음표(?) 문자 때문에 .pdf를 파일 이름의 일부분이 아닌 검색 문자열로 만든다.
- 비아스키 문자를 퍼센트 인코딩하기 위해서 UTF-8은 문자를 두 개 혹은 더 많은 바이트로 인코딩한 다음 각각의 바이트를 퍼센트 인코딩한다. 예를 들면 다음과 같다.

U+738B	王	%E7%8E%8B
U+58eb	士	%E5%A3%AB
U+5f18	弘	%E5%BC%98

데모 보기: 상호작용 도구를 위한 CT 웹 사이트의 퍼센트 인코드

한 사람이 어떤 활동을 하기 위해 다양한 역할을 맡는 경우는 흔하지 않다. 예를 들어 한 경찰은 당번이거나 비번이 될 수 있다. 하나의 문(door)은 입구가 될 수도 있고 출구가 될 수도 있다. 하나의 길은 한 방향이거나 양방향이 될 수도 있다. 종종 뚜렷한 차이는 혼란을 피하기 위해서 중요하다. 우리는 표식으로 다른 모자, 라벨, 사인, 유니폼을 착용하거나 사용한다. 한 방향 길의 경우, 표지판은 삶이나 죽음을 나타낼 수 있다.

컴퓨터에 사용할 때 문자들은 종종 다양한 임무를 수행해야만 한다. 키보드 위의 문자들의 수가 각각 다른 상황에서 다양한 요구를 충족시키기에는 충분하지 못하다는 단순한 이유가 있기 때문이다. 예를 들어 프로그래밍에 있어서 언어, 문자열들은 큰 따옴표 사이에 놓이게 된다. 그러나 이러한 점은 "만약 큰 따옴표가 문자열의 한 부분이라면?"이라는 질문을 하게 만든다. 문제는 큰 따옴표가 문자열의 구획 문자 그리고 단지 하나의 문자라는 두 가지 역할을 수행하는 것에서 기인한다. 그렇다면 해결 방법은 무엇일까? 따옴표가 문자열로 인식되는 것을 막기 위해서 큰 따옴표 앞에 역 슬래시(\)를 배치하는 것이다. 다음의 자바스크립트 코드가 한 예이다.

```
str_a = "The double quote (\") character.";
```

두 개의 역 슬래시를 사용하면 문자열에서 하나의 문자로 인식되지 않는다.

```
str_b = "The backslash (\\) character.";
```

탈출 문자(escape character)는 이러한 방법으로 문자열 안에서 다음 문자를 위한 직책이나 라벨과 같은 기능을 수행한다. URL의 퍼센트 인코딩도 기본적으로 같은 방식이다. % 문자는 2개의 문자 시퀀스 방법을 사용하여 구분하는데 이는 임의적인 바이트를 나타낸다. 다시 말해 문자 %는 반드시 URL의 부분이 되기 위해서 퍼센트 인코딩(%25)이 되어야 한다.

6.5 HTML과 HTML5

HTML(Hypertext Markup Language)은 수신하는 입장인 웹 클라이언트가 간편하게 사용할 수 있는 웹 페이지 콘텐츠를 구조화하기 위해 사용된다. HTML은 1989년도에 시작되었고 끊임없이 진화하고 성숙해왔다. 또한 HTML 4.0의 시작과 함께 W3C(World Wide Web Consortium)와 웹에 대한 표준 기구의 활발한 지원으로 표준화되었다. 나중에는 HTML 4.0과 XML(9.7.1절 eXtensible Markup Language)을 호환함으로써 XHTML이 널리 사용되는 새로운 표준이 되었다. 오늘날 웹은 HTML 표준의 다음 세대인 HTML5로 옮겨가고 있다. HTML5는 많은 수의 새로운 기능과 API(Application Programming Interface)를 제공해준다. HTML5는 동적인 사용자 상호작용 제공과 웹을 좀 더 유용하고 강력한 도구로 변화시켜 주는 것을 보다 쉽게 만든다.

HTML로 작성된 문서는 마크업 태그(markup tag)로 배치된 평범한 텍스트를 포함하고, .html 파일 이름 확장자를 사용한다. 태그는 헤딩(heading), 섹션(section), 문단(paragraph), 인용(quotation), 이미지, 오디오, 비디오, 링크 등으로 페이지의 일부를 표시한다. 따라서 HTML 파일은 콘텐츠와 HTML 태그, 즉 두 가지 종류의 정보로 구성된다. HTML 코드는 콘텐츠의 자동처리를 쉽게 하기 위해 웹 페이지 구조와 구조 정보를 제공한다. HTML 태그는 〈tag〉 형태를 취한다. 〈h1〉과 같은 태그의 시작은 끝과 구분하기 위해 〈/h1〉과 같은 태그의 형태 한 쌍을 이룬다(레벨 1 섹션 헤더). 〈표 6.1〉은 자주 사용되는 태그의 일부를 나열한 것이다.

다음은 HTML5 페이지의 예시이다(Demo: Sports).

```
〈!doctype html〉
〈html xmlns="http://www.w3.org/1999/xhtml"
        lang="en" xml:lang="en"〉
〈meta charset="UTF-8"/〉
〈head〉 〈title〉A Basic Webpage〈/title〉 〈/head〉
〈body〉〈section〉
    〈h1〉Big on Sports〈/h1〉
    〈p〉Sports are fun and good for you …〈/p〉
```

Meaning	HTML Tag	Meaning	HTML Tag
Entire page	〈html〉…〈/html〉	Paragraph	〈p〉…〈/p〉
Meta data	〈head〉…〈/head〉	Unnumbered list	〈ul〉…〈/ul〉
Page title	〈title〉…〈/title〉	Numbered list	〈ol〉…〈/ol〉
Page content	〈body〉…〈/body〉	List item	〈li〉…〈/li〉
Level n heading	〈hn〉…〈/hn〉	Comment	〈!--…--〉

〈p〉What is your favorite sports? …

And here is a short list: 〈/p〉

〈ol〉

　〈li〉 Baseball 〈/li〉 〈li〉 Basketball 〈/li〉

　〈li〉 Tennis 〈/li〉 〈li〉 Soccer 〈/li〉

〈/ol〉

〈/section〉〈/body〉〈/html〉

[그림 6.4]는 파이어폭스 브라우저를 통해 표시된 "Big on Sports" 페이지를 보여준다.

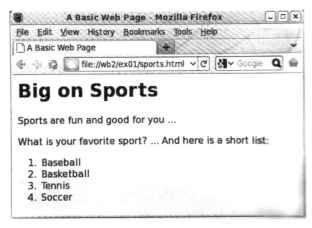

[그림 6.4] 샘플 웹 페이지

이 아이디어는 새롭거나 놀라운 것이 아니다. 예를 들어 우리는 이 교재를 챕터, 섹션, 서브 섹션으로 정리하였다. 이 교재는 다른 내용들 사이에서 목록과 목차를 갖고 있다. 정리는 헤더, 페이지 포맷, 시각적 관례를 통해 이루어진다.

웹 페이지와 같은 원본 문서를 위해, 마크업 요소(markup elements)들이나 태그는 헤딩, 문단, 테이블, 이미지, 인용, 링크 등과 같이 파트의 시작과 끝을 나타내기 위해 사용된다. 마크업 문서는 호스트 컴퓨터를 수신하는 응용프로그램에 의해 쉽게 전송되고 처리될 수 있다.

6.6 웹 페이지 스타일링

HTML이 페이지 구조에 신경을 쓰는 반면, 정보가 최종 사용자에게 보여지는 부분은 사용자 정의 스타일링 설정, 웹 페이지의 스타일 규칙, 웹 브라우저에 의해 통제된다.

스타일 규칙은 Cascading Style Sheets(CSS)로 부호화되고 웹 페이지의 다른 부분에 첨부된다. 스타일 규칙은 보통 웹 페이지와 떨어진 파일 안에 위치한다. 페이지 구조로부터 페이지 스타일을 분리하는 것은 웹 디자이너들이 다른 페이지에서 스타일 규칙을 재사용하고, 전체 페이지에 걸쳐서 일관성 있는 시각적 스타일링을 가능하게 만들어준다.

예를 들어 우리가 만약 모든 레벨 1의 헤더를 다크 블루로 만들기를 원한다면, 우리는 CSS 규칙을 사용할 수 있다.

```
h1 { color: darkblue }
```

따라서 CSS는 웹 페이지를 사람들로 하여금 읽기 쉽게 만들어 주는 반면, HTML은 웹 페이지를 프로그램이 읽기 쉽게 만들어 준다.

CSS는 더 많은 특징과 다양한 스타일링 요구를 위한 기능을 제공하기 위해 수년 동안 진화해 왔으며, 현재의 스타일링 표준은 CSS3이다. HTML에 대한 테스트와 CSS의 데모는 CT 사이트의 CodeTester에서 확인할 수 있다.

6.7 웹 호스팅

웹 호스팅은 개인과 조직들의 웹 사이트 구축을 위한 서비스이다. 이런 이유로 웹을 구축하는 것은 다음의 두 가지와 관련이 있다.

1. 페이지의 디자인과 구축, 웹 사이트를 위한 프로그램 제작
2. 호스팅 서비스를 이용한 복잡한 사이트 배치

전문대학과 대학교들은 학생들과 교직원들을 위해 개인적이고 교육적인 사이트를 무료로 제공해 준다. 웹 호스팅 회사들은 유료로 서비스를 제공한다.

상업적인 웹 호스팅은 안전한 데이터 센터(빌딩), 빠르고 신뢰성 있는 인터넷 연결, 호스팅 컴퓨터, 서버 프로그램과 유틸리티, 네트워크와 시스템 보안, 정기적인 백업, 기술지원을 제공할 수 있다. 각각의 호스팅 계정은 상당한 양의 디스크 용량, 매월 네트워크 트래픽 허용량, 이메일 계정, 웹 기반 사이트 관리와 유지보수 도구, FTP와 SSH/SFTP와 같은 다양한 접근 기능을 제공한다.

> **CT: 웹 사이트 진짜로 사용하기**
> 당신의 웹 사이트를 진지하게 사용하라.
> 웹 사이트를 적절하게 관리하라.
> 웹 사이트를 꾸준하게 업데이트하라.
> 당신 조직의 웹 사이트를 필수적인 부분으로 만들어라.

웹 사이트는 정적인 온라인 광고보다 훨씬 더 효과적이다. 웹 사이트는 전 세계를 향한 창문이다. 웹 사이트의 모든 이점을 활용하면 조직을 더 효과적이고 효율적으로 만들 수

있다. 사이트의 접근, 수정, 관리를 회사 운영에 통합시켜 보자. 이때 사이트의 정보는 항상 최신으로 유지하는 것을 잊지 말아야 한다.

주어진 도메인 이름으로 사이트를 호스팅하기 위해 호스팅 서비스는 호스팅된 사이트에 할당된 IP 주소에 도메인 이름을 연결한다. 도메인에서 IP 주소로 이어지는 연결은 DNS 서버를 통해서 만들어지고 웹 서버 설정들은 호스팅 서비스에 의해 관리된다.

CT: 온라인 정보와 관련하여 주의할 점

비판적으로 보라: 온라인의 모든 것을 믿지 마라.

거짓을 퍼뜨리는 것을 피하라.

디지털 시대에서 온라인의 손쉬운 공유는 강력하고 긍정적인 힘이다. 인터넷과 이메일에 의한 웹의 모든 종류의 이용 가능한 정보와 함께 우리는 반드시 날카롭게 이러한 모든 정보가 정확하거나 심지어 거짓일 수 있다는 불편한 사실을 반드시 인지하고 있어야 한다. 웹 검색을 조금만 깊게 파고들어도 우리가 원하는 것을 대부분 찾을 수 있다. 지금까지 친구들의 소문, 거짓, 근거 없는 비난, 입소문을 내기 위한 악의적인 정보를 무의식적으로 너무 많이 전송해 왔다. 우리는 이러한 어리석은 일에 참여해서는 안 된다.

6.8 웹 페이지의 동적 생성

웹 페이지는 미리 결정된 콘텐츠를 지원하기 위해 일반적으로 사전에 준비되고 설정된다. 이러한 고정된 페이지는 정적(static)인 특징을 가진다. 웹 서버는 서버 측에서 프로그래밍을 함으로써 전송 중에 생성된 동적(dynamic)인 페이지를 보낼 수 있다. 동적 페이지는 다음과 같이 많은 장점을 가지고 있다.

- 사용자 로그인 관리 및 대화형 세션 통제
- 언제, 어디서, 누가, 검색된 프로그램에 따른 문서의 최적화
- 사용자 입력 수집(HTML 형태), 입력 값 처리, 들어오는 정보에 대한 응답 제공
- 웹에서의 데이터베이스 내의 정보 검색 및 업데이트

- 들어오는 요청을 적절한 페이지로 연결(예를 들어 모바일 사이트로 재연결)
- 발신 문서에 대한 정책 적용

동적 웹 페이지는 마법이 아니다. 고정된 파일을 검색하는 대신에 웹 서버는 문서를 처리하기 위한 또 다른 프로그램이 다른 기능들을 반환하거나 수행하라고 요청한다. 그러나 이와 같이 모든 프로그램이 웹 서버에서 사용될 수 있는 것은 아니다.

웹 서버는 서버 측 프로그램을 호출하여 프로그램을 작동시키고, 인수를 서버 측 프로그램에게 전달하고 생성된 결과값을 받는다. 이런 프로그램은 반드시 웹 서버와 작동된 프로그램이 어떻게 상호작용하는지에 대해 규정하고 있는 공통 게이트웨이 인터페이스(Common Gateway Interface)를 따라야 한다[그림 6.5].

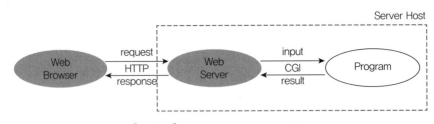

[그림 6.5] Common Gateway Interface

공통 게이트웨이 인터페이스(CGI) 프로그램은 그것이 CGI를 따르고 있다면 어떠한 프로그래밍 언어로도 작성할 수 있으며, 웹 서버에 의해 작동될 수 있다. 웹 서버와 CGI 프로그램은 각각 독립된 프로세스로 실행되며, 프로세스 간 통신을 통해 상호작용하거나, 외부 프로그램이 서버로 적재될 수 있고, 플러그 인 모듈(plug-in module)로써 실행된다.

6.8.1 액티브 서버 페이지

페이지의 동적 생성은 웹 페이지가 웹 서버에 의해 다루어지는 액티브 파트(active part)를 포함하도록 하여 웹 페이지 디자인과 구조와 함께 더 단순하고 통합적으로 만들어지고, 페이지로 보기 좋게 즉석에서 변형된 콘텐츠는 클라이언트 브라우저로 검색되고 반환된다.

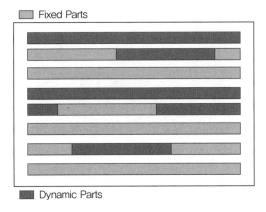

[그림 6.6] 액티브 페이지

하나의 페이지 안의 동적인 부분은 페이지 내의 고정된 부분으로부터 뚜렷하게 구분하기 위해 몇 가지 종류의 표기법으로 작성된다. ASP(Active Server Pages), JSP(Java Server Pages), PHP(Hypertext Preprocessor)를 예로 들 수 있다. PHP의 경우, 액티브 파트는 〈?php …?〉 처럼 괄호 안에 놓이게 되고, HTML 페이지나 다른 종류의 웹 문서에 바로 이식된다. 예를 들어 액티브 페이지 안의 코드는 다음과 같다.

〈p〉Today's date is: 〈?php echo(date("I M. d, Y")); ?〉〈p〉

날짜는 HTML 문단에 동적으로 계산되고 삽입된다. 결과는 다음과 같이 생성된다.

Today's date is: Wednesday Sep. 2, 2015

동적인 부분이 웹 서버에 적재된 모듈(module)에 의해 다루어지는 경우, 외부 CGI 프로그램에 비해 처리는 더욱 빠르고 효율적이게 된다. PHP는 보통 아파치 모듈(apache module)로서 동작하며 훌륭한 서버 측 프로그래밍과 지원을 제공해줄 수 있다.

6.8.2 데이터베이스 접근

동적 웹 페이지는 데이터베이스 내의 축적된 정보로부터 종종 생성된다(9.10절). 데이터베이스는 특정 목표를 위해 효율적으로 조직된 데이터들의 모음이다. 데이터베이스 시스템은 데이터베이스 내의 정보에 대한 접근과 업데이트를 위해서 SQL(Structured Query Language, 9.10.2절) 표준을 사용한다.

[그림 6.7] 데이터베이스 함수

데이터베이스의 사례로는 직원 데이터베이스, 멤버십 데이터베이스, 고객 계정 데이터베이스, 항공(호텔) 예약 데이터베이스, 사용자 피드백 데이터베이스, 물품 데이터베이스, 공급자 혹은 하도급업자 데이터베이스 등이 있다.

관계형 데이터베이스 시스템(Relational Database Systems, RDBMS, 9.10.1절)은 관계형 데이터베이스의 관리와 동시 접속을 지원한다. 관계형 데이터베이스는 데이터를 축적하고 정리하고 검색하기 위해 테이블을 사용한다.

오늘날 빠르게 변화하는 시대에서 데이터베이스에 대한 온라인 접근은 기업과 조직을 위해 갈수록 중요해지고 있다. 온라인 접근을 제공하기 위해 웹 인터페이스를 사용하는 것은 이제 일반적인 것이 되었다. 게다가 사용자 계정, 상품 재고, 블로그, 커뮤니티 활동 등 데이터베이스에 대한 접근을 제공하기 위해, 많은 웹 사이트들은 그들의 목적을 위해 데이터베이스를 활용한다.

6.9 클라이언트 측 스크립팅

현대의 브라우저들은 비디오와 오디오를 포함하여 키보드, 마우스, 터치스크린 등의 편리한 사용자 인터페이스를 제공함으로써 모두에게 웹을 유용하게 만들어준다.

웹 브라우저의 활동은 웹 페이지 안에서 프로그래밍을 함으로써 정의되고 통제될 수 있다. 이러한 프로그래밍은 최적화된 사용자 경험을 지원할 수 있고, 사용자들을 위해 웹 페이지를 좀 더 즉각적으로 응답하고 유용하게 만들어줄 수 있다. 프로그램은 브라우저 내에서 실행되고 이는 클라이언트 호스트, 웹에 접근하기 위해 사용되는 컴퓨터에서 실행된다. 주요 브라우저들에 대해서 자바스크립트는 클라이언트 측 프로그래밍을 위한 표

컴퓨팅 사고력과 소프트웨어의 이해

준화된 스크립팅 언어이다. 자바스크립트 언어 표준은 ECMA(European Computer Manufacturer Association)에 의해 개발되고 유지되어 왔으며, ECMAScript로도 알려져 있다(ecma-international.org).

자바스크립트와 함께, 웹 페이지는 사용자 인터페이스 이벤트에 대한 반응을 정의할 수 있고, 페이지의 화면, 변화, 업데이트를 보여주는 동안 혹은 페이지를 조작하는 동안 페이지 서버의 사용자 입력, 정보 교환에 대한 정확함과 완성도를 확인할 수 있다. 왜냐하면 자바스크립트는 클라이언트 쪽에서 실행되기 때문이다. 이는 클라이언트 호스트의 처리 능력을 이용하는 것이며, 잠재적으로 웹 서버의 부담을 덜어줄 수 있다.

6.10 HTTP(Hypertext Transfer Protocol)

이미 앞서 언급했듯이 웹 브라우저와 웹 서버는 HTTP를 준수하면서 통신을 한다. 어떤 브라우저가 어떤 서버와 연결하는지는 양쪽 모두 같은 프로토콜을 사용하는 한 작동이 원활하며 큰 문제가 되지 않는다.

1990년대 초반 HTTP는 웹의 시작을 알렸다. HTTP/1.0은 1996년에 처음으로 표준화되었다. HTTP/1.1은 이전보다 개선되었고, 새로운 특징들을 가지게 되었으며, 지금의 안정적인 버전으로 자리 잡게 되었다.

HTTP는 TCP/IP 상위에 위치해 있는 응용 계층 프로토콜[그림 5.9]로 웹 서버와 웹 클라이언트 사이에서 안정적인 양방향 연결을 제공한다. HTTP의 기초 지식을 이해하기 위해서 세부적인 것까지 알 필요는 없다.

1. 웹 클라이언트는 보통 브라우저를 말하지만 어떠한 사용자 에이전트라도 웹 클라이언트가 될 수 있다. 웹 브라우저는 HTTP 요청을 서버로 전송한다.
2. 웹 서버는 요청을 받자마자 HTTP 응답을 되돌려 보낸다.

요청과 응답은 HTTP 트랜잭션(transaction)을 형성한다. 각각의 트랜잭션은 독립적이고, 다른 트랜잭션과 관련된 프로토콜을 제공해 주는 수단을 가지지 않는다. [그림 6.8]은 HTTP 트랜잭션을 표현한 것이다.

[그림 6.8] HTTP 트랜잭션

단순한 HTTP 트랜잭션은 다음과 같다.

1. 연결 – 브라우저(클라이언트)가 서버에게 접속을 개방한다.
2. 요청 – 클라이언트가 서버에 의해 통제되는 리소스를 요청한다.
3. 처리 – 서버는 요청을 받고 처리한다.
4. 응답 – 서버는 요청된 리소스를 보내거나 에러 메시지를 클라이언트에게 되돌려 보낸다.
5. 종료 – 클라이언트로부터 다른 요청을 위해 연결을 개방하지 않는 한 트랜잭션이 끝나고 연결이 종료된다.

HTTP는 요청과 응답 메시지의 형식을 다룬다[그림 6.9]. 기본적으로 요청과 응답은 하나의 이니셜 라인(initial line), 하나 이상의 헤더 라인(header line), 그리고 선택적으로 추가할 수 있는 바디(body)로 구성되어 있다. 이니셜 라인과 헤더 라인은 표준 문서 ISO 8859-1에 명시되어 있다.

```
initial line            (요청과 응답에 따라 다름)
HeaderKey1: value1      (0 혹은 그 이상의 헤더 필드)
HeaderKey1: value2

                        (문자가 없는 공란)
선택적 메시지인 바디는 요청이나 응답 데이터를 포함한다.
데이터 타입과 사이즈는 헤더 내에서 주어진다.
```

[그림 6.9] HTTP 요청과 응답 포맷

각각의 라인은 반환과 새로운 라인으로 끝나야 하지만 새로운 라인만으로도 끝낼 수 있다.

이니셜 라인은 요청과 응답으로 메시지를 확인한다.

- 요청 라인은 요청 메소드 이름, 요청된 리소스의 로컬 경로, HTTP 버전 이름이라는 3개의 부분으로 구성된다. 예시는 다음과 같다.

GET   /path/to/file/index.html   HTTP/1.1
HOST: domain_name

or

POST   /path/script.php HTTP/1.1
HOST: domain_name

GET 메소드는 특정한 리소스를 요청하고 메시지 바디를 허용하지 않는다. GET 메소드는 CGI나 액티브 페이지 경로(active-page path), 물음표(?), 검색 문자열(query string)을 명시하여 서버 측 프로그램을 동작시킬 수 있다.

GET   /CT_join.php?name=value1&email=value2   HTTP/1.1
HOST: computize.org

GET 메소드와는 달리 POST 메소드는 메시지 바디를 허용하고, 웹 사용자로부터 입력 값을 모으기 위한 HTML 형식과 연동하기 위해 디자인되었다. POST 메시지 바디는 검색 문자열과 같이 name-value라는 한 쌍을 전송한다.

- 응답 라인은 HTTP 버전, 상태 부호(status code), 상태의 조직적 설명(textural description)이라는 세 개의 파트를 가지고 있다. 전형적인 상태 라인(status line)은 다음과 같다.

HTTP/1.1 200   OK (요청 성공을 알려 줌)

HTTP/1.1 404   Not Found (요청된 리소스를 찾을 수 없음을 알려 줌)

- HTTP 응답이 메시지 바디를 포함할 경우, 콘텐트 타입(content-type)과 콘텐트 길이(content-length) 헤더가 준비되고, 이를 통해 클라이언트는 처리방법을 알게 된다.

웹은 콘텐트 타입 지정을 인터넷 이메일 시스템으로부터 빌리고, 콘텐트 타입으로 정의된 똑같은 다목적 인터넷 메일 확장(Multipurpose Internet Mail Extensions, MIME)을 사용한다. 수백 개의 표준 MIME 콘텐트 타입은 IANA 사이트에 게시되어 있다(iana. org/assignments/media-types/media-types.xhtml).

콘텐트 타입 정보는 브라우저로 하여금 들어오는 콘텐츠를 어떻게 처리할지에 대해 결정하도록 한다. HTML, 텍스트, 이미지, 오디오, 비디오 등이 브라우저에 의해 직접 다루어진다. PDF와 플래시(flash)와 같은 다른 유형들은 보통 플러그인(plug-in)이나 외부 도우미 프로그램에 의해 다루어진다.

웹에 접근하기 위해 브라우저를 사용할 경우, 브라우저와 웹 서버 사이의 HTTP 메시지는 감추어져 있다. 그러나 이러한 메시지들을 드러내는 것이 가능하고, HTTP와의 진짜 경험을 얻을 수 있다. CT 사이트의 http에서 데모를 확인 할 수 있다.

HTTP가 개방된 상태에서 정보를 전송하는 반면, HTTPS(HTTP Secure)는 단순하게 HTTP를 안전한 전송 계층 프로토콜(transport layer protocol)인 전송 계층 보안(transport layer security)을 적용한 것으로 초기 SSL(Secure Sockets Layer)에서 파생되었다. 보안 기능이 어떻게 작동하는지에 대한 자세한 내용은 7.2절을 참고하면 된다.

6.10.1 HTTP 캐싱

HTTP 1.0을 넘어서 HTTP 1.1의 중요한 개선점은 HTTP 응답을 위한 캐싱(caching)의 도입이다. 웹에서 다수의 콘텐츠는 시간이 지나도 변하지 않는다. 이러한 것에는 정적 웹 페이지, 이미지, 그래픽, 스타일링 코드, 스크립트 등이 있다. 이러한 데이터의 복사본을 저장하는 것은 본 서버로부터 똑같은 데이터를 계속 요청하고 검색하는 많은 수의 불필요한 작업을 피할 수 있다. 브라우저와 캐싱 프록시 서버(caching proxy server)가 데이터 원본이 저장되어 있는 서버로부터 데이터가 여전히 현재와 같거나 바뀌지 않았다는 것을 확인하거나 알게 되면, 브라우저(사용자 에이전트)와 캐싱 프록시 서버는 그들의 캐시로 데이터를 제공할 수 있다.

캐싱 프록시 서버는 자신의 캐시로부터 콘텐츠를 제공함으로써 요청을 가속화시킨다. 캐싱 프록시는 인기 있는 리소스의 로컬 복사본을 유지함으로써 대형 조직이 훌륭히 자신들의 인터넷 사용과 비용을 줄일 수 있도록 해주고 성능을 강화시켜 준다. 대부분의 인터넷 서비스 제공자와 대기업들은 캐싱 프록시를 도입한다.

HTTP 캐싱 방식은 서버의 왕복 웹 트래픽과 사용자들에 대한 응답 시간을 상당히 감소시켜 준다. 웹 사이트에 처음 방문했을 때 평소보다 느려지는 이유가 바로 이 때문이다. 이때 다시 한 번 웹 사이트를 방문하게 되면 속도가 매우 빨라지게 된다.

> **CT: 속도 향상을 위한 캐시**
>
> 효율성과 속도를 높이기 위해 캐시를 사용하라.
> 수많은 상황에서 비약적인 개선점은 올바른 아이템을 캐시로 저장하는 것에서 기인한다.

휴대폰 번호를 예로 들면 머릿속에 자주 사용되는 번호를 기억할 수 있으나 그 외의 번호들은 휴대폰 연락처를 살펴야만 한다. 자주 사용하는 냄비나 프라이팬은 다루기 쉬운 주방에 놓지만 그 외의 것들은 지하에 보관해둔다. 중요한 물건들은 지갑 속에 들고 다니지만 그 외의 것들은 가지고 다니지 않는다. 우리는 이미 컴퓨터 메모리는 온칩 캐시(on-chip cache), 램(RAM), 하드디스크, 다중 캐시 스키마로 구성되어 있다는 것을 안다.

2013년 말, 어떤 슈퍼 코더 팀이 healthcare.gov 사이트의 복구를 도와주고 있었을 때, 자주 사용하던 쿼리가 거대한 데이터베이스 안의 다른 쿼리들로부터 분리될 수 있도록 하기 위해 그들이 사용했던 즉각적인 기술이 데이터베이스 캐시를 도입하는 것이었다. 데이터베이스 캐시는 혼잡함을 줄였고 그들은 평균 페이지 접근 시간을 8초에서 약 2초로 낮출 수 있었다. 이후 계속 개선되어 접근 시간은 0.35초 이하로 감소되었다.

6.11 웹사이트 개발

HTML의 간단함은 현혹될 정도로 웹 사이트를 만드는 것이 쉽게 느껴지도록 만든다. 다만 기초적인 정보로 매우 간단한 웹 페이지만 만들 수 있다는 것이 사실이다. 매력적이고 효과적인 웹 사이트 개발은 훨씬 더 많은 노력과 경험이 요구된다.

웹 사이트는 직원이나 투자자들을 구하는 비즈니스적인 기능뿐만 아니라 종종 온라인 광고, 상품, 서비스 정보, 세일, 배송, 고객 서비스 등과 결합된다.

사용자들이 "이 사람들은 자신의 제품을 사용하지 않는 것처럼 보여!"라고 말하지 않는다는 것을 기억해야 한다.

웹 개발을 위해서는 텍스트, 이미지, 멀티미디어 콘텐츠, 디자인 등을 포함하여 다음과 같이 준비가 되어있어야 한다.

- 대상 고객 확인 및 그들의 요구 예상하기
- 논리적이고 매력적인 사용자 인터페이스 디자인 준비하기
- 정보 찾기와 비즈니스 작업들을 쉽고 빠르게 만들기
- 즐겁고 보람 있는 브라우징 경험 보장하기
- 쉬운 업데이트, 수정, 관리 제공하기

이러한 목표를 이루기 위해서는 프로그래밍 기술뿐만 아니라 유용성, 시각적 소통 디자인, 사이트 구조 및 안내, 교열 등에 관한 전문지식이 필요하다. 테스트, 디버그, 구현에는 많은 시간과 노력이 요구된다. 다른 말로 하면, 훌륭한 웹 사이트는 전문가의 도움과 사이트 소유주와의 협동이 필요하다. 때론 개발 전문가조차도 일을 망칠 수 있다. healthcare.gov 웹 사이트가 그 예이다.

6.12 웹 검색 엔진

웹은 접근하기 쉽고 많은 정보를 담고 있어 대부분의 어떤 답이라도 웹 검색으로 해결된다.

많은 검색 엔진들이 이용이 가능하나 구글이 뚜렷한 우위를 점하고 있다([그림 6.10], 출처: netmarketshare.com).

검색 엔진은 온라인에 무엇이 있는지에 대한 데이터를 모으고, 효율적인 검색을 위해 수집된 데이터를 색인으로 정리함으로써 웹에서의 정보 검색을 쉽게 만들어준다. 온라인에

있는 데이터는 끊임없이 바뀌기 때문에 검색 엔진의 작업은 결코 끝나지 않는다. 검색 엔진은 자신의 색인을 업데이트하기 위해 반드시 계속해서 웹을 돌아다녀야 한다. 검색 엔진의 장비, 자료구조, 정확한 방법은 철저하게 비밀로 보호된다.

일반적으로 검색 엔진은 색인 정보를 모으기 위해 자동화된 로봇 또는 수동 제출을 사용한다. 로봇 혹은 크롤러(crawler)는 반복적으로 연결된 페이지를 방문하기 위해 웹 페이지를 방문하고 웹 페이지 내의 링크를 따라 들어가는 소프트웨어이다.

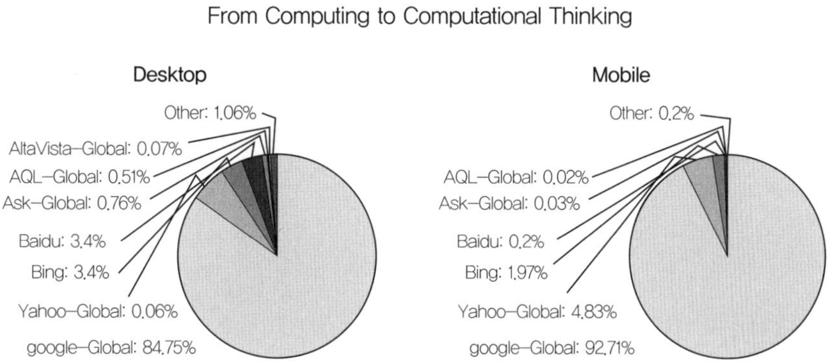

From Computing to Computational Thinking

Desktop

Other: 1.06%
AltaVista–Global: 0.07%
AQL–Global: 0.51%
Ask–Global: 0.76%
Baidu: 3.4%
Bing: 3.4%
Yahoo–Global: 0.06%
google–Global: 84.75%

Mobile

Other: 0.2%
AQL–Global: 0.02%
Ask–Global: 0.03%
Baidu: 0.2%
Bing: 1.97%
Yahoo–Global: 4.83%
google–Global: 92.71%

[그림 6.10] 검색 엔진 시장 점유율(2015년 5월)

방문한 페이지에 대한 메타 정보와 수동으로 제출된 데이터는 데이터베이스 안에 정리되고 저장된다. 사용자가 검색 요청을 입력하면 검색은 공개된 웹에서가 아닌 데이터베이스 내에서 실행된다.

CT: 구글링 하라.

해답은 구글이다.

자료를 찾거나 궁금한 것이 있거나 아니면 그저 퀴즈 놀이를 하고 싶은가? 어려워하지 말고 일단 구글을 시작해 보자.

검색을 할 때에는 찾는 것에 대해서 정확하게 입력해야 한다. "스포츠", "과학", "금융", "건강", "오락", "정치" 등과 같은 형태의 정보들을 가지고 시작한다. 만약 어떤 지역을 찾고 있다면, "오하이오", "켄트, 오하이오"를 더해주면 된다. 검색을 위해서 특정 키워드를 입력하면 종종 원하는 것을 한 번에 찾을 수 있다. 그렇지 않으면 그에 맞추어서 고칠 수 있다. 원하는 정보를 온라인에서 즉시 찾는 것과 이러한 정보가 믿을 수 있는지 결정하는 것은 좀 더 발전하기 위해 모두에게 필요한 기술 중의 하나이다.

> **CT: 믿거나 말거나**
>
> 인터넷과 웹은 열려 있다.
> 그러므로 모든 정보가 올바르거나 정확하지 않다.

인터넷에서 보거나 읽은 모든 것을 믿어서는 안 된다. 상식을 동원하여 한 번 더 확인해야 한다. 그러면 곧 올바른 정보를 얻을 수 있을 것이다.

6.13 웹 서비스

대부분의 사람들은 웹을 방문에 대비한 거대한 웹 페이지의 모음이라고 생각한다. 이는 틀림없는 사실이다. 그러나 웹은 그것보다 더하다. 웹은 또한 HTTP를 통해 클라이언트를 원격 지원하는 컴퓨터 연산 능력(computing power)을 이용할 수 있도록 하기 위해 널리 사용된다. 이러한 전산적인 서비스가 웹 서비스이다.

웹 서비스는 웹의 리소스 혹은 프로그램으로 HTTP 요청과 함께 작동될 수 있다. 웹 서비스는 보통 요청 입력 값에 기반한 결과를 계산하고 명확한 형식으로 결과를 되돌려 준다. 웹 서비스 결과 형식으로 가장 널리 이용되는 것은 XML과 JSON(Javascript Object Notation)이다. 웹 서비스는 원격 절차와 비슷하다. 웹 서비스는 원격 컴퓨터에서 실행되고 클라이언트에게 유용한 특정 결과를 제공한다. 그러나 원격 절차와는 달리 웹 서비스는 요청과 응답을 위해 항상 HTTP를 사용한다[그림 6.11].

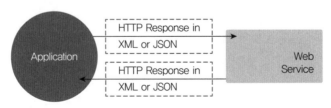

[그림 6.11] 웹 서비스 개요

웹 서비스의 초기에는 SOAP(Simple Object Access Protocol)이 널리 사용되었다. 동시대의 웹 서비스와 클라이언트 개발자는 REST(Representational State Transfer)를 선호했다. REST는 HTTP에서 사용되는 URL, 검색 문자열, 요청/응답 바디에 대한 학술 용어이다. 즉 REST 기반 웹 서비스는 HTTP POST/GET 요청을 받고, HTTP, XML, JSON의 응답 바디 안에서 결과를 되돌려준다.

인터넷에 연결된 컴퓨터에서 실행되는 응용 프로그램은 웹 서비스에 대한 요청과 응용 프로그램에서 사용된 결과에 대한 획득을 쉽게 만들어준다. 예를 들어 뉴스 읽기 애플리케이션은 뉴스 피드를 HTTP 요청을 통해 얻을 수 있고, 뉴스 기사를 게시하거나 검색하기 위해 XML의 RSS(Rich Site Summary) 문서를 사용할 수 있다. PHP의 경우, 웹 호스트에서 웹 서비스로부터 동적으로 정보를 얻기 위해 서버 측 스크립트를 사용할 수 있다. 이러한 서버 측 스크립트는 클라이언트 측의 AJAX(Asynchronous Javascript And XML)를 통해 같은 서버에서 나온 웹 페이지에 의해 동작될 수 있다. 이러한 방법으로 웹 페이지는 이용 가능한 어떤 웹 서비스에도 간접적으로 접근할 수 있다.

웹 서비스 사례

세계 도처에는 웹 서비스가 매우 많이 존재한다. 여기 몇 가지 사례가 있다.

- 아마존 웹 서비스 – 아마존 판매자들에게 클라우드 컴퓨팅을 제공하기 위한 서비스
- 구글 지도 API 서비스 – 등록된 사용자들만 사용 가능한 지도(map) 응용프로그램 안에서 사용된 지도 API 데이터를 요청하는 서비스
- 페이팔 웹 서비스 – 페이팔 계정 소유자들을 위한 페이팔 결제 처리의 다양한 측면을 자동화하는 서비스
- NOAA(National Oceanic and Atmospheric Administration) 국제 기상 서비스 – 매시간 기상에 관한 정보를 제공해주는 공공서비스
- FAA(Federal Aviation Administration) 공항 상태 웹 서비스 – 공항 날씨, 비행기 연기 등에 관한 미국 공항 상태를 제공해주는 공공서비스(CT 사이트의 FAA에서 데모를 확인할 수 있다.)
- UPS(United Parcel Service) 웹 서비스 – 고객을 위해 주소, 배송 상태, 배송 추적 등에 관한 정보를 제공하는 서비스(CT 사이트의 Address에서 데모를 확인할 수 있다.)

웹 서비스를 위한 온라인 목록과 디렉터리는 사용이 가능하다. programmableweb. com에서 웹 서비스 디렉터리 예시를 확인할 수 있다.

6.14 표준 웹 기술

간단하게 말하면 다수의 기술들은 언제나 그랬듯이 웹을 작동시킬 수 있다. 이러한 기술들은 네트워킹 프로토콜, 데이터 인코딩 포맷, 클라이언트(브라우저), 서버, 웹 페이지 마크업, 스타일링 언어, 클라이언트 측과 서버 측 프로그래밍을 포함한다.

웹은 텍스트, 이미지, 애니메이션, 오디오, 비디오, 멀티미디어 콘텐츠 등을 전송할 수 있다. 또한 표준, 독점 미디어 형식, 도구, 미디어 플레이어 등은 웹의 일부이다. World Wide Web Consortium(W3C)은 공개 웹 표준 개발을 이끄는 비영리 조직이다.

W3C에서 추천한 핵심 웹 기술들은 다음과 같다.

- HTTP/HTTPS – 웹에 의해 사용되고 있고 현재 버전은 HTTP 1.1이다.
- HTML5 – 새로운 표준 마크업 언어로 일반 웹 페이지와 모바일 웹 페이지를 코딩하는 기술이다.
- CSS3 – 현재의 CSS 표준으로 개선된 스타일링, 변형, 애니메이션, 미디어 등을 제공한다.
- JavaScript – 브라우저 제어와 사용자 상호작용을 위한 표준 스크립팅 언어이다.
- DOM – 문서 객체 모델(Document Object Model)로, 메모리 내의 웹 페이지 스타일과 콘텐츠에 접근하고 조종하기 위한 API이다.
- PHP – 널리 쓰이는 서버 측 액티브 페이지 프로그래밍 언어와 도구이며, 무료로 공개되어 있다.
- MySQL – 관계형 데이터베이스 시스템으로 무료로 이용 가능하며 온라인 사업을 위해 널리 쓰이고 있다.
- DHTML – 동적(dynamic) HTML로, 클라이언트 측 프로그래밍을 통해 즉각적이고 상호작용적인 웹 페이지를 생성하는 기술이다.
- SVG, MathML, XML – SVG(Scalable Vector Graphics)와 MathML (Mathematical Markup Language)은 HTML5의 한 부분이다. 이들은

XML(extensible markup language)의 중요한 응용프로그램이다(9.7.1절).

- AJAX – AJAX(Asynchronous Javascript And XML)는 클라이언트 측에 자바 스크립트로 제어된 웹과 웹 서비스에 대한 접근을 제공한다.
- 웹 서비스 – 웹 서비스는 웹에 있는 데이터를 다른 프로그램에 제공하기 위해 HTTP와 XML 혹은 JSON을 결합한 것이다.
- HTML5-related API – 다수의 유용한 목적을 위해 HTML5와 다른 프로젝트에 의해 도입된 자바 스크립트 기반 API.
- LAMP – 산업 표준 웹 호스트는 리눅스(Linux, OS), 아파치(Apache, 웹 서버), MySQL(데이터베이스), PHP에 의해 지원된다.

여기에 제시된 기술들은 사적이거나 독점적이지 않은 공개 표준 또는 산업 표준으로 최고의 성능을 자랑한다.

현대의 웹과 함께 최고 순간의 뉴스를 볼 수 있고, 어떤 질문이든지 해답을 찾을 수 있으며, 호기심을 만족시킬 수 있고, 자신의 생각을 포럼, 블로그, SNS에 남길 수 있다. 브라우저를 켜고 온라인에 접속하고 웹을 즐겨라. 삶은 달콤하다.

연습문제

6.1 클라이언트, 서버, 프로토콜 관점에서 인터넷 서비스로서의 웹에 대해 설명하시오.

6.2 웹이 왜 성공하게 되었는지에 대해 이유를 말해 보시오.

6.3 URL은 무엇이 보편적인가?

6.4 포트 숫자와 관련한 URL의 방식은 어떤 것인지 설명하시오.

6.5 孔子(공자)에 대한 퍼센트 인코딩을 찾아보시오.

6.6 6.5절을 찾아가서 스스로 마크업을 만들어 보시오.

6.7 클라이언트 측 스크립팅은 무엇인가? 어떤 표준 언어가 현대 브라우저에서 사용되는가?

6.8 데이터베이스는 무엇인가? 웹과 데이터베이스는 어떤 관련이 있는가?

6.9 HTTP는 비상태(stateless)적이라고 하는데 이에 대해 설명하시오.

6.10 어떻게 웹 검색 엔진이 작동하고, 왜 구글을 사용하는지 설명하시오.

6.11 [컴퓨팅 사고력 적용] 두 개 이상의 역할을 하는 개체(entity)와 구분하기 위해 사용되는 지시자(indicator)를 만드시오(힌트: HTML).

6.12 [컴퓨팅 사고력 적용] 당신과 당신의 상사는 프로젝트를 위해 밤 늦게까지 열심히 일하고 있다. 당신의 상사가 당신에게 말했다. "오늘은 그만하지. 하지만 내일까지는 작업을 끝내야 해."

6.13 [컴퓨팅 사고력 적용] 웹 브라우저의 스크롤 업(scroll up)과 스크롤다운(scroll down) 개념에 대해 비판적으로 토의하시오.

6.14 [컴퓨팅 사고력 적용] 개인적으로 웹에 기여하고 세상을 좀 더 좋게 만들 수 있는 방법에 대해 설명하시오.

6.15 [그룹 토론 주제] 대화에서 그, 그녀, 그것, 내일, 어제, 9시 정각과 같은 용어를 사용하기

6.16 [그룹 토론 주제] 웹 이전에 어떤 것들이 있었을까?

6.17 [그룹 토론 주제] 난 자신만의 웹 사이트를 원한다.

6.18 [그룹 토론 주제] 신문과 잡지에 대한 웹의 영향

6.19 [그룹 토론 주제] 교육과 학습에 대한 웹의 영향

6.20 [그룹 토론 주제] 과학과 기술에 대한 웹의 영향

6.21 [그룹 토론 주제] 정부에 대한 웹의 영향

6.22 [그룹 토론 주제] 기업에 대한 웹의 영향

6.23 [그룹 토론 주제] 개인에 대한 웹의 영향

Chapter
07

보안
(Keep It safe)

chapter 07

>>>

보안(Keep It safe)

"어라, 내 비밀번호가 뭐였더라?" 비밀번호가 기억나지 않을 때가 있는가? 많은 사람들이 여러 번 이런 경험을 한 적이 있을 것이다. 비밀번호 힌트를 요청하기 전에, 알아야 할 것이 또 있다. 바로 사용자 ID이다. 로그인을 할 때마다 사용자 아이디와 비밀번호를 입력해야 한다. 그런데 도대체 로그인이란 게 왜 필요한 것일까? 이런 게 없다면 삶이 훨씬 더 단순해질텐데 말이다.

온라인 쇼핑몰은 사용자가 안전하게 쇼핑몰을 이용할 수 있도록 각 계정을 보호한다. 로그인 정보의 일부인 사용자 ID는 온라인 쇼핑몰에서 내가 누구인지를 식별(Identification)해주는 정보이다. 그리고 비밀번호는 내가 그 계정의 소유자가 맞는지 인증(Authentication)하기 위해 입력하는 추가 정보이다. 그러므로 이러한 로그인 정보(사용자 ID와 비밀번호)를 절대로 다른 사람들과 공유해서는 안 된다. 이는 온라인으로 거래를 하는 데 있어 가장 중요한 사실이다.

사이버 보안은 사용자, 개발자, 그리고 인터넷 서비스 제공업체(ISP)나 네트워크 서비스 제공업체(NSP)에게 중요한 관심사이다. 보안 문제들 중에서 ID 검증 또는 인증은 가장 기본적인 사항이다. 다음은 사이버 보안의 가장 기본적인 개념들이다.

- **기밀성** – 정보의 보호, 무단 액세스나 노출 방지
- **무결성** – 정보를 변경 또는 수정되지 않은 원 상태로 보존하며, 변경 또는 수정된 경우 용이한 감지 보장
- **인증** – 사용자, 프로세스 또는 시스템의 정확한 식별
- **인가** – 인증된 객체(사용자, 프로세스, 시스템)에 올바른 사용 권한 부여
- **가용성** – 시스템, 서비스 또는 데이터에 대한 액세스 및 사용 보장

- **책임성** – 특정 행동의 책임 당사자 파악 및 추적
- **개인정보보호** – 개인정보보호법에 따라서 수집된 개인정보에 대한 비밀 유지 및 오용 방지(개인정보 보호법: 개인이 사생활의 불가침을 보장받을 수 있는 권리, 개인의 금융, 의료 및 기타 개인 정보에 대한 수집, 보유, 공유와 관련된 사항을 규정한 법률)
- **전자 서명** – 전자적 형태로 문서에 서명하는 것으로 서명을 검증할 수 있도록 문서와 서명을 연계시킴

A라는 사람이 B라는 사람에게 메시지를 전달하는 경우를 예를 들어 설명해 보자. 인증은 A와 B가 사전에 등록된 사용자인지를 확인하는 것이다. 무결성은 A가 B에게 전송한 메시지가 중간에 어떤 방식으로든지 변경되지 않는 것과 관련이 된다. 가용성은 A의 메시지가 손실되지 않고 전달되는 것을, 기밀성은 A와 B를 제외하고 다른 사람들이 이 메시지를 볼 수 없도록 하는 것을 의미한다. 일단 A가 메시지에 서명을 하면, 후에 A는 B에게 메시지를 전송한 사실을 부인할 수가 없게 된다.

이러한 개념들은 사이버 보안의 목표이기도 하다. 이번 장에서는 이러한 목표를 달성하기 위해 어떤 다양한 보안 조치를 취할 수 있는지 알아보기로 한다.

보안 조치 및 기술에 대한 실질적인 이해는 점점 디지털화되어 가는 세상에 사는 모든 사람들에게 도움이 될 것이다.

7.1 로그인

로그인은 사용자 인증의 가장 일반적인 방식이다. 내 컴퓨터, 태블릿, 스마트폰을 나만 사용할 수 있도록 하기 위해 로그인을 한다. 개인 기기의 로그인에는 문자나 숫자가 조합된 비밀번호만 필요할 수도 있고, 로그인 대신에 지문 또는 안면 인식이 요구되는 경우도 있다. 로그인 후에는 컴퓨터 기기를 방치하지 않는 것이 중요하다. 잠시 자리를 비울 경우에는 화면을 잠그고, 사용이 끝나면 로그아웃을 해야 한다.

컴퓨터를 켜고 제일 먼저 하는 일은 보통 이메일을 확인하는 것이다. 앞서 말한 것처럼 이메일을 보내고 받으려면, 이메일 계정에 로그인을 해야 한다. 다른 사람이 내 이메일을 받아 읽지 못하도록 하는 것이 매우 중요하다. 그렇기 때문에 이메일 비밀번호를 안전하게 보관해야 한다.

7.1.1 웹 사이트 로그인

로그인은 인터넷 웹 사이트에서 쇼핑을 하거나 다른 일을 처리하는 데 필요하다. 웹 사이트에는 보통 해당 사이트나 기업에 계정을 가지고 있거나 등록한 사람들만 이용할 수 있는 영역이 있다. 회원 전용 또는 특정 계정 관련 정보나 서비스에 액세스를 하려면 사용자는 로그인을 해야 한다. 로그인 페이지나 액세스가 제어되는 모든 페이지는 네트워크 상에서 사용자 ID와 비밀번호가 누출되는 것을 방지하기 위해 일반적으로 HTTPS(보안 HTTP, 7.2절)를 사용한다. HTTPS에 대한 세부 정보는 7.2절에서 다루어진다.

[그림 7.1]에서 볼 수 있는 바와 같이, 사용자 로그인을 요구하는 웹 사이트들은 대부분 모든 로그인 관련 기능을 제공한다. 따라서 사용자 인증은 로그인이라는 퍼즐의 한 조각일 뿐이다.

시스템은 암호화되어 안전하게 저장된 값과 사용자가 입력한 사용자 ID와 비밀번호를 비교함으로써 인증을 수행한다. 로그인 정보를 반복적으로 잘못 입력하면 시스템이 잠겨버리는 상황이 발생할 수도 있다.

입력된 사용자 ID 및 비밀번호가 확인되면, 사용자는 인증이 되어 통칭 보안 영역(Security Realm)이라 불리는 보호 자원을 액세스할 수 있게 된다.

인증은 사용자가 보호 자원이 모여 있는 보안 영역에 진입할 수 있도록 허가를 하는 것이다. 문이 잠긴 방이나 금고와는 달리, 온라인 보안은 보거나 만질 수 있는 것이 아니다. 그러나 디지털 시대에서는 이들을 동일한 방식으로 대해야 한다.

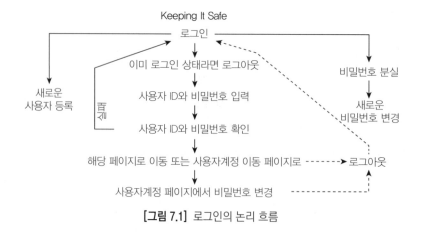

[그림 7.1] 로그인의 논리 흐름

> **CT: 보안 영역의 보호(SAFEGUARD SECURITY REALMS)**
>
> 보안 영역은 실제 금고를 다루듯이 해야 한다.

보안 영역은 실제 금고를 다루는 것처럼 진지하게 다루어야 한다. 온라인 정보가 도난되면 금고를 도난당했을 때와 마찬가지로 막대한 손해를 입는다.

예를 들어 Amazon.com과 같은 온라인 쇼핑 사이트의 고객 보안 영역에는 사용자의 개인 정보, 계정 상태, 주문, 주문 내역, 신용카드 정보, 결제 및 배송 주소 등이 포함된다. 때로 로그인하기 전에 보호되는 정보에 액세스할 수 있는 경우도 있다. 이러한 경우 사이트는 사용자에게 로그인하도록 요청을 하고 인증이 되면 대상 자원이 있는 페이지로 자동 이동시킨다. 예를 들어 사용자가 로그인을 하지 않은 상태에서 "Your Amazon.com"을 클릭하면 로그인 페이지가 표시된다.

amazon.com 같은 정교한 웹 사이트들은 자체적으로 설계한 로그인 페이지와 프로그램을 사용하지만, 웹 서버와 브라우저가 지원하는 훨씬 간단한 HTTP 기본 인증을 사용하는 웹 사이트들도 많이 있다. HTTP 기본 인증을 사용하는 경우, 브라우저가 제공하는 로그인 대화 상자가 나타난다. 예를 들어 CT 사이트가 교과서의 소유자를 위한 대화형 데모를 제공하는 경우, 소유자는 이 데모에 액세스 하려면 등록을 하고 사용자 ID와 비밀번호를 만들어야 한다. [그림 7.2]는 이러한 CT 사이트에 표시되는 로그인 상자를 보여준다.

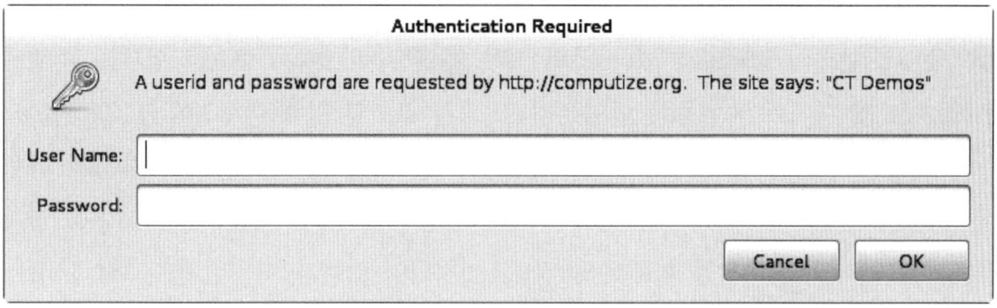
Authentication Required
A userid and password are requested by http://computize.org. The site says: "CT Demos"
User Name:
Password:
Cancel
OK

[그림 7.2] CT 웹 사이트 로그인

이러한 일반 팝업 로그인 대화 상자에 정보를 입력할 때는 주의할 필요가 있다. 표시된 웹 사이트의 URL 및 영역 이름, CT 데모 등이 올바른지 확인한다. 같은 웹 사이트라도 영역이 다를 수 있다. 문에 엉뚱한 열쇠를 꽂고 열려고 하는 것과 마찬가지로, 해당 영역에 맞지 않는 로그인 정보를 입력하면 당연히 로그인에 실패할 것이다. 로그인이 얼마나 잘 보호되는지는 비밀번호에 따라 달라진다. 다음은 안전한 비밀번호 선택과 관련된 몇 가지 도움말이다.

- 동일한 암호를 여러 시스템이나 영역에 대해 사용하면 안 된다. 그래야 암호 하나가 노출되었다 하더라도 하나의 시스템 또는 영역으로 피해가 제한된다.
- 8자 이상의 긴 비밀번호를 선택한다. 대문자와 소문자, 숫자, 문장 부호, 다른 기호를 조합해 사용한다. 기억하기는 쉽지만 추측하기 어렵도록 만든다. 절대 1234 또는 0000처럼 연속된 숫자 조합이나 사전에 나온 단어들은 사용하지 않는다.
- 사용자 ID, 비밀번호 및 기타 보안 정보(예: 보안 이미지와 보안 질문 등)는 안전한 곳에 기록해 보관한다. 되도록이면 암호화된 파일(7.4.1절)로 보관한다.
- 로그인할 때 다른 사람이 보거나 비디오에 찍히지 않도록 주의한다. 이는 공공장소에 있을 때 특히 중요하다. 가능하면 집처럼 안전한 곳에서만 로그인한다.
- 보안을 강화하는 차원에서 수시로 암호를 변경한다.
- 로그인 후에 기기 옆을 떠나면 안된다. 용무를 마친 후에는 바로 로그아웃한다. 브라우저를 닫거나 시스템을 종료한다.
- 다른 사람이 컴퓨터에 액세스할 수 없도록 저장된 로그인 정보를 보호해주는 브라우저의 마스터 비밀번호를 사용하는 경우에만 브라우저의 자동 로그인 기능을 사용한다. 자동 로그인 기능은 여러 웹 사이트의 사용자 ID와 암호를 기억하는 기능이다. 마스터 비밀번호는 브라우저의 고급 보안 옵션을 선택하여 설정할 수 있다.

인터넷뱅킹, 보안 거래 또는 기타 공식 업무 등 웹사이트에서 중요한 업무를 수행하는 경우에는 그 웹 사이트가 인증을 받았는지 또 모든 로그인 및 트랜잭션에 HTTPS를 사용하는지 확인해야 한다. 브라우저의 주소창을 주의깊게 살펴본다. URL과 자물쇠 아이콘 앞에 HTTPS가 표시되어야 한다. (CT: 주목해야 할 세부 사항, 4.6.1절) 아이콘을 클릭하여 해당 웹 사이트의 디지털 인증서(7.3절)가 설치되어 있는지 확인한다. [그림 7.3]은 파이어폭스 브라우저상에 나타나는 미국 사회보장국(Social Security Administration)의 URL과 ssa.gov의 디지털 인증서 화면이다.

[그림 7.3] 웹 인증서 예제 화면

컴퓨터 및 서버 호스트는 물론 로그인이 필요하다. 하지만 로그인을 얼마나 심각하게 여기는지는 각 사용자에게 달려 있다. 먼저 각 접속 영역마다 서로 다른 강력한 비밀번호를 사용해야 한다. 사용자 ID와 비밀번호를 남에게 알려주어서는 안 된다. 로그인할 때 누가 보고 있지는 않은지 확인한다. CCTV나 감시 카메라가 숨겨있는 공공장소를 피한다. HTTPS가 되어 있는 웹 사이트인지 서버 인증서가 있는지 확인한다. 볼 일이 끝난 후에는 웹 사이트에서 로그아웃을 하고 브라우저를 닫는다. 공공 컴퓨터인 경우에는 시스템에서 로그아웃하거나 시스템을 종료한다.

로그인 후에는 로그인 세션을 열어 둔 채 자리를 비우면 안 된다. 커피 한 잔이 생각나거나 손을 씻으러 가야한다면 일어나기 전에 화면을 잠근다. 노트북, 태블릿, 스마트폰은 항상 몸에 지니고 다닌다. 절대 차에 두고 다녀서는 안 된다. 퇴근할 때나 이출할 때는 모니터를 끄고, 컴퓨터를 종료하거나 적어도 로그오프 한다. 보안을 유지하려면 항상 경계를 해야 한다.

7.2 HTTP와 SSL/TLS

웹 서버는 클라이언트와 서버 사이의 보안 통신을 위해서 HTTPS를 지원한다.

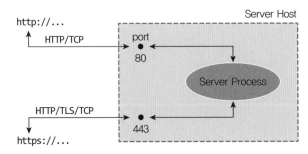

[그림 7.4] HTTP와 HTTPS

HTTPS는 SSL(Secure Socket Layer) 또는 TLS(Transport Layer Security)를 사용해 HTTP를 보다 안전하게 사용할 수 있는 프로토콜이다[그림 7.4].

HTTP 및 HTTPS는 서로 다른 서버 네트워크 포트를 사용하며, 일반적으로 80과 443을 각각 사용한다. SSL 1.0, 2.0, 3.0에서 TLS 1.0, 1.1, 1.2까지 개발된 SSL/TLS는 상호 인증, 기밀성을 위한 데이터 암호화, 무결성을 위한 전자 서명의 사용을 허용함으로써 클라이언트와 서버 간의 보안 통신을 제공한다. HTTPS를 사용하려면, 서버는 유효한 웹 서버 인증서(7.3장)를 설치하고 SSL/TLS를 활성화해야 한다.

SSL/TLS는 TCP/IP와 같은 신뢰할 수 있는 연결 지향 전송 프로토콜 계층과 HTTP와 같은 애플리케이션 프로토콜 계층 사이에 배치될 수 있다[그림 7.5].

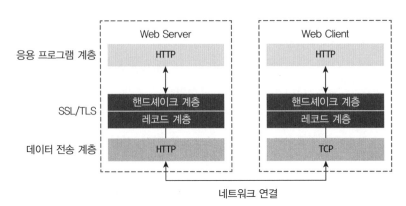

[그림 7.5] HTTPS 프로토콜 계층

기본적으로 TLS는 2단계로 보안 통신을 설정한다.

1. 핸드셰이크(handshake) 단계 – 다음 단계에서 사용될 무작위로 생성된 세션 키에 대해 안전한 동의 및 상호 인증
2. 데이터 세션 단계 – 서버와 클라이언트 간의 메시지들에 대칭적 암호 방식(비밀키 암호화)의 세션 키(7.4.1절)를 사용하고 레코드 계층 프로토콜을 따름

핸드셰이크 단계에서는 보안을 위해서 공개키 암호 방식(7.4.1절)이 사용된다. 하지만 데이터 세션 단계에서는 속도가 빠르고 보다 효율적인 대칭적 암호 방식이 사용된다. 새로 SSL/TLS가 연결될 때마다 새로운 세션 키가 생성된다. [그림 7.6]은 사용자의 관점에서 본 TLS 핸드셰이크 절차이다.

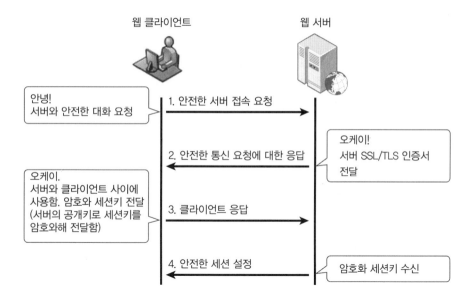

[그림 7.6] TLS 기본적인 핸드셰이크 단계

이 모든 것이 초보자에게는 좀 복잡한 듯 느껴지겠지만 걱정할 필요는 없다. 이번 장의 후반부에서 암호화와 전자 서명에 대해 자세히 다룰 것이다. 먼저 전자 서명에 대해 살펴보자.

7.3 전자서명이란 무엇인가?

보안 통신에서 가장 주된 관심사는 당사자라고 주장하는 이들이 실제로 그 당사자들인가 하는 문제이다. 디지털 인증서는 인증서 소유자의 신원을 보증하는 인증 기관(Certificate Authority, CA)이 서명한 문서(컴퓨터 파일)이다. 공인인증기관은 일반적으로 자격 증명 정보를 확인한 후 디지털로 서명을 한 인증서를 발급하는 업무를 수행한다. 인증서는 웹 서버, 이메일, 전자 서명, 결제 시스템 등 도메인과 목적에 따라 발급될 수 있다. 웹 서버들은 HTTPS 액세스를 가능하게 하기 위해 주로 SSL/TLS 인증서를 사용한다. 인증서를 발급하는 대규모 인증 기관으로는 Symantec(VeriSign의 보안 비즈니스 인수), Comodo Group, Go Daddy, Thawte, GlobalSign 등이 있다.

공인인증기관은 개인 또는 조직(클라이언트)의 신원 정보와 정당성을 검증한 후 고객에게 디지털 인증서를 발급한다. 각 인증서에는 디지털 ID, 클라이언트의 식별 정보, 공개키(7.5절), 인증서 유효기간, 인증서를 발급하는 공인인증기관에 대한 세부 정보들이 포함된다. 디지털 인증서는 보통 특정 목적에 따라 발급되며 특별한 보안 목적을 위해 사용되는 응용 프로그램들에 설치된다.

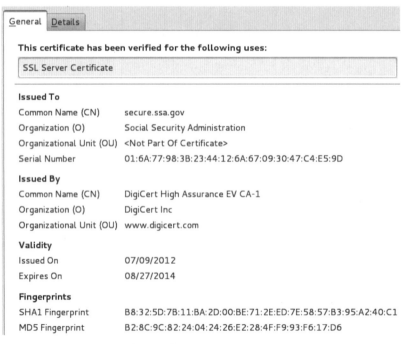

[그림 7.7] 웹 서버 인증서 예제

[그림 7.7]은 미국 사회보장국(Social Security Administration)이 secure.ssa.gov 웹 사이트에서 사용하는 웹 서버 인증서의 일부를 자세히 보여준다. 디지털 인증서는 X.509v3과 같은 표준 형식을 따르며, 웹 서버, 웹 브라우저, 이메일 클라이언트 등의 응용 프로그램 내에 있는 보안프로그램에 의해 사용된다. HTTPS를 지원하는 웹 서버는 유효한 SSL/TLS 인증서를 설치해야 한다. 인증서가 잘 알려지지 않은 공인인증기관으로부터 발급이 되었거나 유효기간이 만료된 경우에는 인터넷 브라우저에 인증서 상태에 대한 경고가 표시되어 사용자가 그 인증서의 사용을 승인하거나 거부할 수 있도록 한다.

공인인증기관을 위한 인증서는 다른 공인인증기관에 의해 발급된다. 최상위 공인인증기관은 하위기관의 인증서에 자체적으로 서명을 할 수 있다. 기업이 자체적인 최상위 공인인증기관을 두고 내부 인증 시스템을 구축하는 경우도 있다. 이런 식으로 대기업이나 조직은 다른 공인인증기관에 수수료를 지불하지 않고 내부에서 사용하는 디지털 인증서를 직접 발급할 수 있다. 예를 들어 Firefox에서 환경설정 → 고급 → 인증서 보기 메뉴에 가면 공인인증기관 목록을 볼 수 있다.

사용자 ID 및 암호를 사용해 로그인하는 대신 웹 브라우저에 설치된 개인 인증서를 사용해 클라이언트를 인증하도록 구성되어 있는 웹 서버들도 있다.

공인인증기관이 발급한 개인 인증서는 일반적으로 암호화된 보안 이메일을 제공하는 데 사용된다. 일례로 comodo.com은 개인 이메일 인증서를 무료로 제공한다. 마이크로소프트 아웃룩, 윈도우 메일, 썬더버드와 같은 이메일 클라이언트는 보안 및 정보 보호의 목적으로 전송하기 전에 이메일을 암호화하는 개인 이메일 인증서를 사용할 수 있다. 아니면 보안 이메일용으로 자체 생성된 공개키(7.9절)를 사용하는 오픈소스 PGP와 Gnu GPG 시스템을 선택하여 사용할 수도 있다.

7.4 암호화

암호시스템은 인터넷이나 디지털 컴퓨터가 나오기 훨씬 전에 발명된 암호화를 통해 통신을 안전하게 만들어준다. 암호화의 개념은 단순하다. 원본 메시지인 평문(Plaintext)을 전송하기 전에 암호화하여 암호문(Ciphertext)으로 만드는 것이다. 메시지를 수신하는 사람만이 암호문을 원래의 평문으로 변화(복호)하는 방법을 알고 있어야 한다.

예를 들어 ROT13[그림 7.8]은 한 글자를 다른 글자로 대체하는 단순한 암호 방식이다. 총 26글자가 있고 마지막 글자가 다시 첫 글자 앞에 온다고 가정을 하여 영어 알파벳을 13 글자씩 밀어서 만든다. ROT13은 암호문에 다시 암호화를 적용하여 복호화될 수 있다.

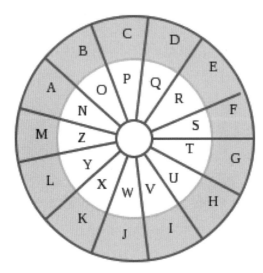

[그림 7.8] 바퀴 모양의 Rot13

또 다른 예로 편지지 크기의 종이에 구멍을 내 템플릿을 만들어 비밀통신문을 수신자에게 전달하는 방법도 있다. 송신자는 템플릿의 구멍 사이로 내용을 기록하고, 종이의 나머지 공간에는 의미 없는 단어들을 적어 넣는다. 수신자는 송신자가 사용한 것과 동일한 템플릿을 사용해 쉽게 해독을 할 수 있다.

또 다른 암호화 방법으로 송신자와 수신자가 사전에 동일한 책을 사용하기로 약속을 할 수도 있다. 암호문에는 그 책의 특정 단어를 식별할 수 있도록 페이지 번호, 행 번호, 단어 수가 포함된다. 어떤 책이 암호화에 사용되었는지, 암호문에 포함된 숫자들이 어떤 의미를 갖는지를 아는 사람들만이 메시지를 해독할 수 있게 되는 것이다. 나아가 많은 숫자들 중 하나는 몇 가지 정해진 책 중 어떤 책을 사용할지를 나타낼 수도 있다.

독일은 2차 세계대전 발발 전후로 다양한 전기기계식 로터(전기기계) 암호 기계인 "에니그마(Enigma)"를 집중적으로 사용했다[그림 7.9].

[그림 7.9] NSA가 보관중인 에니그마

에니그마의 사용자들은 동일한 시스템 설정을 사용해 코드화된 메시지를 송신/수신한다. 폴란드의 수학자 마리안 레예프스키(Marian Rejewski)가 1932년 12월 처음으로 에니그마의 암호를 푸는 데 성공했다. 이 작업은 프랑스와 영국에서 계속되었다. 앨런 튜링(Alan Turing)을 비롯한 암호 전문가들은 영국 블레츨리 파크(Bletchley Park)에서 봄브 기계(Bombe Machine, [그림 7.10], 출처: culture24.org.uk)를 제작하여 에니그마 해독에 큰 진전을 가져왔으며, 연합군이 전쟁에 승리하는데 기여하였다.

[그림 7.10] 영국에서 개발된 봄브 머신(Bombe Machine)

위의 방식들은 메시지 암호화와 복호화에 동일한 키를 사용하는 대칭키 암호 시스템(7.4.1절)에 대한 예들이다. 이러한 방식에서는 통신을 하고자 하는 당사자들이 사전에 서로 약속한 하나의 키를 알고 있어야 한다. 그리고 그 비밀키를 절대로 다른 사람에게 알려서는 안 된다. 앞서 설명한 ROT13, 종이 템플릿, 책과 숫자 이용 방식, 그리고 에니그마 장치는 비밀키로 암호화를 한다.

하지만 공개키 암호시스템은 하나의 키만 사용하는 대칭키 암호시스템과는 달리 암호화와 복호화에 키를 쌍(2개)으로 사용한다. 암호화키는 공개되고 복호화 키는 비밀스럽게 보관한다(7.5장).

7.4.1 대칭키 암호시스템

현대의 전자 대칭 암호시스템[그림 7.11]은 디지털 데이터를 사용한다. 대부분의 디지털 데이터의 암호화키는 공개되고 복호화 키는 비밀로 유지되는 암호화/복호화 알고리즘을 사용한다.

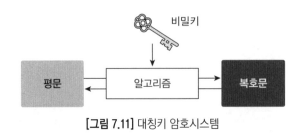

[그림 7.11] 대칭키 암호시스템

- **암호화/복호화 알고리즘**: 일반적으로 128비트 또는 256비트 블록들로 구성된 평문 또는 암호문 청크(데이터 묶음 단위)에 대해 다양한 대체 연산 또는 치환 연산이 수행된다.
- **비밀키**: 평문(암호문)과 비밀키는 대칭키 암호(복호) 알고리즘에 입력이 된다. 알고리즘이 어떤 변환을 수행하는지는 사용하는 비밀키에 따라 달라진다. 암호 알고리즘은 주어진 키에 따라 다른 출력 값을 생성한다. 알고리즘은 주어진 키에 따라 서로 다른 암호문을 생성한다. 암호문에 암호화에 사용한 것과 동일한 키를 사용하면 원래의 평문이 생성된다.

일반적으로 대칭키 암호시스템은 다음과 같은 특징을 갖는다.

1. 공개 알고리즘: 대칭키 암호시스템은 알고리즘이 공개되어 있다. 알고리즘은 알지만 비밀키를 모르는 상태에서는 암호문을 해독할 수 없다.

2. 비밀키: 송신자와 수신자가 모두 키를 사전에 알아야 하고 키를 비밀로 유지해야 한다.

일반적으로 비밀키는 일정한 길이의 비트 패턴이다. 비밀키는 품질이 매우 중요하다. 무작위로 생성되지만 256비트 이상으로 생성이 되어 무작위 대입 공격(brute force attack)으로부터 보호되어야 한다. 무작위 대입 공격은 모든 가능한 키를 만들어 대입해 봄으로써 암호 해독을 시도하는 사이버 공격이다.

짧은 비밀번호(암호)가 비밀키로 사용되는 경우에는 비밀번호를 압축 또는 원하는 키 길이로 확장시켜 주는 키 유도 함수(KDF)를 사용한다. 일반적으로, 키를 실제 키로 전환하기 전에 솔트(salt)라고 불리는 무작위로 생성된 데이터 조각이 비밀번호 또는 암호에 추가된다.

고급 암호화 표준(AES, Advanced Encryption Standard)은 2001년 미국 국립표준 기술연구소(NIST)가 제정한 전자 데이터 암호화 방식이다. 미국 정부에 의해서 채택된 AES는 현재 전 세계적으로 사용되고 있다. 이는 1977년에 발표된 데이터 암호 표준(DES, Data Encryption Standard)을 대체하기 위해서 만들어졌다. 이외에도 RC-4와 Blowfish 등 다른 대칭키 암호 방식이 있지만 AES-256이 최고인 듯하다.

256비트 키를 사용하며 한 번에 한 개의 256비트의 데이터 블록을 암호화하는 AES-256 암호 알고리즘에 대해 좀 더 자세히 살펴보도록 하자. AES-256의 작동 방식을 간략하게 설명하면 다음과 같다.

1. 인코딩/디코딩될 데이터 블록을 4×4 배열 바이트로 정렬한다.

2. 주어진 키를 사용해서 라운드키를 생성한다.

3. 라운드키와 배타적 논리합(XOR) 비트 연산을 사용해서 각 바이트를 변환한다.

4. 라운드키로부터 파생된 순람표(lookup table)를 사용해 시프트, 열 섞기, 바이트 대체를 수 차례 반복하여 해당 4×4 배열을 섞고 변환한다.

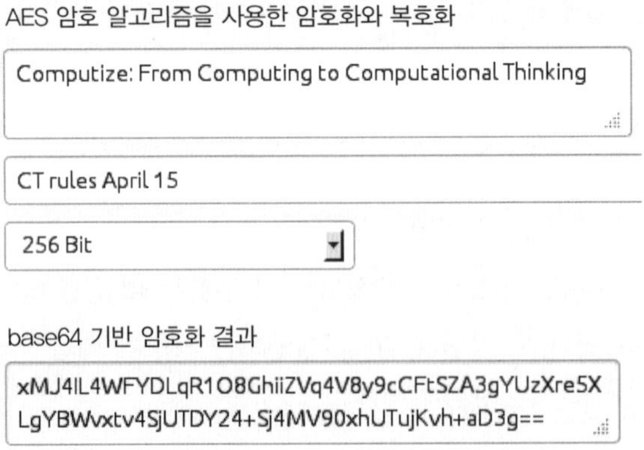

AES 암호 알고리즘을 사용한 암호화와 복호화

Computize: From Computing to Computational Thinking

CT rules April 15

256 Bit

base64 기반 암호화 결과

xMJ4IL4WFYDLqR1O8GhiiZVq4V8y9cCFtSZA3gYUzXre5X
LgYBWvxtv4SjUTDY24+Sj4MV90xhUTujKvh+aD3g==

[그림 7.12] AES 암호화 예

[그림 7.12]는 "security is key"를 비밀키로 사용해서 이 책의 제목을 AES-256 암호문으로 생성해 본 것이다. 암호화된 2진수(바이트 시퀀스)는 base64 인코딩 방식을 사용한 문자열로 표시된다. Base64 인코딩 방식은 이메일 첨부 파일을 인코딩하는 데 널리 쓰이는 방식이다. 디스플레이, 인쇄 또는 이메일에서 6비트로 된 이진 데이터를 문자로 표시하는 데는 64개의 ASCII 문자가 사용된다. CT 사이트에서 AES 암호화/복호화를 실험해 볼 수 있다.(Demo: TryAES)

CT: 민감한 파일의 보호

민감한 파일들은 비밀키를 사용해 인코딩을 해서 안전하게 보관하라.

은행 거래명세서, 로그인 정보, 고객 연락처, 세금 신고서, 회계, 금융, 보험 기록, 계약서, 의료 기록들과 같은 파일은 암호화하여 기밀성을 유지해야 한다. 더 나아가 출생 증명서, 여권, 운전 면허증 등의 중요한 문서는 편리하게 사용할 수 있도록 스캔을 해서 보관할 것을 권한다. 특히 이런 중요한 파일들은 암호화한 후 안전하게 보호해야 한다.

마이크로소프트 워드 또는 마이크로소프트 오피스 프로그램을 사용해 암호화된 파일을 저장하고 검색할 수 있다. 무료 Vim 편집기(Vim.org)는 Blowfish와 비밀키를 사용해서 파일을 암호화/복호화 할 수 있다. AES 암호 앱(aescrypt.com)은 AES와 개인의 키를 사용해서 파일을 간단하게 암호화/복호화 한다. Vim 편집기와 마이크로소프트 프로그램들은 여러 플랫폼에서 사용할 수 있다. 스마트폰에서 사용할 수 있는 유사한 파일 암호화

앱들도 많이 나와 있다.

모든 로그인 정보와 비밀키가 담긴 하나의 암호화 파일을 만들어 사용하면 하나의 비밀키만 기억하면 되므로 삶이 훨씬 더 간편해질 수 있다.

> **CT: 보안 계층 추가**
>
> 여러 개의 보안 계층을 추가하여 보안을 강화하라.

로그인하지 않고 컴퓨터나 보안 영역에 액세스할 수 없다. 로그인 후에도 새로운 응용 프로그램을 설치하거나 새로운 사용자 계정을 생성하는 일과 같이 중요한 작업에는 반드시 관리자 권한이 필요하다. 파일마다 액세스 권한을 설정할 수 있기 때문에, 민감한 파일에는 암호를 걸어 놓을 수 있다. 비밀번호를 기억해주는 웹 브라우저와 이메일 클라이언트를 실행하는 경우에는 마스터 비밀번호가 필요할 수도 있다. 방화벽과 안티바이러스 보안 프로그램은 위험들로부터 프로그램을 보호한다. 라우터에 방화벽을 켜두고, WPA2/WEP 무선 보안 옵션을 설정하며, 원격 제어 관리 기능은 해제한다. 하드디스크를 암호화할 수도 있다. 다중 보안 계층은 시스템에 대한 침입을 어렵게 만든다.

7.2절에서 언급한 바와 같이, 대칭키 암호화 방식은 TLS 통신의 기밀성을 보장하는데도 사용된다. 그러나 TLS는 키 교환 및 상호 인증을 위한 안전한 방법을 필요로 한다. 이를 위해 사용되는 것이 바로 다음 절에서 설명되는 공개키 암호화이다.

7.5 공개키 암호화

대칭키 암호화에서는 암호화와 복호화에 하나의 같은 키가 사용된다. 하지만 공개키 암호화는 수학적으로 관련이 있는 한 쌍의 키를 사용한다. 키 하나는 공개키로 암호화에 사용되고, 다른 하나는 개인키로 복호화에 사용한다. 공개키와 개인키로 된 키 쌍은 정의된 수학적 속성을 충족하는 정수들이며 보통 키 생성 프로그램으로 만들어진다. 각 공개키에는 상응하는 개인키가 있고, 마찬가지로 각 개인키도 상응하는 공개키가 있다.

전송자는 공개키를 사용해서 메시지를 암호화하고, 수신자는 개인키로 메시지를 복호화한다. 공개키는 보통 디지털 인증서의 일부분이 되어 검증 가능한 소유자와 키를 연결한다. 키 쌍의 소유자가 온라인 키 저장소에 공개키를 게시하는 경우도 있을 수 있다. 그러면 보안 메시지를 전송하기를 원하는 사람은 공개키를 사용해서 메시지를 암호화하고, 키 소유자는 개인키를 사용해서 메시지를 해독한다[그림 7.13].

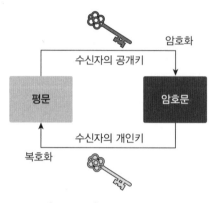

[그림 7.13] 공개키 암호화

　현재의 공개키 암호화는 양방이 암호화되지 않은 공공통신망을 통해 보안 대칭키를 공유할 수 있다는 베일리 디피(Bailey W. Diffie), 마틴 헬만(Martin E. Hellman), 랄프 머클(Ralph C. Merkle)의 아이디어에서 비롯되었다. 이러한 환경에서는 통신 당사자 양방이 합의한 키를 타인이 추측해서 도청하기란 불가능하다.

　처음 머클이 기존의 사고 틀을 깨는 이 아이디어에 대한 연구를 제안했을 때, 전문가들은 회의적인 시선을 보내며 저항했다. 그러나 1970년대 중반에 이루어진 이 발명은 얼마 지나지 않아 보다 더 경이적인 공개키 암호화의 등장으로 연결되었다. 공개키 암호화에 사용되는 알고리즘과 키를 공개할 수 있게 된 것이다.

　공개키 암호화에서 중요한 요소 중 하나는 공개키로부터 개인키를 추정하는 것이 계산적으로 불가능하다는 점이다. 대칭키 암호화와 다르게 공개키 암호화에는 키 분배와 관련된 문제가 없다. 그러므로 사용자나 시스템은 수신자와 사전에 연락을 하지 않고도 공개키 또는 디지털 인증서를 가지고 있는 수신자에게 암호화된 메시지를 보낼 수 있다.

그러나 공개키 암호화는 대칭키 암호화보다 속도가 훨씬 느리다. 이는 SSL/TLS가 실제 데이터 전송을 위해 대칭 세션키를 구축할 때, 왜 핸드셰이크 단계에서만 공개키를 사용하는지를 설명해준다.

공개키 암호화는 대칭적인 키 분배를 제공할 뿐만 아니라, 전자 서명 기능도 제공한다. 이 기술은 디지털 인증서, TLS(7.2절), PGP(7.9절)와 같은 현대의 암호 시스템, 응용프로그램 및 프로토콜의 기반이 된다.

공개키 암호 시스템은 1976년 위트필드 디피(Whitfield Diffie)와 마틴 헬만(Martin Hellman)에 의해 처음 소개되었다. 보편적으로 사용되는 공개키 암호 시스템에는 RSA와 ECC(Elliptic Curve Cryptography)가 있다. RSA 암호 알고리즘은 로빈 리베스트(Ron Rivest), 에이디 샤미르(Adi Shamir) 레오나드 애들맨(Leonard Adleman)이 1977년에 개발하였다. RSA 암호 알고리즘(RSA 정보보안회사가 특허 소유)은 큰 소수 2개를 사용해 만든 큰 정수를 소인수 분해하는 것이 어렵다는 사실을 기반으로 한다.

ECC 알고리즘은 보다 작은 크기의 키들을 사용할 수 있다는 점에서 좀 더 효과적인 공개키 암호 시스템이다. 예를 들어 보안 강도 면에서 256 비트의 ECC 키는 3072 비트의 RSA 키에 상응한다. 암호 알고리즘에서 키의 크기는 암호화/복호화 속도에 직접적으로 영향을 미친다. 1984년 오딜크코(A. Odlyzko)는 유한체에서의 이산 대수라는 아이디어와 이들이 암호화를 가질 수 있는 중요성을 제안하였다. 타원 곡선상의 이산 대수 문제(ECDLP)를 기반으로 한 암호 시스템은 워싱턴 대학교의 닐 코블리트(Neal Koblitz)와 뉴욕 요크타운 하이츠에 위치한 IBM에서 근무하던 빅토르 밀러(Victor Miller)에 의해서 1985년 처음 제안되었다. RSA와 ECC는 TLS 프로토콜에서 안전한 핸드셰이크 세션을 설정하는데 사용될 수 있다.

공개키 암호화에서는 공개키를 소유자에게 바인딩하고, 공개, 배포, 사용, 확인, 저장, 관리 및 바인딩 취소를 할 수 있도록 공개키를 배열해야 한다. 이러한 공개키 배치 구성을 공개키 기반구조(PKI)라고 한다. 널리 사용되는 PKI는 소유자의 식별 정보와 공개키를 포함하는 디지털 인증서(7.3절)를 기반으로 한다.

실제 구현뿐만 아니라, 그 알고리즘이나 프로토콜은 제대로 동작을 한다. 2014년, Open SSL의 구현 중 일부분에서 Heartbleed라는 악명 높은 버그가 발견되었다. TLS의 Heartbeat 확장 시 부주의하게 구현을 한 것이 그 원인이었다. 클라이언트는 TLS 세션이 연결되어 있는 동안, 이 세션이 연결 상태를 유지할 수 있도록 서버에게 Heartbeat 요청을 전송할 수 있다. 이 Heartbeat 요청에는 다소간의 데이터 바이트들과 이에 대한 카운터 값이 포함된다. 서버는 바이트를 클라이언트에 보냄으로써 이 Heartbeat 요청에 응답한다. Heartbeat는 세션의 종료 및 재연결 설정을 방지할 수 있는 좋은 기능이다.

그러나 이 부주의한 OpenSSL heartbeat 구현에서는 실수로 실제로 수신된 바이트 수와 유입 바이트 수를 확인하지 않았다. 공격자는 소량의 데이터와 훨씬 더 크며 부정확한 바이트 수를 사용해 Heartbeat 요청을 전송할 수 있다. 이러한 Heartbeat 요청은 사용자 ID, 비밀번호, 서버의 개인키 등 일반적으로 매우 민감한 정보가 포함된 서버의 메모리에 Heartbleed 버그를 발생시킬 수 있다.

7.6 RSA 공개키 암호 알고리즘

공개키 암호화는 정확히 어떻게 작동할까? RSA 공개키 암호화 방식을 통해, 키는 어떻게 생성되며 생성된 키가 암호화와 복호화에서 어떻게 사용되는지 자세히 살펴보자.

RSA 키

RSA의 키 생성 알고리즘:

1. 소수 P와 Q를 고른다. 이때 소수 P와 Q는 큰 소수여야 한다. M = P × Q이고, T = (P − 1) (Q−1)을 만족하는 M과 T를 구한다.
2. 다음의 2가지 조건을 만족하는 E를 선택한다.

(i) 1 〈 E 〈 M

(ii) E와 T 는 "서로소"여야 한다(두 소수는 공약수가 없을 것)

3. D를 구한다. 이때 D × E = 1 mod T를 만족해야 한다. D는 gcd(E, T)를 계산해 구할 수 있다.

4. 계수 지수의 쌍(M, E)이 공개키가 된다.

5. D가 개인키가 되므로 잘 보관한다.

이해를 돕기 위해서 작은 숫자를 예로 사용해서 RSA 키 생성 절차를 살펴보자.

1. P = 7 그리고 Q = 11이라고 가정하자. 이때 M = 77 그리고 T = 60이 된다.

2. E = 37을 사용하기로 한다. T = 60과는 서로소이다.

3. D = 13을 구한다. 이는 D × E = 13 × 31 = 1 mod 60을 만족한다.

4. RSA 키 쌍은 [(77, 37); (77, 13)]이 된다.

그리하여 공개키(77, 37)는 게시하고, 개인키(77, 13)는 보관한다. CT 사이트에 있는 데모 프로그램 ToyKey와 KeyGeneration을 사용해 실습을 해 볼 수 있다.

실제로는 훨씬 더 큰 숫자 P와 Q를 사용해야 강력한 보안을 제공할 수 있는 M을 구할 수 있다. 일반적으로 M은 길이가 2048 또는 4096비트가 될 필요가 있다.

RSA 암호화와 복호화

RSA 암호 알고리즘은 암호화와 복호화에 나머지 연산을 사용한다. 나머지 연산은 M = P × Q를 만족한다. 공개지수는 E이고, 비공개지수는 D라고 가정한다.

1. Pt 〈 M을 만족하는 정수 Pt를 구한다. 이때 평문으로부터 충분히 작은 크기의 블록을 구하고, 이를 정수 Pt로 취급한다.

2. Ct = (Pt^E) mod M 연산을 수행해서 암호문 Ct를 구한다. 이것을 암호화라고 한다.

3. Pt = (Ct^D) mod M 연산을 수행해서 암호문 Ct에 대한 평문 Pt를 구한다. 이것을 복호화라고 한다.

수식 CtD = $Pt^{(E×D)}$ = Pt mod M은 항상 검증이 가능하다. 그러므로 암호화와 복호화에 동일한 mod M 연산 절차가 사용된다.

이제 toykey[M = 77, E = 37]를 사용해서 평문인 Pt = 42(B의 ASCII 값)를 RSA 방

식으로 암호화할 수 있다. 암호문은 다음과 같이 계산된다.

$$Ct = 42^{37} = 70 \bmod 77$$

위의 암호문 Ct를 복호화 하는 과정은 아래와 같다.

$$Pt = 70^{13} = 42 \bmod 77$$

위의 예제를 CT 사이트의 데모: TryRSA를 사용해 수행해 볼 수 있다.

RSA 공개키와 개인키는 상호 대칭적이다. 이는 평문을 개인키를 사용해 먼저 암호화할 수 있으며, 암호화된 결과물인 암호문을 공개키를 사용해서 해독할 수 있다는 것을 의미한다. CT사이트의 데모: RSAAction을 사용해 시험해 볼 수 있다. 이런 대칭성으로 인해 전자 서명이 가능해진다. 이에 관해서는 다음 절에서 자세히 기술하기로 한다.

7.7 전자 서명

CT: 전자 서명

안전하고 검증 가능한 방식으로 문서에 나의 전자 서명을 첨부하고 서명된 문서를 다른 사람에게 전송할 수 있다.

RSA 또는 ECC 같은 공개키 암호 시스템은 전자 서명에 즉석으로 사용이 가능하다[그림 7.14]. 송신자는 자신의 개인키로 서명을 하여 문서를 암호화한다. 암호화된 문서는 누구에게나 전송이 가능하다. 수신자는 송신자의 공개키를 사용해서 암호화된 문서를 해독할 수 있다. 송신자만이 자신의 비밀키를 사용하고 이에 대한 정보를 알고 있기 때문에, 이 문서는 송신자만 검증할 수 있다. 그러므로 이를 법정에서 증거로도 사용할 수 있다. 게다가 평문의 무결성도 유지가 된다.

일반적으로, 전자 서명이 필요한 상황에서는 비밀유지가 필요하지 않다. 소프트웨어 배포가 그 좋은 예이다. 크기가 큰 전체 메시지나 파일에 서명을 적용할 필요는 없다. 다음 절에서 자세히 설명하겠지만 메시지나 파일의 다이제스트에 서명하는 것만으로 충분하다.

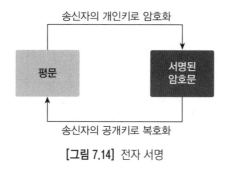

[그림 7.14] 전자 서명

7.8 메시지 다이제스트

메시지(파일)의 길이를 짧고 정해진 길이의 해시(hash) 또는 다이제스트(digest)로 만들기 위해 다양한 알고리즘이 고안되었다. 해시 알고리즘은 메시지의 어느 부분이 조금이라도 변경된 경우 다이제스트의 모양이 바뀌도록 설계되었다. 메시지 다이제스트는 전체 원본 메시지에 대한 디지털 지문의 역할을 한다.

해시 함수 스크램블, 혼합, 매쉬, 줄이기 등 잘 설계된 해시 알고리즘을 사용해서 정해진 길이의 결과물을 만든다. 해시 함수는 일방향 함수이다. 그러므로 다이제스트로부터 원래의 메시지를 추론하거나 동일한 다이제스트를 갖는 메시지를 찾아내는 것은 불가능하다.

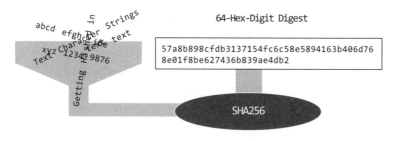

[그림 7.15] SHA256 메시지 다이제스트

가능한 메시지의 개수는 무한하지만 이로부터 만들어질 수 있는 다이제스트의 수는 유한하다. 그렇기 때문에 다른 많은 메시지로 같은 다이제스트가 만들어질 수 있다.

SHA 해시 함수는 미국연방 정보처리표준(FIPS)의 일부분이다. 메시지 다이제스트는 일반적으로 16진수 순차열로 표시된다[그림 7.15]. 이 외에도 다른 메시지 다이제스트 알고리즘으로 MD5가 있지만, 이는 SHA처럼 강력하지는 않다.

메시지 다이제스트는 파일의 무결성을 검증하는 데 유용하다. 무결성은 파일의 내용이 변경되거나 수정되지 않고, 일관성 있게 유지되는 것을 말한다. 소프트웨어를 온라인으로 배포할 때 좋은 방법은, 소프트웨어에 지문과 전자 서명 코드를 포함하는 것이다. 이런 패키지는 소프트웨어 다운로드 응용프로그램이 소프트웨어 게시자를 식별하고 다운로드한 소프트웨어에 대한 무결성을 확인할 수 있도록 해준다[그림 7.16].

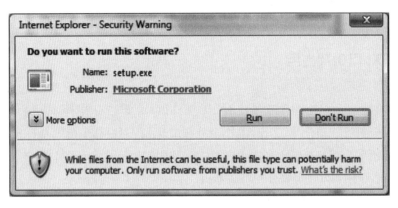

[그림 7.16] 안전한 소프트웨어 다운로드 예제 화면

메시지에 전자 서명 첨가하기

전자 서명은 전체 메시지(또는 파일)를 암호화하지 않고 원하는 부분만 암호화하는 것이 바람직하다. 이를 위해서는 적절한 해시 함수를 사용해 메시지 또는 파일에 대한 다이제스트를 먼저 생성해야 한다([그림 7.17], 출처: 위키피디아).

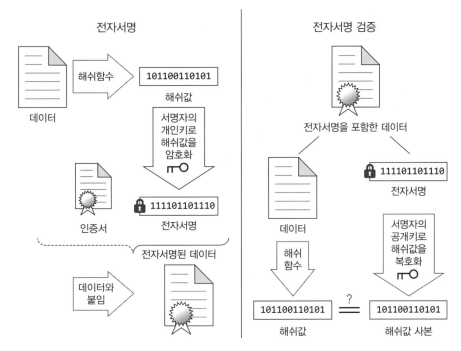

[**그림 7.17**] 전자 서명을 첨부하는 과정

생성된 메시지 다이제스트를 개인키를 사용해서 서명하여 암호화 버전을 만들고, 이를 서명자의 디지털 인증서와 함께 평문 메시지에 첨부한다. 디지털 인증서에는 서명자의 공개키와 해시 함수가 포함된다. 수신자는

1. 전자 서명된 수신 메시지 다이제스트를 복호화한다.
2. 지정된 해시 함수를 사용해서 수신된 평문 메시지의 다이제스트를 만든다.
3. 이렇게 생성된 두 개의 결과물이 동일한지 여부를 비교한다.
   동일 여부를 통해 수신 메시지나 파일의 무결성과 진위를 검증할 수 있다.

퀀텀 키 분배

비교적 최근에 등장한 양자 역학은 통신 당사자들 간의 키 분배에 사용되는 기술로 퀀텀 키 분배 기술(QKD)이라고도 한다. 퀀텀 키 분배 기술은 무작위 비밀키를 사용해서 안전한 통신을 보장한다. 비밀키는 메시지의 암호화와 복호화에 사용될 수 있다. 퀀텀 키 분배 기술은 통신 사용자가 양자 효과를 통해 도청을 감지할 수 있도록 해주기 때문에 보안 통신이 보장될 수 있다.

7.9 보안 이메일

마이크로소프트 아웃룩과 오픈 소스인 썬더버드 같은 현대적인 이메일 클라이언트는 보안 S/MIME(다목적 인터넷 메일 기능 확장) 표준으로 지정된 보안 이메일 전송을 지원한다. 암호화된 이메일뿐만 아니라 서명된 메시지를 보내고 받을 수 있도록 설정할 수도 있다. 이메일 메시지가 암호화되는 경우, 이메일의 내용과 첨부된 파일이 암호문으로 바뀐다. 물론, 이메일의 제목이나 헤더 정보는 암호화되지 않는다.

이메일이 서명되는 경우에는, 서명되어 첨부된 메시지 다이제스트를 제외하고 아무 것도 암호화되지 않는다. 보통 이메일에는 서명을 하지 않지만, 원하는 경우에는 이메일을 암호화하고 서명할 수 있다.

S/MIME의 전제 조건은 사전에 각 사용자의 보안 이메일 클라이언트에 이메일 인증서가 설치되어 있어야 한다는 것이다.

상용 개인 이메일(S/MIME) 인증서는 공인인증기관들로부터 쉽게 구할 수 있다. 심지어 무료로 이메일 인증서를 제공하는 공인인증기관도 있다. 그러나 인증 신청과 검증 절차는 복잡하고 성가신 일이 될 수 있다.

S/MIME의 좋은 대안은 공인인증기관에서 발급한 인증서를 필요로 하지 않는 PGP/MIME이다. 무료 GnuPG(GNU Privacy Guard GPG)는 OpenPGP 표준을 구현한 것이다. GPG를 이용하면, 보안 이메일을 위한 키 쌍을 직접 생성하고 배포할 수가 있다.

GPG는 Mac OS X, 리눅스, 윈도우(Gpg4win) 등 모든 주요 플랫폼에서 실행이 된다. GPG는 명령줄 도구이지만, GPA라고 불리는 GUI(그래픽 사용자 인터페이스)버전을 사용할 수 있다. 무료로 다운로드 및 설치가 가능하다.

그렇다면 썬더버드 이메일 클라이언트에 GPG를 사용해서 보안 이메일을 설정하는 방법을 살펴보자. 다른 이메일 클라이언트에서도 이와 비슷한 방법을 사용해 설정을 할 수 있다.

7.9.1 썬더버드 클라이언트에서의 보안 이메일 사용

OpenPGP에 기반하는 썬더버드 클라이언트로 보안 이메일을 설정해 보자. 먼저, 컴퓨터에 썬더버드 이메일 클라이언트를 설치한다. http://mozilla.org/en-US/thunderbird/

사이트에 가서 썬더버드 클라이언트를 다운로드하고 설치한다. 다음으로, 썬더버드 클라이언트를 실행해서 사용하는 이메일 서비스 공급업체(ISP)정보를 설정한다. ISP는 Gmail, Hotmail, 또는 Yahoo 메일 등이 될 수 있다. 이미 썬더버드를 사용하고 있다면, 다음 단계로 이동한다.

썬더버드에서 보안 이메일(PGP/MIME)을 활성화하려면 다음의 간단한 절차를 따르면 된다.

1. GPG(gnupg.org 또는 gpg4win.org)를 다운로드한다. 썬더버드를 실행하고 "tools → Add-ons" 옵션을 사용해 "Enigmail" 애드온을 찾아 설치한다.

2. "Enigmail" 설정 마법사를 사용해 키 쌍을 설정한다. (올바른 사용자 이름과 이메일 주소 사용) 이메일 주소는 썬더버드 이메일 ID에 상응해야 한다. 사용 기한에 제약이 없는 키를 선택할 수 있다. "Advanced" 옵션에서 "4096 RSA/RSA key"를 선택하길 권장한다.

3. 원하는 경우, 키에 JPG 이미지를 함께 조합할 수 있다. 이는 차후에 설정할 수도 있다.

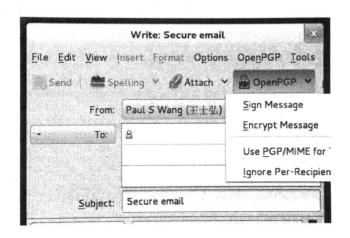

[그림 7.18] Enigmail이 추가된 썬더버드 화면

이제 썬더버드의 설정은 완료되었다. 그러나 암호화된 이메일을 송수신하기 전에, 먼지 (A) 나의 공개키를 아는 사람들에게 보내 그들이 암호화된 이메일을 나에게 보낼 수 있도록 하고, (B) 다른 사람들의 공개키를 받아서 설치하여 내가 그들에게 암호화된 이메일을 보낼 수 있도록 해야 한다.

(A) 절차는 다음과 같다.

A1: 썬더버드 메뉴에서(썬더버드 메뉴 바의 오른쪽에 있는 3개 바 모양의 아이콘을 클릭), OpenPGP → Key Management를 선택하면 키 관리(Key Management) 대화상자가 나타난다[그림 7.19].

A2: 키 관리 대화상자에서 "Display All Keys by Default" 옵션을 체크한다. 키 목록이 나타난다.

A3: 마우스 오른쪽 버튼을 클릭하여 "Send Public Key by Email" 옵션을 선택한다. "File" 메뉴에서도 같은 옵션을 선택할 수 있다.

A4: 이미 키 파일(.asc 확장자)이 첨부된 이메일 작성 윈도우가 열린다. 평소에 하는 대로 이메일을 보내면 된다.

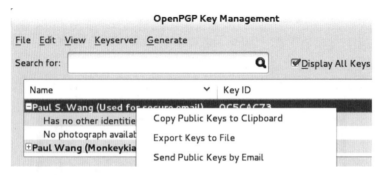

[그림 7.19] 공개키 전송

(B) 절차는 다음과 같다.

B1: 친구가 공개키를 첨부해서 보낸 이메일을 연다.

B2: 키 첨부 파일(.asc 확장자)을 더블 클릭해서 열면, 썬더버드가 자동으로 수신된 공개키를 설치한다.

이제 정말로 보안 이메일을 송신/수신할 준비가 끝났다. 원하는대로 메시지를 작성하고 첨부파일을 추가한 후, (이메일 암호화를 위해) OpenPGP → Encrypt 옵션을 선택한다. 전자 서명을 하려면 OpenPGP → Sign 옵션을 선택한다.

이메일에 하나 이상의 첨부 파일이 있으면, 반드시 OpenPGP → PGP/MIME 옵션을 선택해야 한다. 메일 박스에 있는 암호화된 이메일을 열려고 하면, 개인키의 암호를 입력하라는 요청이 뜬다. 암호를 입력하면 썬더버드가 이메일을 자동으로 해독한다.

Enigmail은 아직 모바일 기기에서 사용할 수 없을지도 모른다. 안드로이드 기기의 경우, APG(GPG와 유사) 앱과 K-9 이메일 앱이 결합되어 OpenPGP 표준을 준수하는 보안 이메일을 제공한다. 아이폰에서는 iPGMail 앱을 사용할 수 있다.

또한 Signal 앱은 아이폰의 통화 및 문자 메시지 정보를 보호해준다. 안드로이드 폰에서는 TextSecure 앱을 사용하면 된다.

> **CT: 감시에서 벗어나기**
>
> 지금 보안 이메일을 설정하라. 당장은 보안 이메일이 필요하지 않을 수도 있지만 나와 통신하길 원하는 사람들에게 선택의 여지를 줄 수 있다.

퓰리처 상(2014년)을 수상한 언론인 글렌 그린월드(Gleen Greenwald)는 이메일에 PGP 설정이 되어 있지 않아서, NSA(미국 국가안전보장국)의 내부 고발자인 에드워드 스노우든(Edward Snowden)과 접속을 하지 못할 뻔 했다고 한다. 그는 "내가 어떻게 에드워드 스노우든을 만났는가"라는 저서에서 스노우든은 자신이 PGP를 설정하길 원했다고 회상하였다.

> "연락을 취하고 싶은 사람들이 있지만, 자신의 메시지를 다른 사람들이 중간에서 읽을 수 있다고 생각하면 절대 나에게 연락하지 않을 것이다."

모든 사람이 이러한 중대 상황에 부딪히는 것은 아니다. 그렇다고는 해도, 디지털 시대에 살면서 다른 사람들에게 보안 통신의 옵션을 주지 않는 것은 예의가 아닐 수 있다.

7.10 보안 공격과 방어

2013년 추수감사절 다음날, 미국의 대형 소매업체인 디겟(Target)에 보안 침해가 발생했다. 뉴욕타임지의 블로그에 따르면, "사이버 범죄자들은 고객의 신용카드와 직불카드 정보, 개인식별번호(PIN) 등이 수집되는 POS(판매시점 정보 시스템)에 공격의 초점을 맞추고 있었던 것으로 보인다." 훔친 정보는 위조 신용카드나 직불카드를 만드는 데 사용될 수 있다.

2003년, 슬래머 웜(slammer worm)은 10분 이내에 취약한 컴퓨터의 90%를 감염시켰다. 이는 선거에 지장을 주고 항공편의 취소를 야기했으며, 시애틀 911 응급 대응 시스템과 뱅크 오브 아메리카(Bank of America)의 자동현금지급기(ATM) 13,000여 대에 고장을 일으켰다. 서비스 거부 공격의 일종인 슬래머 웜은 마이크로소프트의 주력 SQL 서버와 데스크톱 엔진 데이터베이스 제품에 버퍼 오버플로우 버그를 악용했다. 이 제품의 패치는 공격 6개월 전에 출시가 되었다.

그 외에도 굵직한 많은 공격들이 발생했다. 사이버 보안 공격은 한 개인에 의해 수행될 수도 있고 조직적인 그룹에 의해 수행될 수도 있다. 이른바 지능형 지속 공격(APT)을 감행하는 조직들은 특정 업계나 정부와 연관이 되어 있는 경우도 있다.

일반적으로 사이버 공격은 인터넷뿐만 아니라 모바일 네트워크 등의 네트워크나 시스템에 존재하는 취약점을 악용한다. 보안 취약점은 시스템 설계 및 소프트웨어 코딩의 결함에 의한 것일 수도 있지만, 때로는 소프트웨어/하드웨어의 기능과 역량 탓일 수도 있다. 가장 충격적인 사실은 이러한 취약점이 부주의, 게으름 또는 시스템 운영자나 엔드유저 측의 인식부족의 결과로 생길 수 있다는 것이다. 보편적인 공격 유형을 살펴보자.

- 스푸핑(Spoofing) – 특정 웹 사이트, IP 주소, 이메일 또는 GPS 위치를 변조하여 다른 누군가로 위장을 하는 것이다. 보통 통신 프로토콜에서 사용되는 데이터를 변조한다. 예를 들어 이메일을 보낸 사람(메일헤더의 송신자 이름)은 쉽게 스푸핑이 될 수 있다.

- 피싱(Phishing) – 전화, 이메일 또는 가짜 웹 사이트를 통해 사용자를 속여 사용자 ID, 비밀번호, 주민등록번호, 운전면허번호, 계좌번호, 전화번호, PIN, 주소, 생년월일 등과 같은 개인 또는 기밀정보를 수집한다. 예를 들어 사용자에게 이메일을 보내 이메일 스토리지 용량을 증가할 수 있도록 로그인 정보를 바꾸라고 하거나, 이메일에 포함된 링크를 클릭하여 미지불된 금액 문제를 해결하라고 요청하는 것이다. 이러한 링크를 클릭하면 공격자가 진짜 온라인 양식처럼 보이도록 만든 가짜 양식이 나타난다. 또는 복권에 당첨이 되었다든지 하여 많은 돈을 송금해 줄 테니 은행 계좌 정보를 보내고 취급 수수료와 세금을 지불하라는 이메일을 보내는 식이다.

- 멀웨어(Malware) – 컴퓨터 바이러스, 랜섬웨어(예: 악명 높은 CryptoLocker), 웜(네트워크를 통해 확산), 트로이 목마(합법적인 것처럼 보이는 애플리케이션에 숨겨짐), 키로거, 스파이웨어, 가짜 보안 프로그램 등 모든 종류의 악성 소프트웨어를 말한다. 멀웨어 위협은 대부분 바이러스가 아니라 웜이나 트로이 목마로 인한 것이다.

- 백도어(Backdoors) – 인증 없이 무단으로 또는 보안 암호 시스템을 해제하고 컴퓨터에 몰래 액세스하는 방법이다. 예를 들어 루트킷(rootkit)은 운영체제에 깊숙이 설치되어 있다가 흔적을 남기지 않고 침입하여 특정 프로그램 실행을 가능하도록 한다.
- 도청(Eavesdropping) – 몰래 네트워크 통신을 모니터링하거나 또는 장비의 전자파 방출을 통해 정보를 빼내는 스파이 활동이다. MITM(The man-in-the-middle attack)은 이러한 활동을 한 단계 높여 통신 당사자 간의 메시지를 탈취하고 메시지를 변경하여 상대방에 전달한다.
- 무단 직접 액세스(Illicit direct access) – 컴퓨터 기기를 실제로 확보하거나 직접 조작해 침해하는 것을 말한다.
- 서비스 거부(DoS) –시스템 또는 네트워크에 과부하를 야기해 의도된 서비스를 정상적으로 제공하지 못하게 하는 공격이다.

사이버 범죄는 세계적으로 심각한 문제이다. 미국의 컴퓨터비상대응팀(CERT)과 기타 국가들의 정부, 민간부문 및 교육기관들은 법률, 규정, 법 집행, 통신 기반 시설의 보호를 위한 대책을 마련하기 위해 여러 활동을 벌이고 있다.

> **CT: 하나를 위한 모두, 모두를 위한 하나**
> 최선을 다하면 사용자, 개발자, 공급자인 우리는 모두 함께 우리가 공유하는 사이버 공간을 보다 안전하게 만들 수 있다.

조직적인 대책, 식별 기술, 인증, 암호화 등은 모두 좋은 것이다. 그러나 인적 요인은 여전히 사이버 보안의 가장 큰 약점이다.

1978년 스탠리 마크 리프킨(Stanley Mark Rifkin)이 로스앤젤레스에 있는 퍼시픽 네셔널 뱅크(Pacific National Bank)를 강탈한 사건이 그러한 예이다. 이 은행의 컴퓨터 컨설턴트로 일하던 리프킨은 송금 절차를 익혔다. 그리고 1978년 10월 25일, 전신송금실에 들어가서 (놀랍게도) 벽에 게시되어 있던 자금 이체 코드를 외웠다. 그는 자신의 스위스 은행 계좌에 1천 2백만 달러를 이체하고 러시아 다이아몬드를 구입해 즉시 캘리포니아로 밀반입했다. 물론 그는 후에 잡혔다. 그 후 이야기는 모두가 다 아는 사실이다.

사이버 공간의 사용자와 사업자인 우리가 모두 보안을 강화하기 위해 최선을 다한다면,

바라건대 사이버 공간이 모든 사람에게 더 안전한 장소가 될 수도 있을 것이다. 절대 벽에 비밀번호를 붙여 놔서는 안 된다.

다음은 개별 사용자를 위해 제안하는 몇 가지 조치이다.

- 여러 개의 강력한 비밀번호를 사용한다. 로그인 정보는 암호화된 파일에 저장한다. 수시로 비밀번호를 변경한다. 보안 질문에 대한 실제 대답을 해서는 안된다. 다른 사람들이 추론할 수 없는 대답을 만들어 사용한다.
- 상식적으로 사용한다. 이메일의 첨부파일을 열거나 이메일에 포함된 링크를 클릭할 때 주의한다. 피싱 사이트이거나 악성코드가 포함되어 있을 수 있다. 의심스러운 경우 유명 검색엔진과 다른 규제기관(us-cert.go 등)에 신고한다.
- 신뢰할 수 있는 웹사이트의 소프트웨어만 다운로드 및 설치한다. 너무 좋아 보이는 무료 소프트웨어는 피한다.
- 이메일이나 전화상으로 사용자 ID나 암호를 제공하면 안된다. 직접 로그인을 하고 HTTPS 서버 인증서가 표시되었는지 반드시 확인한다.
- 중요한 파일은 외장하드 디스크(컴퓨터에서 분리되는) 또는 암호화된 형태의 클라우드에 백업한다.
- 무선 라우터에서는 WPA2/WEP 무선 보안을 사용하고 원격 관리자 액세스를 해제한다.
- 공공장소나 빌린 컴퓨터에서 온라인 계정을 액세스하지 않는다.
- 노트북, 태블릿 및 스마트폰을 항상 곁에 둔다.
- 플래시 드라이브와 기타 무료로 제공되는 유사한 제품에 주의한다. 컴퓨터를 감염시킬 수 있는 악성코드가 포함되어 있을 수 있다.
- 자리를 비울 때는 컴퓨터 화면을 잠근다. 스마트폰을 두고 자리를 떠나지 않는다. 항상 주머니나 지갑에 다시 넣는다.
- 보안 웹 페이지의 URL을 확인하고, 유효한 보안 서버 인증을 가진 HTTPS만 연결한다.
- 개인정보 보호를 위해 암호화된 이메일 통신을 설정한다.
- 컴퓨터나 스마트폰의 중요한 파일들을 암호화한다.
- 마이크로소프트 인터넷 익스플로러와 아웃룩에 특히 주의한다. 대부분의 보안 공격은 이러한 응용프로그램들을 대상으로 한다. Mac OS X, 가능하면 Linux를 사용한다.

- 라우터와 컴퓨터에서 방화벽을 사용하고 올바르게 설정을 한다. 로그인 세션을 마친 후에는 웹 브라우저를 닫는다.
- 모바일 기기의 경우, 공식 앱 스토어에서만 앱을 설치하고 화면 잠금(SIM잠금) 기능을 사용한다. 안티 바이러스 앱을 설치한다.
- 이메일 사기, 피싱, 웹 위조 및 기타 보안공격을 발견하면 즉시 신고한다. 당국과 해당 회사에 연락하여 이러한 사실을 알린다. 웹 브라우저 도움말 → 보고서 웹 위조 옵션을 사용한다. reportphishing@antiphishing.org로 이메일을 보낸다.

또는 인터넷 범죄신고센터에 연락(ic3.gov)한다.

최선을 다하면 스스로 만족할 수 있을 것이다. 그리고 각자 자신의 역할을 다하면 사이버 공간은 훨씬 더 안전해질 것이다.

또한 소프트웨어 및 시스템 개발자는 보안을 가장 중요한 요구사항으로 삼고 사용하기 쉽고 안전한 앱을 만들어야 한다. 우리 모두는 무료로 사용할 수 있는 안전한 사이버 공간을 적극적으로 보호할 필요가 있다.

연습문제

7.1 식별과 인증의 차이점은 무엇인가?

7.2 보안 영역이란 무엇인가?

7.3 전자 서명은 무엇인가? 최상위 공인인증기관(Root CA)은 무엇인가?

7.4 대칭키 암호 시스템에는 얼마나 많은 256-비트 키가 존재하는가? 대칭키 암호 시스템은 무작위 대입 공격에 안전한가?

7.5 HTTP와 HTTPS의 차이점은 무엇인가? 언제 HTTP 대신 HTTPS를 사용하는가?

7.6 Base64 인코딩에 대해 자세히 알아보라. 어떤 64개의 문자들이 사용되는가? Base64 인코딩 방법은 어떻게, 왜 평문에 패딩(문자 덧붙이기)을 하는가?

7.7 PGP와 GPG의 차이점은 무엇인가?

7.8 7.9.1절에서 소개한 지침에 따라 썬더버드를 이용해 보안 이메일을 설정하고, 신뢰할 수 있는 친구들과 보안 이메일을 송신 및 수신해 보시오.

7.9 공인인증기관이 서명한 인증서와 PGP의 웹 신뢰에 대해서 자세히 알아보시오.

7.10 대칭키 암호 시스템과 공개키 암호시스템의 차이점을 쉽게 설명해 보시오.

7.11 무료 이메일 인증서를 확보하여 사용 중인 이메일 클라이언트에 설치 및 테스트해 보시오.

7.12 컴퓨터 사용: "클라이언트와 서버", "서버", "클라이언트", "서버 호스트", "클라이언트 호스트", "서버 사이드", "클라이언트 사이드"의 용어를 어디에 사용하는지 토론해 보시오.

7.13 [컴퓨팅 사고력 적용] 어떻게 하면 비밀번호를 안전하게 보관하고 쉽게 사용할 수 있는가?

7.14 [컴퓨팅 사고력 적용] 스마트폰으로 문자를 보내는 것은 안전하며, 또 보안이 되는가?

7.15 [컴퓨팅 사고력 적용] Skype나 Google Hangout과 같은 화상 통화는 안전하며, 또 보안이 되는가?

7.16 [컴퓨팅 사고력 적용] 사용자들이 사이버 보안을 위해서 할 수 있는 행동들을 목록으로 작성해 보시오.

7.17 [그룹 토론 주제] 비밀번호를 잊었다.

7.18 [그룹 토론 주제] 에드워드 스노우든이 폭로한 NSA의 감시와 관련된 사이버 보안

Chapter

08

문제해결
(Solve That Problems)

>>>
문제해결(Solve That Problems)

컴퓨터는 거의 모든 작업을 수행하도록 프로그래밍을 할 수 있는 범용 기계이다. 컴퓨터는 문제 해결을 자동화할 수 있도록 해주고, 안정적이며 정확하고 빠르게 반복적으로 이를 수행할 수 있다. 그러나 모든 문제에 자동화를 적용할 수 있는 것은 아니다. 자동화를 통해 어떤 문제를 해결할 수 있는지 찾아볼 것을 권한다.

컴퓨터 자동화 단계는 개념화, 알고리즘 설계, 프로그램 설계 및 프로그램 구현이다. 즉 프로그래머는 원하는 결과를 달성할 수 있도록 해결 전략을 고안하고, 알고리즘을 구현하며, 프로그램 코드를 작성해야 한다.

문제 해결 알고리즘을 지정하고 구현하려면 정확하고 빈틈없는 사고가 필요하다. 또한 가능한 입력에 대한 예측과 다양한 실행 시나리오도 필요하다. 이러한 재능을 가지고 태어나는 사람은 많지 않다. 하지만 사례를 연구하고, 실험하며, 해결 방식을 수집해 나감으로써 누구나 문제 해결 능력을 키울 수 있다.

특정 문제를 해결하거나 주어진 작업을 수행하는 데는 여러 가지 알고리즘이 존재할 수 있다. 어떤 알고리즘은 다른 알고리즘들 보다 빠르고, 더 적은 리소스를 사용하며, 더 쉽게 프로그래밍이 되거나 실수의 위험이 적을 수 있다. 다른 여러 알고리즘을 비교 및 분석하는 것은 문제 해결의 중요한 부분이다.

대부분의 경우 가장 빠른 알고리즘이나 메모리 공간을 가장 적게 사용하는 알고리즘을 찾는 것이 목표이다. 컴퓨팅에서 문제 해결 능력은 우리의 일상생활에서도 도움이 될 수 있다.

8.1 퍼즐 풀기

문제 해결에 대해 생각해 볼 수 있는 좋은 방법은 퍼즐을 풀어보는 것이다.

8.1.1 달걀 프라이

문제 한 번에 두 개의 달걀을 프라이할 수 있는 팬이 하나 있고[그림 8.1], 세 개의 달걀 프라이가 필요하다. 달걀은 양면을 각각 1분씩 프라이해야 한다. 가능한 적은 시간으로 달걀 프라이 3개를 만들 수 있는 알고리즘을 설계해 보자.

[**그림 8.1**] 달걀 프라이

가장 오래 걸리는 방법은 한 번에 하나씩 계란의 양면을 1분씩 프라이하는 것이다. 그럼 총 6분이 소요된다.

더 나은 방법은 한 번에 두 개씩 프라이를 하는 것으로, 1분 후에 두 계란을 뒤집고, 다시 1분 동안 익힌 다음 세 번째 계란을 시도한다. 이 방법은 총 4분이 걸린다.

이것이 최선의 방법일까? 아니다. 더 좋은 방법도 있다.

1. 두 개의 달걀 프라이를 시작한다.
2. 1분이 지난 후 팬에서 반쪽을 익힌 계란 하나를 꺼낸다. 또 다른 계란을 뒤집어놓고 세 번째 계란을 넣는다. 1분간 프라이한다.
3. 다 익힌 계란을 꺼내고, 다른 계란을 뒤집는다. 그리고 한 면만 익혀 놓은 달걀의 뒷면을 익힌다. 1분간 프라이한다.
4. 두 개의 계란을 꺼낸다.

각 단계는 1분 정도 소요되고, 작업을 완료하는 데는 총 3분이 소요된다.

그렇다면 이것이 최선의 방법일까? 그렇다. 어떻게 그것을 알 수 있을까? 더 빠른 다른 방법이 없다는 것을 증명할 수 있는가?

증거는 이러하다. 세 개의 달걀을 프라이하려면 한 면에 1분씩 6분이 필요하다. 팬은 분당 최고 두 개의 계란 '면'만 프라이할 수 있다. 따라서 어떤 순서로 프라이를 하는지에 상관없이, 6개의 계란 '면'을 익히기 위해서는 적어도 3분이 필요하다.

8.1.2 액체 측정

문제 7온스 컵과 3온스 컵[그림 8.2]이 하나씩 있다. 하지만 두 컵에는 용량이 표시되어 있지 않다. 다른 용기는 없다. 정확하게 물 2온스를 측정해 담을 수 있는 방법을 찾아보자.

참고로 수돗물을 계속 받아 쓸 수 있고, 컵에서 컵으로 물을 옮겨 담을 수 있다. 방법은 다음과 같다.

[그림 8.2] 2개의 컵 문제

1. 3온스 컵을 완전히 채운다.
2. 3온스 컵에 있던 물을 7온스 컵에 붓는다.
3. 1과 2번 단계를 한 번 더 반복한다.
4. 다시 3온스 컵을 완전히 채운다.
5. 7온스 컵이 가득 찰 때까지 3온스 컵의 물을 붓는다.
6. 이제 2온스의 물이 3온스 컵에 남게 된다.

5온스나 6온스의 물은 어떻게 측정할 수 있을까? 7온스 컵을 8온스 컵으로 바꾼다면, 같은 문제를 풀 수 있을까? 7온스 컵을 6온스 컵으로 바꾸면 어떨까? CT 사이트에서 데모: LiquidMeasure를 사용해 실험해 볼 수 있다.

8.1.3 매직 트레이

문제 매직 트레이는 완전한 정사각형이고, 각 모서리마다 포켓이 있다[그림 8.3]. 포켓에 난 구멍은 다 똑같은 모양이다. 각 포켓의 안쪽에는 눈에 보이지는 않지만 컵이 하나씩 있다. 또한 이 트레이의 한 가운데에는 녹색 조명이 있다.

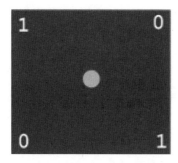

[그림 8.3] 매직 트레이 퍼즐

포켓 안쪽에 있는 컵은 위(1)를 향하거나 아래(0)를 향하거나, 둘 중 한 방향이 될 수 있다. 4개의 컵이 모두 같은 방향으로 놓이면 자동으로 조명이 빨간색으로 바뀐다.

목표는 몇 가지 단계를 수행하여 조명이 빨간색으로 바뀌도록 만드는 것이다. 각 단계마다 포켓을 한 개나 두 개 만져 확인해 보고 필요에 따라 컵의 방향을 조정하면 된다. 다른 일은 할 수 없다. 기억할 것은, 컵은 눈에 보이지 않는다는 사실이다. [그림 8.3]은 설명을 돕기 위해 시범적으로 가능한 한 가지 구성을 보여준다.

문제는 트레이가 각 단계 직후 회전을 한다는 사실이다. 그래서 회전을 멈추고 나면, 바로 이전 단계에서 검토한 포켓이 어느 것인지 알 방법이 없어서 복잡성이 가중된다.

컵이 처음에 어떤 방향으로 있었는지에 관계없이 가운데 있는 조명에 빨간색이 들어오도록 하는 알고리즘을 만드는 것이 관건이다. 알고리즘은 각 단계에서 무엇을 수행할 것인지 정확하게 지정하고 일정한 횟수를 시도한 후에 종료하도록 구성되어야 한다. 따라서 포켓으로 손을 뻗어 컵의 방향을 위 아래로 계속 바꾸는 것은 해결 방법이 될 수 없다. 운이

나쁘면 계속 같은 포켓을 만지는 경우도 있을 수 있기 때문이다.

그리고 또 한 가지, 측면이나 대각선으로 포켓에 손을 뻗을 수도 있기는 하다. 그러나 똑같은 측면/대각선이 걸릴 확률도 적긴 하지만 가능성이 있다. 알고리즘은 4개 포켓 모두를 확인해보지 않아도 작동해야 한다. 이 퍼즐은 재미있을 뿐 아니라 알고리즘이라는 아이디어의 정수를 보여준다. 각자 알고리즘을 찾아보길 바란다. 알고리즘은 7단계 이하로 구성되어야 한다. 연습문제 8.1과 CT 웹 사이트의 Demo: MagicTray를 참조하면 힌트를 얻을 수 있다.

8.2 정렬

자동 데이터 처리 시에는 목록에 있는 항목들을 순서대로 배치해야 하는 일이 종종 발생한다. 컴퓨터 과학에서 정렬은 데이터 항목들을 (메모리에) 선형 순서로 배열하여 각 항목을 쉽게 검색할 수 있도록 하는 것이다. 정렬된 목록(1.8절)에서 항목을 효율적으로 검색하기 위한 이진 검색 알고리즘을 다루었다.

정렬은 알고리즘 설계의 핵심 주제 중 하나이다. 다양한 정렬 방법이 고안되었으며 이와 관련한 연구 논문들도 많이 나와있다.

8.2.1 버블 정렬(Bubble Sort)

가장 기본적인 버블 정렬 알고리즘을 먼저 살펴보고, 어떻게 버블 정렬이 a_0, a_1, ..., a_{n-1} 순서로 된 n개의 원소를 오름차순으로 재정렬하는지 알아보도록 하자.

$$a_0 \cdots\cdots a_1 \cdots\cdots a_2 \cdots\cdots a_{n-1}$$

버블 정렬은 몇 차례의 비교 교환(CE) 연산을 실행한다. 각 비교 교환 작업은 순서대로 두 인접 원소를 비교하고, 후자 원소가 크도록 교환을 한다. 다음은 임의의 두 값 x와 y를 교환하는 데 사용할 의사코드(pseudo code)이다.

알고리즘 exchange(x, y):

   입력: 정수 x, 정수 y

   출력: x, y 교환됨

   1. temp = y로 설정한다.
   2. y = x로 설정한다.
   3. x = temp로 설정한다.

버블 정렬을 설명하기 위해 a_0, a_1, $\cdots$, a_7 이렇게 8개 원소로 구성된 순서를 정렬하는 방법을 살펴보자. 1단계는 7회의 비교–교환을 수행한다[그림 8.4].

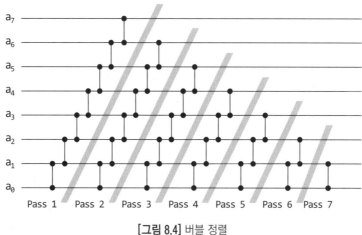

[그림 8.4] 버블 정렬

$$CE(a_0, a_1), CE(a_1, a_2), CE(a_2, a_3), CE(a_3, a_4), CE(a_4, a_5), CE(a_5, a_6), CE(a_6, a_7),$$

마찬가지로 그 단계는 a_0, a_1, $\cdots\cdots$, a_6 중 가장 큰 값을 a_6로 보낸다.

3단계는 a_0, a_1, $\cdots\cdots$, a_5 값 중 가장 큰 값을 a_5로 보낸다. 이렇게 계속하면 최종적으로 7단계가 a_0과 a_1 중 큰 값을 u_1로 보내고 정렬이 완료된다.

버블 정렬을 알고리즘 형식(CT: Make It an Algorithm, 1.8절)으로 만들어 보자. 루프를 사용하는 버블 정렬 의사코드(3.5.2절)는 다음과 같다.

알고리즘 bubblesort

입력: 정수 배열 a[0] ... a[n-1], 배열 길이 n

출력: 배열 원소가 오름차순으로 재 정렬됨

```
for (int end=n-1; end > 0; end=end-1)
{ for (int i=0; i < end; i=i+1)
    { if (a[i] > a[i+1])
        {   temp=a[i + 1] ; a[i+1]=a[i]; a[i]=temp;   }
    }
}
```

내부 루프 본문에서 비교-교환 연산을 주의해서 보자.

이 알고리즘은 얼마나 효율적인가? 8개 원소가 있는 경우, 1단계는 7개의 비교-교환 연산을 수행하고, 2단계는 6개의 비교-교환 연산을 수행하며, 이런 식으로 7단계까지 연산이 수행된다. 그렇기 때문에 8개 원소를 정렬하기 위해 알고리즘 bubblesort는 총 28회의 비교-교환 연산을 수행한다.

$7 + 6 + 5 + 4 + 3 + 2 + 1 = 4 \times 7 = 28$

일반적으로 버블 정렬은 n개의 원소를 정렬하기 위해 다음 횟수의 비교-교환 연산을 실행한다.

$$(n-1)+(n-2)+\cdots\cdots+1 = \frac{n \times (n-1)}{2}$$

8.2.2 개선된 버블 정렬

컴퓨팅의 기본 활동 중의 하나는 기존 절차를 개선할 수 있는 효율적인 방법을 찾는 것이다. 8.2.1절의 버블 정렬을 예로 들어보자. 길이 n의 임의 입력 시퀀스에 대해 버블 정렬은 항상 $\frac{n \times (n-1)}{2}$ 회의 비교-교환 연산이 필요하다.

이미 주어진 시퀀스가 올바른 순서로 되어 있는 경우에도 이는 마찬가지다. 알고리즘에

컴퓨팅 사고력과 소프트웨어의 이해

서 가장 많은 횟수의 연산이 필요하도록 만드는 입력을 '최악의 경우'라고 한다. 버블 정렬에서 최악의 경우는 주어진 시퀀스가 내림차순인 경우로 $\frac{n \times (n-1)}{2}$ 회의 비교-교환 연산이 필요하다. 그렇다면 이런 최악의 경우 말고 덜 나쁜 경우에서 연산 횟수를 감소시킬 수 있을까?

물론 가능하다. 하나의 처리 단계에서 처음 두 원소에 비교-교환 연산이 수행된 후 교환이 일어나지 않는다면 시퀀스가 이미 순서대로 되어 있다는 것을 의미하므로 전체 과정을 종료할 수 있다. 이를 시퀀스 내에 조건으로 참조하도록 하자.

이를 반영하도록 알고리즘 bubblesort에 있는 for 루프를 수정할 수 있다.

```
go_on=1;
for (int end=n-1; go_on && end > 0; end=end-1)
{ go_on=0;
    for (int i=0; i < end; i=i+1)
    { if (a[i] > a[i+1])
                { temp=a[i+1]; a[i+1]=a[i]; a[i]=temp; go_on=i; }
    }
}
```

원래 참(true)으로 설정된 논리 변수 go_on은 for 루프의 외부를 제어하는 데 사용된다. 각 단계의 바로 전 go_on은 거짓(false)으로 설정이 되어 있다. i가 0보다 큰 모든 교환 연산에서 go_on은 참이 된다. go_on이 거짓이면 루프가 다음 단계로 진행되지 않고 중지된다. 코드를 추적해서 제대로 작동하는지 직접 확인해 보도록 한다.

더 많은 예제를 들기 전에, 먼저 문제 해결을 위한 몇 가지 일반적인 원칙과 접근방식을 살펴보자.

CT: 가지치기

하나의 문제를 더 작고 단순한 여러 문제로 만들어 해결한다.

예를 들어 버블 정렬은 문제를 조금씩 축소해 줄여나간다. 각 단계에서 정렬될 시퀀스의 길이가 1씩 감소되는 것이다. 그리고 반복적으로 축소해 나감으로써 어느 순간 과정이 완료된다.

보통 문제를 해결하는 데는 두 가지 방법이 있다. 하향식 접근방법(top-down)과 상향식(bottom-up) 접근방법이다. 하향식 문제 해결은 크고 복잡한 문제를 몇 개의 작은 하위 문제로 분해하는 것이다(분열시켜 정복!). 각 하위 문제는 직접 해결을 하거나 더 세분화될 수 있다. 모든 하위 문제가 해결되면 큰 문제가 완료된다.

> **CT: 구축하기**
>
> 문제 해결에 적용될 수 있는 더 크고 복잡한 구성요소를 구축하기 위해 알려져 있는 기본적인 수량과 방법을 결합한다.

이와 반대로 문제 해결의 상향식 접근방식은 특정 작업을 완수하거나 문제를 해결하기 위해 주어진 데이터, 알려진 수량 및 방법으로 결합될 수 있는 구성요소들을 모으는 것으로 시작을 한다. 현대의 디지털 컴퓨터의 작동 방식이 상향식 접근방식의 좋은 예이다. 비트와 이들의 기본적인 논리 연산(논리 게이트)이 결합되어 데이터를 출력 및 조작하고, 모든 종류의 문제를 해결할 수 있는 프로그램이 된다. LEGO 블록은 상향식(bottom-up) 접근방식의 좋은 예이다.

문제를 해결할 때는 하향식뿐 아니라 상향식 접근방식을 적용할 필요가 있다. 알려진 데이터와 기술을 결합하고 동시에 주어진 큰 문제를 작은 문제로 잘게 나눠 나가다 보면 해결책을 보다 쉽게 찾을 수 있기 때문이다.

> **CT: 단계적 개선**
>
> 전반적인 문제해결 전략을 세우고 각 부분들이 어떻게 상호작용 및 협력을 할 것인지 정한다. 이것이 먼저 작동하는지 확인을 한 후 단계적으로 알고리즘이나 프로그램을 개선해 나간다.

문제 해결 알고리즘을 만들거나 프로그램을 구현할 때, 세부 사항에 너무 신경을 쓰다 보면 나무만 보고 숲을 못 보는 경우가 생긴다. 컴퓨터 과학에서 단계적 개선 방법은 우선 큰 그림에 초점을 맞추고 문제 해결의 골조를 먼저 올바르게 구축할 것을 제시한다. 알고리즘이나 프로그램이 제대로 수행이 되는지 확인한 후, 그 속도와 효율성 향상을 위해 개선할 수 있는 것들을 찾아보는 것이다.

기본적인 버블 정렬 알고리즘에 시퀀스 조건을 추가하는 것이 이러한 예이다. 앞으로 더 많은 예를 살펴보겠지만, 버블 정렬 같은 비효율적인 알고리즘은 아무리 개선을 해도 크게 개선되지 않는다는 사실을 알아둘 필요가 있다.

CT: 버전 업데이트

소프트웨어는 사용자 경험과 피드백을 활용하여 시간이 흐르면서 지속적으로 진화하고 향상된다. 우리가 일상적으로 하는 모든 것들도 이와 마찬가지여야 한다.

응용프로그램의 업데이트를 다운로드하거나 새로 나온 운영체제를 구입할 때마다, 우린 "지속적인 개선"에 대해 생각해 보게 된다. 회사, 조직, 그리고 개인이 스스로에게 해야 할 질문은 "나는 개선되고 있는가? 나는 최신 버전인가?" 하는 것이다.

8.3 재귀(Recursion)

순환적 정의(circular definition)는 일반적으로 좋은 게 아니므로 피해야 한다. 정의를 할 때 직·간접적으로 정의되는 용어를 또 사용하기 때문이다. 밝음: 보면 밝게 보임, 또는 어른: 어린아이가 아닌 어른, 아이(Child): 성인이 아닌 사람 등이 그러한 예이다. 순환 정의는 자신의 꼬리를 쫓는 개와 같이 끝없이 계속된다. 그러나 용어나 개념의 정의가 순환되지 않고 자신을 포함하는 경우, 그 용어나 개념은 '재귀적'으로 정의될 수 있다. 재귀적 정의(recursive definition)에는 마지막에는 순환하지 않는 기본 가정들이 있다. 처음으로 재귀라는 개념을 접하면 혼란스러울 수 있다. 그러나 일단 이해를 하고 나면, 익이로 간단하다. 계속 읽기 바란다.

수학에서 재귀 함수는 그 표현에 같은 기능이 포함되는 함수이다. 예를 들면 계승 함수

$$n! = n \times (n-1) \times (n-2) \times \ldots \times 1, \text{정수 } n > 0$$

는 다음과 같이 재귀적으로 정의될 수 있다.

n = 1인 경우, 1! = 1 (기본 가정)
n > 1인 경우, n! = n × (n – 1)! (재귀적 정의)

재귀 함수나 알고리즘은 직접 또는 간접적으로 자신을 호출한다. 다음은 재귀 함수 factorial을 위한 의사코드(pseudo code)이다.

알고리즘 factorial(n):

입력: 양의 정수 n
출력: n을 리턴한다.

1. 만약 n 이 1이면, 1을 리턴한다.
2. 그렇지 않으면 n×factorial(n–1)을 리턴한다.

"리턴(Return)" 연산이 함수를 종료하며 값을 생성할 수도 있다.

2단계에서 같은 함수가 호출되어지는 factorial(n–1) 값을 n번 곱한 값을 산출한다. 이는 자기 자신에 대한 호출이다.

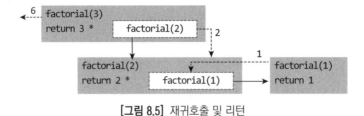

[그림 8.5] 재귀호출 및 리턴

문제를 재귀적으로 해결하려면, 이 문제를 같은 성질을 가진 하나 이상의 작은 문제로 줄인다. 그리고 직접 해결이 가능할 정도로 간단해질 때까지 이 문제들에 동일한 알고리즘을 재귀적으로 적용함으로써 작은 문제들을 해결할 수 있다.

컴퓨팅 사고력과 소프트웨어의 이해

우리에게 '재귀'의 기능을 사용할 수 있음은 대단한 사실이다. 앞으로 이와 관련한 몇 가지 예를 살펴볼 것이다.

최대공약수(GCD)

0이 아닌 두 양의 정수 a와 b의 최대공약수(GCD)를 계산해 보자. 알다시피 gcd(a, b)는 a 와 b를 균등하게 나누는 최대 정수이다. 수학의 gcd(a, b)에는 재귀가 포함된다.

1. b가 0이면 답은 a이다.
2. 그렇지 않으면, 답은 gcd(b, a mod b)이다.

a mod b는 a를 b로 나눈 나머지 값이다. 따라서 gcd(a,b)를 위한 재귀 알고리즘은 다음과 같이 직접 표현한다.

알고리즘 gcd(a, b):

입력: 둘 다 0이 아닌 정수 a와 b
출력: a와 b의 최대공약수 GCD

1. b가 0일 때, a를 리턴한다.
2. 그렇지 않으면, gcd(b, a mod b)를 리턴한다.

주의할 것은 알고리즘 gcd는 자신을 호출하며, b의 값은 gcd에 대한 호출이 이어질 때마다 작아진다〈표 8.1〉는 사실이다. 결국, 인수 b는 0이 되고 재귀는 풀린다. 가장 깊은 재귀 호출이 리턴되면, 다음 단계 호출이 리턴되고, gcd 리턴이 나올 때까지 계속 호출이 이뤄진다.

〈표 8.1〉 gcd(1265,440) = 55의 재귀

호출 수준	a	b
1	1265	440
2	440	385
3	385	55
4	55	0

8.3.1 퀵 정렬(Quicksort)

재귀 알고리즘의 또 다른 좋은 예는 퀵 정렬이다. 정렬 알고리즘들 중에서도 퀵 정렬은 가장 빠른 알고리즘 중 하나이다. 실제로는 사용되지 않은 버블 정렬보다 훨씬 빠르다.

퀵 정렬을 사용해서 정수의 배열을 오름차순으로 정렬해 보자. 골자는 배열을 두 부분, 즉 작은 원소들은 왼쪽, 큰 원소들은 오른쪽으로 분리하는 것이다. 이것이 바로 정렬에서 분할 원소(pe, partition element)[1]를 먼저 골라내는 분할 연산이다. 원소들의 자리를 바꿔, pe의 오른쪽에 있는 모든 원소들이 pe와 같거나 크도록 정렬을 배열한다. pe 왼쪽에 있는 원소는 pe와 같거나 작다. 그러므로 pe가 있는 위치를 분할점(partition point)이라 한다.

분할이 된 후에는 정렬해야 할 두 작은 범위, 즉 pe의 왼쪽과 오른쪽 부분(파티션)이 생긴다. 같은 방법을 적용해 각 작은 범위들을 정렬한다. 범위의 크기가 2보다 작으면 재귀가 종료된다.

알고리즘 quicksort(a, i, j):

입력: 배열 a, 시작 인덱스 i, 종료 인덱스 j
출력: 원소 a[i]에서 a[j]를 오름차순으로 정렬

1. i가 j보다 크거나 같으면, 리턴;
2. k = partition(a, i, j)
3. quicksort(a, i, k−1)
4. quicksort(a, k+1, j)

---

[1] pe는 피벗 원소(pivot element)라고도 한다.

퀵 정렬의 알고리즘은 배열 a에 포함된 일정 범위의 원소들을 정렬한다. 이 범위는 인덱스 i로 시작하고 인덱스 j로 끝난다. 8개의 원소를 가지는 배열을 위한 호출은 quicksort(a, 0, 7)이다.

이 알고리즘은 'i ≥ j이면 이 범위는 비어 있거나 원소가 하나뿐이며 알고리즘은 아무것도 수행하지 않고 종료된다'는 기본 가정으로 시작된다. j가 i보다 크면 전술한 바와 같이, 배열을 두 부분으로 분할하는 연산이 수행된다. pe는 배열에서 인덱스 k로 최종 위치를 정한다. 그 다음 pe의 양쪽에 있는 두 개의 작은 배열들을 정렬하기 위해 퀵 정렬이 재귀적으로 호출된다.

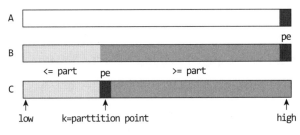

[그림 8.6] 퀵 정렬을 위한 분할

분할 함수는 입력 값으로 배열 a와 두 개의 인덱스 'low'와 'high'를 받고 다음의 세 가지 절차를 수행한다.

1. 임의로 설정된 원소 범위 중에서 하나의 pe를 선택한다. pe가 이 범위의 마지막에 저장되도록 a[high]와 pe를 교환한다.
2. 범위(low, high−1)의 양 끝에서 중앙으로 검색을 하여 부적절한 위치에 있는 양쪽 원소들을 쌍으로 교환한다. 그러면 [그림 8.6] B에서 보이는 구성이 된다.
3. 분할점([그림 8.6] C)에서 원소를 pe와 교환하며 pe 인덱스(k)를 리턴한다.

또한 분할(partition) 함수를 위해, while 루프(3.5.1절)를 사용하는 의사코드(pseudo code)도 주어질 수 있다.

```
partition(a, low, high)
{ k = low; j = high;
```

```
                exchange(a, (k+j)/2, j); pe = a[high];
                while (k < j)
                {    while(k<j && a[k] <= pe)  k= k+1;
                     while(k<j && a[j] <= pe)  j= j-1;
                     if(k<j) exchange(a, k, j);
                }
                if (k !=high) exchange(a, k, high);
                  return;
                }
```

low에서 high까지의 범위에서 pe가 최대(최소) 원소가 되어버리는 불행한 경우에는, 분할 위치가 high(low)가 되어, 분할의 효과가 떨어진다. 두 개의 하위 문제가 거의 같은 크기일 때, 분할은 보다 더 효과적이다(연습문제 8.5 참조).

퀵 정렬은 정렬할 배열의 길이를 신속하게 감소시키기 때문에 실제 작업에 효율적이다. 또한 제자리(in place) 재요청을 수행한다는 것에 주목하라. 몇몇의 기타 정렬 알고리즘에서 요구되어지는 보조 배열(auxiliary array)은 사용되지 않는다. 퀵 정렬이 어떻게 수행하는지 이해하는 가장 좋은 방법은 직접 10개 미만의 원소로 테스트를 해 보는 것이다.

8.4 재귀 솔루션 공식

CT: 재귀 마법의 적용

2개의 간단한 질문에 대답하면, 마법처럼 복잡한 문제를 해결될 수 있다.

많은 경우 재귀는 새로운 사고방식이며 문제 해결을 위한 강력한 도구가 된다. 재귀적 해결책을 주어진 문제에 적용할 수 있을지 여부를 확인하려면, 다음 두 가지 질문을 해보면 된다.

- 문제가 작고 경미한 경우 문제를 해결하는 방법을 알고 있는가?
- 문제가 작거나 경미하지 않은 경우 문제를 같은 본질의 여러 작은 문제들로 나눌 수 있으며 이 문제들을 해결함으로써 원래 문제를 해결할 수 있는가?

두 질문에 대한 대답이 '그렇다'인 경우라면, 이미 재귀적인 해결안이 있는 것이다!

재귀 알고리즘은 일반적으로 직·간접적으로 자신을 호출하는 함수로 기술된다.

재귀 함수는 간결하고 그 기본 구조를 인식하면 쉽게 작성할 수 있다. 모든 재귀적인 해결 방법은 다음과 같은 일련의 단계를 사용한다.

(i) 종료 조건: 재귀 함수는 재귀 종료 시 간단하거나 사소한 가정(기본 가정)을 파악할 수 있도록 항상 테스트로 시작한다. 기본 가정(퀵 정렬의 경우 O, gcd의 경우 나머지 O)은 직접 처리되고, 함수는 리턴한다.

(ii) 하위 문제: 주어진 문제를 같은 종류의 작은 문제들로 분할한다. 각 부분은 함수 자체에 대한 재귀적인 호출로 해결되어 크기나 복잡함이 감소된 인수를 전달한다.

(iii) 답변 재조합(옵션): 마지막으로, 하위 문제들의 답변을 결합해서 원래의 문제를 해결한다. 그리고 함수 호출이 리턴한다. 조합을 위해 재귀 호출의 결과에 덧셈, 곱셈 또는 다른 연산을 수행할 수도 있다.

최대공약수(GCD)와 퀵 정렬과 같은 문제에서는 재조합이 필요하지 않다. 이 단계는 간단한 리턴문이 된다. 그러나 팩토리얼 값을 구하려면 재귀 호출 factorial(n-1)에 n을 곱해야 한다.

여기 설명된 재귀 엔진은 매우 간단하다. 이 알고리즘은 짧고 아주 간결해 보이지만 그 논리는 매우 복잡하게 보일 수 있다. 재귀가 어떤 힘을 가졌는지 '하노이의 탑' 퍼즐로 설명을 해 보자.

8.5 하노이의 탑(Tower of Hanoi)

전설에 의하면 하노이에서는 승려들이 금으로 만든 무거운 원반을 검정색 나무로 만든 세 기둥에서 옮겨 쌓으며 시간을 보냈다고 한다.

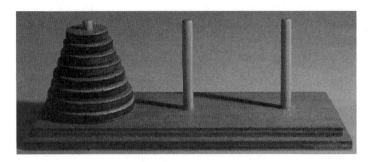

[그림 8.7] 하노이의 탑 퍼즐

원반의 크기는 모두 다르고 그 크기에 따라 i부터 n까지의 번호가 매겨져 있다. 각 원반에는 기둥에 꽂을 수 있도록 중앙에 구멍이 있다. 처음에는 모든 n개의 원반이 순서대로 하나의 기둥에 꽂혀 있다. 가장 작은 원반 1이 맨 위에 그리고 가장 큰 원반은 맨 아래에 놓여 있다[그림 8.7]. 해야 하는 일은 하나의 기둥에서 세 번째 기둥으로 원반을 옮기는 것이다. 필요하면 중간에 있는 기둥을 경유할 수 있다. 단 3가지 규칙을 지켜야 한다.

1. 기둥 맨 위에 있는 원반만 이동할 수 있으며 한 번에 하나만 이동할 수 있다.
2. 원반은 기둥에서 기둥으로만 이동해야 한다. 다른 장소에 둘 수 없다.
3. 큰 원반을 작은 원반의 위에 놓으면 안된다.

좀 더 간단하게 설명하기 위해 첫 번째 기둥을 A(소스 기둥), 두 번째 기둥을 B(경유 기둥), 세 번째 기둥을 C(대상 기둥)이라고 하겠다. 해결 방법을 본적이 없다면, 먼저 간단한 예를 시험해 보는 것이 좋을 것이다. 원반 개수를 n=3으로 하면 그 순서를 알아내는데 시간이 오래 걸리지 않는다.

원반 1을 A에서 C로 이동한다.
원반 2를 A에서 B로 이동한다.
원반 1을 C에서 B로 이동한다.
원반 3을 A에서 C로 이동한다.
원반 1을 B에서 A로 이동한다.
원반 2를 B에서 C로 이동한다.
원반 1을 A에서 C로 이동한다.

이렇게 해서 n=3의 경우 7회의 이동이 필요하다는 사실을 알게 되었다. 세 개의 원반을 이동하는 방법을 통해 어느 정도 이해가 되었다면 4개의 원반을 사용해 보자. 따를 수 있는 규칙이 없다고 곧 생각될 것이다. 원반이 추가될수록 문제는 더 어려워진다. 그러나 재귀적으로 생각한다면 퍼즐은 매우 쉽게 해결된다.

n개의 원반을 B를 경유하여 A에서 C로 이동하는 이 문제에 재귀 연산을 적용해 올바른 움직임의 시퀀스를 생성해 보자.

(i) 종료 조건: 만일 n=1이면 원반1을 A에서 C로 이동하고 리턴한다.

(ii) 하위 문제: n>1의 경우 3가지 작은 문제를 해결해야 한다.

   1. C를 경유하여 n−1개의 원반을 A에서 B로 이동한다.

   2. n개의 원반을 A에서 C로 이동한다.

   3. A를 경유하여 n−1개의 원반을 B에서 C로 이동한다.

    동일한 류의 두 가지 작은 하위 문제가 있고 하나의 사소한 단계가 존재한다.

(iii) 답변의 재조합: 하위 문제들이 해결된 후에 이 문제가 해결된다. 재조합은 필요하지 않다.

문제 해결을 위해 재귀 함수를 작성해보자. 필요한 것은 두 재귀 호출과 원반의 움직임뿐이다.

알고리즘 hanoi(n, a, b, c):

입력: 정수 n(디스크의 수), a(소스 기둥), b(주차 기둥), c(대상 기둥)

출력: 이동 순서 표시

   1. n =1이면, "원반 1을 a에서 c로 이동"을 출력하고 리턴한다.

   2. hanoi(n−1, a, c, b)

   3. "원반 n을 a에서 c로 이동"을 출력한다.

   4. hanoi(n−1, b, a, c)

2단계와 4단계는 각각 재귀 호출을 한다. 너무 간단해 보이지 않은가? 그렇지만 제대로 작동이 된다. 원반이 7개인 경우 해결 방법을 찾으려면

hanoi(7, 'A', 'B', 'C')를 호출하면 된다.

문제를 해결하는 과정에서 세 기둥이 각각 소스 기둥, 경유 기둥, 대상 기둥으로 사용된다. 하노이 함수에서 이동해야 하는 원반 수 n과 함께 A, B, C 변수가 사용되는 이유는 이 때문이다. [그림 8.8]은 n=5인 경우를 위한 세 단계의 재귀 해결 방법을 보여준다.

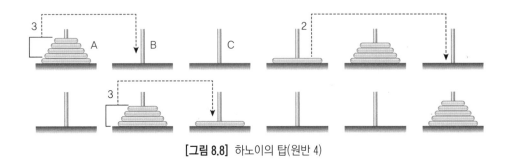

[그림 8.8] 하노이의 탑(원반 4)

1. 원반 4를 A에서 B로 이동(hanoi(4, 'A', 'C', 'B'))
2. 원반 5를 A에서 C로 이동
3. 원반 4를 B에서 C로 이동 (hanoi(4, 'B', 'A', 'C'))

그렇다면 n개의 원반이 있는 경우 하노이 알고리즘에서 필요한 이동의 수는 몇 개일까? 이동 횟수는 mc(n)라고 하자. 그러면

- n = 1인 경우, mc(n)=1
- n > 1인 경우, mc(n)=2 x mc(n-1)+1

mc(n)에 대한 위의 정의는 재귀 관계의 형식으로 되어 있으며 모든 주어진 n에 대해 mc(n)를 계산할 수 있게 해준다.

그러나 mc(n)에 대한 폐쇄-형태의 공식을 찾아볼 수도 있다.

n = 1   mc(l) = 1
n = 2   mc(2) = 2 + 1
n = 3   mc(3) = 22+2+1
n = 4   mc(4) = 23+22+2+1
...

일반적으로

$$mc(n) = 2^{n-1} + 2^{n-2} + ... + 2 + 1 = 2^n - 1$$

하노이 탑 게임(데모: Hanoi)은 CT 웹사이트에 찾아볼 수 있다. n개의 원반이 있는 경우 2n-1번의 이동이 필요하기 때문에, 작은 n값으로 실험을 해야 한다. 그러나 하노이의 승려들은 그렇게 운이 좋지 못했다. 그들은 태양이 없어지기 전에 200개의 무거운 순금 원반을 옮겨야 했다.

재귀 엔진(recursion engine)은 다른 방법과는 비교할 수 없는 문제 해결 방법을 제공한다. 겉으로 복잡하게 보이는 많은 문제들도 재귀적 사고로 쉽게 해결할 수가 있다.

8.6 8명의 여왕(Eight Queens)

8명의 여왕 문제는 바이에른의 체스 선수인 맥스 베젤이 1848년 공식화한 문제이다. 목표는 체스 보드에 8명의 여왕들이 서로를 공격할 수 없도록 배치하는 것이다. 알다시피 여왕은 동일한 행, 열 또는 대각선으로 다른 기물들을 공격할 수 있다. 문제는 얼마나 많은 해결 방법이 있는가 하는 것이다.

12개의 기본적인 해결 방법([그림 8.9]는 해결책 중 한 가지)이 있다. 그러나 그 외에도 보드 회전 또는 거울 반사를 사용하면 총 92개의 다른 해결 방법이 파생될 수 있다.

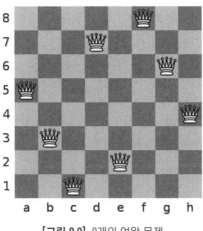

[그림 8.9] 8개의 여왕 문제

각 열과 각 행에 하나의 여왕만 있어야 한다는 것이 해결 방법의 필요 조건이다. 1번 행은 이 필요 조건을 만족시킬 수 있는 8개의 열 위치가 있고, 2번 행은 7개의 열 위치가 있다. 이런 식으로 하다 보면, 총 8! = 40320곳에 여왕을 배치할 수가 있다.

그러나 역추적(backtrack)이라는 기술을 사용하여 보다 효과적으로 작업을 수행할 수 있다. 방법은 이미 자리에 위치해 있는 여왕들을 공격할 수 없는 위치에 각 여왕을 배치하는 것이다. 모든 8개의 여왕들이 배치되면 과정이 끝나 해결 방법이 하나 생긴다. 중간에 막혀서 옴짝달싹 못하게 되면 이전에 움직인 여왕을 철수하고 가능한 다음 위치로 이동한다. 만약 배치할 곳이 없다면 역추적을 더해야 한다. 무작위 대입 방법에 비해 역추적은 훨씬 적은 수의 가정을 검토한다.

역추적을 설명하기 위해 여왕 4개로 문제를 살펴보도록 하자. [그림 8.10]의 맨 왼쪽처럼 첫 번째 보드 위치 (1, a)에 첫 번째 여왕을 배치하는 것으로 시작한다. 다음으로 보드 위치 (3, b)에 두 번째 여왕을 배치한다. 세 번째 열에서 여왕을 배치할 곳이 없다는 사실을 알 수 있다. 막힌 상태이다.

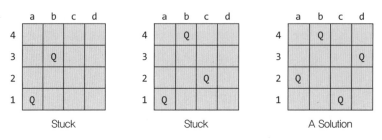

[그림 8.10] 4명의 여왕 문제에 대한 역추적

그러므로 두 번째 여왕을 열에서 다음 가능한 위치인 (4, b)로 이동한다. 이렇게 하면 세 번째 열에 있는 세 번째 여왕을 (2, c) 위치에 배치할 수 있다. 하지만 [그림 8.10]의 중간 보드에서 볼 수 있는 것처럼 네 번째 여왕을 위치할 곳이 없게 된다.

다시 되돌아가서 이전 여왕의 위치를 변경해야 한다. 세 번째 또는 두 번째 여왕에 대한 다음 위치가 없어진다. 그래서 첫 번째 여왕을 가능한 다음 위치로 옮겨야 한다. 이 위치에서, 앞에서와 동일한 방식으로 진행을 해나가다 보면, [그림 8.10]의 오른쪽과 같이 해결 방법을 얻을 수 있다. 이는 무작위 대입 방식보다 확실히 빠르다. 역추적의 효율성은 막힌 상태가 된 후에 계속 여왕의 배치를 하지 않는 것에서 기인한다.

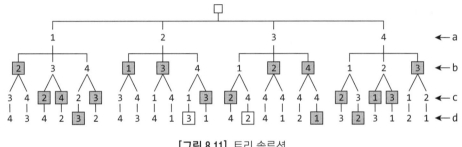

[그림 8.11] 트리 솔루션

4명의 여왕 문제에서 역추적이 얼마나 효율적이었나를 살펴보기 위해 [그림 8.11]의 솔루션 트리(CT: Learn from Trees, 4.8.2절)를 살펴보자. 첫 번째 레벨의 노드는 보드의 a열에 있는 첫 번째 여왕의 행 위치를 제공하고, 두 번째 레벨의 노드는 b열에 있는 두 번째 여왕의 행 위치를 제공한다. 이러한 방식으로 c열과 d열의 여왕 위치도 알 수 있다.

음영처리된 노드는 막다른 상태를, 두 개의 네모 노드까지의 경로는 두 가지 해결 방식만 있음을 나타낸다. [그림 8.11]은 역추적을 통해 얼마나 많은 가지가 줄어드는지 즉 얼마나 큰 계산 절감 효과가 있는지를 보여준다.

역추적 구현

이제 어떻게 역추적을 8명의 여왕 문제를 해결하는 데 적용할 수 있는지 알고리즘을 통해 알아보자. 알고리즘은 다음의 수량(q)을 사용한다.

- 보드의 크기가 N × N일 때: 모든 행과 열은 1에서 N까지 번호가 매겨진다.
- 정수 배열인 qn은 qn[0]에서 qn[N]까지의 원소를 갖는다.
- qn[c]은 c열에 있는 여왕의 행 위치이다. 단, $1 \leq c \leq N$이다.

역추적 알고리즘은 각 열에서 연속적으로 여왕을 배치하려고 시도하며 재귀 함수 queens로 기술된다.

알고리즘 queens(r0, c):

입력: 정수 r0 (시작 행), c (현재 열)
출력: queens(1, 1)은 N개의 여왕 문제를 위한 모든 해결 방안 표시

     1. (c ⟨ 1)인 경우 리턴(완료)

2. (c > N)인 경우, (하나의 해결 방법을 찾음)

  (a) qn[1] 부터 qn[N]까지로 찾아낸 해결 방법 출력

  (b) queens(qn[c-1]+1, c-1) 호출 (보다 많은 해결 방법을 찾기 위함)

  (c) 리턴

3. (r=r0; r < = N; r = r+1)인 경우

```
{  if ( safep(r, c) )
{  qn[c] = r;
   queens (1, c+1); (다음 열로 이동)
   return;
      }
}
```

4. queens (qn [c-1]+1, c-1) 호출 (역추적 부분)

N=8로 정의하면, queens(1, 1)이 호출되어 8명의 여왕 문제에 대해 총 92개의 해결 방법이 생성된다.

(Step 1)c가 0이면, 함수는 종료된다(열 1의 좌측으로 역추적). 그렇지 않은 경우(Step 2), c가 N보다 크면(각 열에 1개 여왕 있음) 해결 방법이 출력되고 다음 단계(Step 2b)로 이동하여 더 많은 해결 방법을 찾고 리턴한다.

Step 3에 도달하면, 함수는 c열에 있는 여왕을 r0행과 N행 사이의 유효한 행에 배치하려고 시도한다. 성공적으로 각 행에 배치가 되면 함수는 queens(1, c+1)를 호출하고 다음 열로 계속 진행한다. 마지막으로(Step 4), r0과 N 사이의 모든 행을 처리한 후 더 많은 해결책이 있는지 이전 열로 역추적을 한다.

서술된 safep함수는 여왕을 배치하기 위한 위치(r, c)의 유효성을 확인하여 참(true) 또는 거짓(false)을 리턴한다.

```
safep(r, c)
{ for (y=1; y < c; y=y+1)
  { if (qn[y] == r || abs(qn[y]-r)==abs(c - y))
```

```
                    return 0;
            }
            return 1;
        }
```

이 함수는 (r, c)에 여왕이 없는지 또는 이전 열에 위치한 여왕이 대각선으로 있지는 않은지를 확인한다.

CT 사이트에서 상호작용이 가능한 Demo: Queens로 확인해 볼 수 있다. 여왕을 직접 보드에 위치해 보며 해결 방법을 찾아보고 8개의 여왕 문제에 대한 총 92개의 기본 해결 방법을 볼 수도 있다.

8.7 일반적인 역추적

역추적 기법을 소개하기 위해 8명의 여왕 문제를 예로 들었다. 이는 일반적으로 한번에 하나의 원소에 대한 해결 방법을 생성함으로써 문제를 해결하는 경우 적용될 수 있다. 여왕 문제의 경우 한번에 하나씩 모든 여왕을 배치할 수 있다. 이와 유사한 다른 문제로는 크로스워드 퍼즐과 TM도쿠(Sudoku) 퍼즐이 있다. 그러나 역추적은 단지 게임을 위한 것만은 아니다. 용기에 다른 무게나 크기를 담는 배낭 문제(knapsack problem)와 같은 실용적인 문제를 해결하는 데에도 광범위하게 사용될 수 있다.

여왕 문제와 유사한 배낭 문제는 조합 최적화(combinatorialo ptimization)유형의 문제이다. 조합 최적화는 원하는 값들을 최적화하기 위해 제약(constraints)조건을 만족하는 항목들로 구성된 상이한 조합을 검사한다. 여왕 문제에서는 비공격(nonattacking)이라는 제약이 있었고, 보드에 여왕을 최대한 많이 배치할 수 있는 여러 가지 방법을 찾는 것이 목표다. 배낭 문세에서는 배낭 안에 넣을 수 있는 한계가 정해져 있는 상태에서 총 짐들의 가치가 최대화되도록 짐을 싸는 다양한 방법을 찾는 것이 목표다.

8.8 트리 순회(Tree Traversals)

4.8.2절에서는 [그림 4.6]에 나와 있는 전형적인 파일 트리를 보면서 컴퓨터 파일의 구조에 대해 살펴보았다. 트리는 계층적 데이터를 구조화하는 데 아주 유용한 방법이다(CT: Learn from Trees, 4.8.2절). 가계도(Family trees)는 우리에게 잘 알려져 있으며 인터넷 도메인 이름은 트리 구조로 구성된다.

[그림 8.12] 윈도우 운영체제에서 파일 검색

컴퓨터에서 가끔 폴더의 위치를 잊어버리거나 파일의 정확한 이름을 몰라서 파일을 검색하는 경우가 있다. 또는 특정 문자열을 포함하는 파일을 찾아야 하는 경우가 있다. 대부분의 운영체제는 사용자가 이러한 검색을 수행할 수 있는 방법을 제공한다. [그림 8.12]와 같이 파일명의 문자열을 입력하기만 하면 컴퓨터 프로그램이 전체 파일 트리 내에서 일치하는 이름의 파일들을 찾아준다. 매우 편리한 기능이다. 그뿐만 아니라 특정 단어가 포함된 파일을 찾을 수도 있다. 파일명을 기억하지는 못해도 파일에 포함된 내용을 기억했을 때 유용하게 사용할 수 있는 방법이다.

그렇다면 이와 같은 파일 검색은 어떻게 수행되는 것일까? 파일 트리에서 각 노드를 방문하려면 체계적인 방법이 필요하다. 이를 트리 순회라고 한다. 파일 트리 순회는 모든 파일, 폴더 및 하위폴더를 방문하여 사용자 입력과 일치하는 파일 이름이나 내용을 찾아낸다.

가장 일반적인 두 가지 트리 탐색 알고리즘은 깊이 우선 탐색(depth-firsttraversal,dft)과 너비 우선 탐색(breadth-firsttraversal,bft)이다. 너비 우선 탐색은 루트(root)와 그 자식 노드들을 방문하고, 다음으로 손자 노드들을 방문하는 식이다. 깊이 우선 탐색은 루트, 첫 번째 자식 가지, 두 번째 자식 가지 순서로 방문한다. [그림 8.13]은 깊이 우선 탐색과 너비 우선 탐색을 사용하는 경우의 트리 노드 방문 순서를 보여준다.

너비 우선 탐색의 구현은 간단하다. 왜냐하면 깊이 우선 탐색이 재귀적으로 정의되어 있어서 재귀 알고리즘을 사용할 수 있기 때문이다.

알고리즘 dft(nd):

입력: nd는 dft 탐색을 위한 시작 노드
출력: dft 순서를 위해 nd를 root로 하는 트리 내의 모든 노드를 방문

1. nd 방문
2. 만약 nd가 단말 노드(leaf node, 자식이 없음)라면, 리턴
3. 그렇지 않으면, nd의 각 자식 노드 c에 대해 첫 번째 자식부터 마지막 자식까지 dft(c) 호출 반복

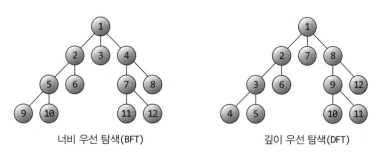

너비 우선 탐색(BFT)   깊이 우선 탐색(DFT)

[그림 8.13] 트리 순회

[그림 8.13]에 있는 트리의 루트가 호출될 때 이 알고리즘을 추적하여 그림에 나온 순서대로 dft가 이루어지는지 확인해 보도록 한다.

CT: 트리 구조의 형성

트리 구조를 기억해 두라. 어디서나 찾아 볼 수 있으며 많은 상황에서 유용하게 사용될 수 있다.

8.6절에 나온 4명의 여왕 문제에서 사용된 [그림 8.11]의 해결 방법 트리를 새로운 시각으로 살펴보도록 하자. 역추적 알고리즘이 각 노드에서 공격할 수 없는 조건을 적용할 때 해결 방법 트리에 dft를 사용했다는 것이 이제 눈에 들어온다. 유효한 마지막 레벨 단말 노드에 도달할 때마다 해결 방법 하나가 발견되는 것이다.

트리 구조는 다양한 상황에서 발견되기 때문에 트리 탐색은 프로그래밍에서 매우 중요하다. 예를 들어 HTML(Hypertext Markup Language, 6.5절) 등의 마크업 언어(markup language)들은 문서를 데이터 및 다른 원소들을 포함할 수 있는 자식 원소와 상부 원소의 트리 구조로 구성한다.

8.9 복잡도(Complexity)

현대 컴퓨터의 빠른 속도는 무작위 대입(brute force)에 의한 문제 해결에 새로운 측면을 더해준다. 우리는 이제 더 이상 속도와 처리 능력에 의해 제한을 받지 않는다. 수치가 매우 큰 경우에도 컴퓨터가 모든 가정을 검토하거나 모든 가능성을 탐색해주기 때문이다.

예를 들어 8명의 여왕 문제에서 8!개의 여왕 배치 방법을 각각 확인함으로써 문제를 해결할 수 있다. 역추적 알고리즘은 8!개의 가지를 갖는 전체 해결책 트리를 탐색하는 빠른 방법이다. 그러나 여왕의 수 n이 8보다 훨씬 커지면, 아무리 역추적 방법이라도 무작위 대입 방법은 너무 느리다는 것을 알 수 있게 될 것이다. n!은 n이 증가함에 따라 가능한 해결책의 수가 아주 빠르게 커지기 때문이다.

> **CT: 속도 vs. 복잡도**
>
> 빠른 컴퓨터는 무작위 대입으로 해결책을 찾을 수 있다. 그러나 급성장하는 문제의 복잡도에는 적수가 되지 못한다.

n이 증가함에 따라 n!이 얼마나 빠르게 커지는지 감을 잡으려면, 20!의 반복에 대해 아무 작업도 수행하지 않는 루프를 한번 실행해 보면 된다. 클럭율이 10GHz(10^{10} Hz)인 CPU(Central Processing Unit)를 사용하는 빠른 컴퓨터가 있고, 각 반복 작업을 수행하는데 1클럭 사이클이 걸린다고 가정한다면, 작업에 얼마나 시간이 걸리는지 계산할 수 있다.

$$20! = 2432902008176640000$$

$$\frac{20!}{10^{10}} = 243290200.817664초$$

$$\frac{243290200.817664}{24\times60\times60} = 2815.85880576일$$

장장 7.5년이 넘는 시간이다! 만약 각 루프가 반복할 때마다 작업을 수행한다면 시간은 훨씬 더 많이 소요될 것이다.

컴퓨터 과학분야에서 복잡도(complexity)라는 용어는 두 가지로 사용된다.

(i) 계산 문제의 내재적인 어려움
(ii) 입력 문제의 크기가 증가함에 따라 알고리즘에 요구되는 시간/공간의 증가

문제나 알고리즘이 다 똑같은 것은 아니다. 예를 들어 1.8절의 이진 탐색의 경우 정렬된 리스트의 길이가 n일 때, 복잡도는 log2(n)에 비례하여 증가한다. 임의의 리스트에서 최대값/최소값을 찾는 것은 리스트의 크기에 따라 선형적으로 증가한다. 8.3.1절의 퀵 정렬 알고리즘이 평균 $n\times log2(n)$의 복잡도를 갖지만 버블 정렬 알고리즘의 복잡성은 n^{2}이다.

컴퓨터 과학 분야에서 잘 알려진 외판원(traveling salesman) 문제는 간단 질문을 던진다. 몇 개의 도시가 있고 각 도시 간 거리가 주어진다면, 각 도시를 방문하고 출발 도시로 돌아오는 가장 짧은 경로는 어떤 것인가? [그림 8.14]는 5개 도시가 포함된 문제를 보여준다. 이 문제는 도시의 수가 증가할수록 풀기가 어려워진다. n개의 도시에 대해 가능한 경로는 (n-1)!개이다. 이러한 조합의 증가는 여왕 문제에서도 찾아볼 수 있다.

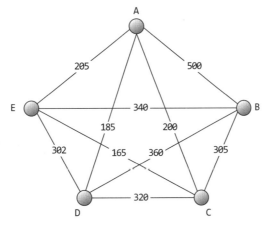

[그림 8.14] 외판원 문제

8.10 발견적 방법(Heuristics)

컴퓨터의 계산 능력을 능가하는 아주 복잡한 문제에 직면하게 되면, 어떻게 문제를 해결할 수 있을까? 포기란 없다. 여러 가지 리소스를 이용해서 지름길, 근사치, 단순화 또는 주먹구구식 방법이라도 마련하기 위해 최선을 다해봐야 한다. 다른 말로 이를 발견적 방법 또는 휴리스틱(heuristics)이라고 한다.

컴퓨터 과학 분야에서 발견적 방법은 무작위 대입 또는 세부적인 알고리즘 방법을 사용하기엔 비용이 너무 많이(사실상 불가능할 정도) 드는 경우, 빠르게 또는 효율적으로 문제를 해결하기 위해 사용되는 기법이다. 완벽하거나 최적의 해결책을 얻을 수는 없지만 어느 정도의 해결책을 얻을 수는 있다. 이는 정확도, 정밀도, 최적 또는 완성도 대신에 계산 가능성에 초점을 둔다.

일상생활에서 발견적 방법의 잘 알려진 예는 고정관념과 프로파일링이다. 컴퓨팅 분야에서 몇 가지 예를 살펴보자. 8명의 여왕 문제를 통해 여왕의 숫자가 약간만 커져도 계산 횟수가 엄청나게 커진다는 사실은 이미 알고 있을 것이다. 그러나 적어도 다음의 발견적 방법을 적용한다면 해결책을 찾을 수 있다.

CT: 발견적 방법의 적용

문제의 복잡성이 연산 능력을 능가했을 때 발견적 방법을 적용한다.

여왕의 수에 기반하여 여왕 배치를 위한 행 위치 목록을 형성하는 queens heuristic을 만들어보자.

1. 여왕의 수는 N ≥ 4
   짝수 목록은 even = (2, 4, 6, ...), 홀수 목록은 odd = (1, 3, 5, ...), 모두 N 보다 작거나 같다고 하자.
2. N mod 6 = 2 이면, 홀수 목록에서 1과 3을 교환하고 5를 끝으로 이동
3. N mod 6 = 3 이면, 2를 짝수 목록의 끝으로 이동하고, 1과 3을 홀수 목록의 끝으로 이동
4. 위치(positions) = 홀수 목록 뒤에 짝수 목록

N = 7에 이 발견적 방법을 적용하면, positions=(2, 4, 6, 1, 3, 5, 7)이 되고, N = 8인 경우 positions = (2, 4, 6, 8, 3, 1, 7, 5)가 된다. N = 20인 경우는

positions = (2, 4, 6, 8, 10, 12, 14, 16, 18, 20, 3, 1, 7, 9, 11, 13, 15, 17, 19, 5)가 된다.

이를 위해 몇 년 동안 기다릴 필요가 없었다!

외판원 문제의 경우 꽤 많은 발견적 방법이 있다. 외판원 문제는 각 도시를 한 번씩 방문하고 원래 도시로 돌아오는 왕복 여행이다. 가장 간단하고 직관적인 것은 항상 현재 있는 도시에서 가장 가까이 있는 새로운 도시로 가는 '가장 가까운 도시' 발견적 방법이다. 모든 단계에서 가장 가까운 도시를 찾으려면,

$$(n - 1) + (n - 2) + \ldots + 2$$

만큼의 비교가 필요하다. 수는 n^2에 비례한다.

탐욕 발견적 방법(greedy heuristic)은 두 도시 간에 최대 $\frac{n(n-1)}{2}$의 모든 구간을 정렬하여 목록 L을 만드는 것이다. 그런 다음 경로에 한 번에 하나씩 구간을 추가하여 가장 가까운 도시 발견적 방법 보다 짧은 순회 경로를 구성한 다음 이들을 L에서 제거한다.

1. 목록 L에서 가장 짧은 구간을 순회 경로에 추가하고 이를 L에서 삭제한다.
2. 목록 L에서 가장 짧은 유효 구간을 순회 경로에 추가한다.
    n번째 구간이 아닌 이상, 똑같은 도시를 두 번 방문하게 되면 이 구간은 무효가 된다.
3. 순회가 완료될 때까지 2단계를 반복한다.

구성이 완료될 때까지 순회 경로의 구간들이 연결되지 않을 수도 있다는 점에 주목하자.

또 다른 외판원 문제 발견적 방법은 여러 개의 이웃 하위 순회(subtour)를 만들고, 이들을 병합하여 완선한 순회 경로를 구성하는 것이다. 하위 순회는 도시의 일부를 포함하는 경로이다. 발견적 방법은 n개의 하위 순회에서 시작한다. 각 하위 순회에는 하나의 도시가 포함된다. 그리고 다음 규칙에 따라 하위 순회를 병합한다.

• 모든 현재의 하위 순회로부터 가장 근접한 두 하위 순회를 선택하고 이들을 병합한다.

- 두 하위 순회를 병합하는 경우, 병합된 하위 순회을 최소화할 수 있는 가장 좋은 방법을 찾는다.

[그림 8.15]는 외판원 문제를 위한 '이웃 순회'의 발견적 방법을 보여준다.

문제 해결을 자동화하는 좋은 알고리즘을 찾는 것이 현대 컴퓨팅의 핵심이다. 무작위 대입 반복, 감소, 재귀, 하향식 분할 정복, 상향식 블록 구축, 트리 순회, 역추적 등 많은 훌륭한 기법들이 있다. 그러나 너무 복잡한 문제의 경우, 적어도 어느 정도의 결과를 얻을 수 있는 현명한 발견적 방법을 사용할 수 있다.

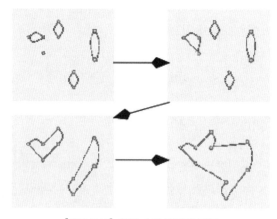

[그림 8.15] 이웃 순환 발견적 방법

일반적으로 문제 해결은 다음 단계들로 이뤄진다.

1. 정확하게 문제, 작업, 또는 목표를 정의한다.
2. 이 문제를 해결하고, 작업을 수행하거나 목표를 달성할 수 있는 여러 가지 다른 방법들을 찾아보고, 각 방법의 유효성, 효율성, 복잡도를 고려한다.
3. 알고리즘 형태로 기술하여 해결책을 자동화하려는 시도를 해 본다. 완전하게 자동화가 되지 않을 수도 있지만 이러한 과정은 실패 없는 해결책을 만들 수 있도록 해준다.

이 장에서 소개된 개념과 아이디어들은 문제를 보다 효과적으로 해결할 수 있도록 도와줄 것이다. 나만의 해결 방법을 고안하기 전에 먼저 인터넷 검색을 해서 답이 나와 있는지 찾아보자.

연습문제

8.1   8.1.3절의 매직 트레이 퍼즐을 푸시오.
힌트: [그림 8.3]에 표시된 구성에서 한 단계만 더 수행하면 된다.

8.2   8.1.3절의 매직 트레이 퍼즐에서 만약 각 단계에서 두 개의 포켓을 만진다고 하면, n단계 이후 특정 주머니를 빼놓을 가능성은 얼마나 될까?

8.3   8.2.2절의 개선된 버블 정렬 알고리즘을 참조하라.
Pass에서 i > 0인 단계에서 i에 대해 exchange 호출이 이뤄지지 않으면, 변수 go_on은 이 단계의 끝에서 참(true)이라는 사실을 증명하시오.

8.4   8명의 여왕 문제를 생각해 보자. 7개의 여왕이 위치해 있고 마지막 여왕을 배치하려고 한다. 마지막 여왕을 위해 최대 하나의 유효한 위치가 있을 수 있을까? 없다면, 그 이유는 무엇일까?

8.5   분할 원소(pe)의 선택은 퀵 정렬의 효율성에 매우 중요하다. 실제로 효과적인 방법은 첫 번째, 중간, 마지막 원소를 선택한 후, pe로 중간 값을 선택하는 것이다. 이 개선 사항을 구현하여 분할 기능(8.3.1절)을 향상시켜 보시오.

8.6   알고리즘과 발견적 방법(휴리스틱)의 차이점을 간단하게 설명해 보시오.

8.7   8.5절의 하노이 탑에 대한 예제를 풀어보고, 재귀의 역량에 대해 간단하게 설명해 보시오.

8.8   [컴퓨팅 사고력 적용] 문제에 대한 해결과 관련해 아이디어를 가진 것과 알고리즘을 가진 것의 차이가 무엇인지 설명하시오.

8.9   [컴퓨팅 사고력 적용] 이 책에 나와 있지 않은 재귀를 이용한 문제와 그 해결책에 대한 2가지 예제를 제시하시오.

8.10 [컴퓨팅 사고력 적용] 일상 생활에서 재귀가 이뤄지는 일의 예를 제시하시오.

8.11 [컴퓨팅 사고력 적용] 종이 한 장을 반으로 32번 접는다면, 종이의 높이는 어떻게 될지 추정해 보시오.

8.12 [그룹 토론 주제] 각자 이해한 재귀

8.13 [그룹 토론 주제] 고정관념을 벗어난 생각

8.14 [그룹 토론 주제] 무작위 대입을 통한 해결책

Chapter

09

데이터
(Data Everywhere)

>>>
데이터(Data Everywhere)

이 세상은 데이터를 기반으로 움직인다. 지금 널리 사용되고 있는 컴퓨터가 등장하기 훨씬 전에도 이 세상은 데이터를 기반으로 움직였다. 최초의 프로그램 방식의 디지털 컴퓨터인 ENIAC(Electronic Numerical Integrator And Computer, 1946년)는, 미사일 탄도의 발사궤도 계산 등과 같은 수치계산문제를 풀기 위해 대용량 데이터의 고속처리용으로 설계되었다. 이후 1951년에는 UNIVAC I(UNIVersal Atomatic Computer I)이 인구조사 데이터를 처리하기 위하여 미국 통계국에 도입되어 사용되었다.

현재 우리들은 다종 다양한 데이터가 생산/저장/처리/분석/적용되어 엄청난 혜택과 이윤을 향유할 수 있는, 정보기술(Information Technology)이 중심이 되는 세상에 살고 있다. 사실 데이터는 어느 곳에나 존재한다. 예를 들면 스마트폰에 저장된 연락처 목록, 캘린더에 기록해 놓은 일정들, 학교 성적표, 상점 재고목록, 우편번호와 주소, 상품에 부착된 바코드, QR(Quick Response)코드, 기업의 회계자료, 금융기관의 거래관련 데이터, 경찰서의 범죄관련 데이터, 내비게이션 시스템의 지도와 GPS데이터, 병의원의 개인의료정보, 날씨예보관련 데이터, 스트리밍 콘텐츠와 방송 콘텐츠, 족보에 게재되어 있는 가계관련 정보, 생물학 분야의 DNA 구조 관련 데이터, 천문학 분야의 행성 궤도 관련 데이터 등 데이터의 사례는 지금 이 순간에도 계속 발생하고 있다.

WWW(World Wide Web)에 존재하는 모든 웹 페이지들은 사실 우리들의 삶을 혁신하였던 데이터들이 지속적으로 확장 및 변경되어 집약된 것이라고 할 수 있다. 이러한 데이터 및 이에 관한 처리를 이해함으로써 컴퓨팅 사고력을 더욱 깊이 이해할 수 있다.

여러분들이 데이터에 초점을 맞추어 본다면, 현대의 모든 컴퓨터들은 비트패턴(bit pattern)을 처리하는 명령어들을 수행한다는 사실을 알 수 있다. 즉 컴퓨터는 엄청난 속도와 정밀도로 수치 데이터를 고속처리 할 수 있는 전형적인 수치계산용 기계이다. 이러한 컴퓨터의 수치계산 능력을 데이터 처리에 적용하기 위해서는 모든 종류의 데이터를 수치형태(bit pattern)로 표현하고 구조화 및 조직화할 수 있는 영리한 방법이 필요하다.

어떤 문제해결을 위한 절차 또는 알고리즘은 일련의 명령어들을 조합하여 프로그램으로 구현된다. 프로그램에서 사용할 데이터가 해당 프로그램의 입력으로 제공되고, 프로그램이 생성하는 데이터가 프로그램의 출력이 된다. 따라서 프로그램은 입력 데이터를 출력 데이터로 바꾸어주는 잘 정의된 변환장치라고도 할 수 있다.

CT: 쓰레기가 들어가면, 쓰레기가 나온다(Garbage in, Garbage out).

입력이 올바르지 않으면, 출력도 올바르지 않게 된다.

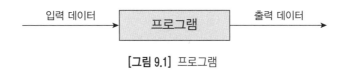

[그림 9.1] 프로그램

그 어떤 프로그램도 올바르지 않은 데이터를 입력해서 유용한 출력 데이터를 생성할 수 없음은 명백한 사실이다. 따라서 원하는 출력 데이터를 얻고자 한다면, 프로그램과 입력 데이터가 모두 올바르게 만들어지고 제공되어야 한다.

앞의 2장에서는 숫자들과 문자들을 표현하기 위하여 비트 패턴을 어떻게 사용하는지 살펴보았다. 이제 여기에서는 보다 복잡한 데이터들(예를 들면 이미지, 오디오, 동영상, 종업원들의 신상자료 등)이 어떻게 표현/처리/저장되는지 등에 대해서 살펴보도록 한다.

실제로 프로그래밍은 2가지 주요 작업들(알고리즘의 설계와 구현, 데이터의 생성과 처리)로 이루어진다. 따라서 프로그램으로 구현되는 알고리즘과 프로그램에서 사용되는 데이터의 구조와 표현에 따라서 효율적이고 효과적인 프로그램을 만들 수 있다.

9.1 디지털 이미지

　HDTV, 컴퓨터, 스마트폰 등에 장착된 디스플레이는 이미지를 각 장치의 스크린에 픽셀(pixel: picture element)단위로 표현한다. 각 장치들의 디스플레이 스크린은 픽셀들이 직사각형 형태로 배열되어 있다. 이러한 배열형태에서 각 행은 같은 갯수의 픽셀들로 구성되어 있다. 픽셀들이 조밀하게 배열된 모니터일수록 고해상도의 화질로 디스플레이 할 수 있다. 예를 들면 일반적인 와이드스크린(16:9의 가로세로 비율)의 HD(High Definition, 고화질) 모니터는 1920(열) × 1080(행)의 픽셀들을 장착하고 있다.

　한편, 디지털 카메라도 픽셀들의 배열 형태로 이미지를 촬영하여 저장한다. 일반적인 해상도는 640 × 480, 1216 × 912(1메가 픽셀), 1600 × 1200(2메가 픽셀) 등이며, 이보다 더 높은 해상도의 제품도 있다. 각 픽셀에는 색상이 지정되어 있어서, 일명, "래스터 이미지"(raster image: 직사각형으로 배열된 밝은 픽셀과 어두운 픽셀의 패턴에 의해서 형성되는 화면표시 이미지)라고도 부른다.

9.1.1 색상의 표현

　색상정보를 데이터로 표현하는 방법에 대해서 살펴보도록 하자. 물론, 여러분은 각 색상에 대해서 예를 들면 red, green, blue, yellow, cyan, magenta 등과 같은 이름을 붙일 수도 있다. 그러나 이러한 방식으로 색상의 이름을 붙일 경우, 색상 이름은 유한하므로 컴퓨터에서 처리하는데 한계가 있다. 각 기기에 부착된 디스플레이에서는 RGB(Red-Green-Blue) 가산혼합 방식(3원색을 적당한 비율로 섞어서 원하는 색을 표현하는 방식)이 널리 사용되고 있다. RGB 가산혼합 방식을 사용하면, 3원색(Red-Green-Blue)의 비율을 지정하여 원하는 색상을 표현할 수 있다. 즉 지정된 픽셀 위치에 빨간색(Red), 녹색(Green), 파란색(Blue)을 지정된 비율로 투사함으로써 해당 기기의 스크린 위에 원하는 색상을 표현할 수 있게 된다.

〈표 9.1〉 24비트 RGB 색상 표현

	R								G								B							
Black	0	0	0	0	0	0	0	0	0	0	0	0	0	0	0	0	0	0	0	0	0	0	0	0
White	1	1	1	1	1	1	1	1	1	1	1	1	1	1	1	1	1	1	1	1	1	1	1	1
Red	1	1	1	1	1	1	1	1	0	0	0	0	0	0	0	0	0	0	0	0	0	0	0	0
Green	0	0	0	0	0	0	0	0	1	1	1	1	1	1	1	1	0	0	0	0	0	0	0	0
Blue	0	0	0	0	0	0	0	0	0	0	0	0	0	0	0	0	1	1	1	1	1	1	1	1

일반적으로 3바이트(R, G, B)가 사용된다〈표 9.1〉. 각 바이트의 값은 0~255 범위 내의 값으로 어떤 색상에 대한 RGB 값을 나타내며, 이와 같은 방법으로 256^3 = 16,777,216개의 서로 다른 색상(참 색상, true color)[1]을 표현할 수 있다. 예를 들면 (255, 0, 0)은 빨간색, (0, 255, 0)은 녹색, (0, 0, 255)는 파란색, 그리고 (0, 0, 0)은 검은색, (255, 255, 255)는 흰색을 나타낸다. 또한 편의를 위하여 각 RGB 값은 16진수 2자리 수로 표기하는 경우도 있다. 이를테면 color = "#FFFFFF"는 어떤 웹 페이지(6.6절)의 전면 색상을 흰색으로 설정하는 예이다.

종이에 프린트 출력을 수행하는 경우, CMYK(Cyan-Magenta-Yellow-blacK) 감산혼합방식의 색상표현법을 사용한다. 프린터에 사용되는 잉크는 출력과정에서 특정 색상들을 흡수하게 되므로, 서로 다른 잉크들을 조합하여 원하지 않는 색상을 제거하고 원하는 색상을 출력하도록 하는 것이다.

- Cyan 잉크: 빨간색을 흡수
- Magenta 잉크: 녹색을 흡수
- Yellow 잉크: 파란색을 흡수
- Black 잉크: 회색(gray)과 검은색(black)을 생성하기 위하여 전체적인 반사 빛을 제거

이론상으로는 cyan, magenta, yellow 잉크를 섞으면 black 색상이 된다. 그러나 실제로는 그렇지 않다. 왜냐하면 흰색 종이는 반투명 잉크에 대해서 몇 가지 색상들을 반사시키기 때문이다. 검은색 잉크는 어두운 색상을 생성하기 위하여 필요한 잉크 밀도를 보충하기 위해 사용된다. 검은색을 프린트하는 경우에만 검은색 잉크가 사용된다. RGB값으로 설정된 이미지를 프린트 출력하는 경우에는, 이미지의 RGB 값이 CMYK 값으로 자동 변환되며, 이때 CMYK 값은 0부터 1까지의 범위 값을 갖는다. 〈표 9.2〉에 이와 관련된 몇 가지 예를 제시하였다.

〈표 9.2〉 RGB로부터 CMYK로의 변환

Color	(r, g, b)	(c, m, y, k)
Red	(255,0,0)	(0,1,1,0)
Green	(0,255,0)	(1,0,1,0)

---

1) 인간의 눈으로 구분할 수 있는 약 1천만 개의 서로 다른 색상

Blue	(0,0,255)	(1,1,0,0)
Cyan	(0,255,255)	(1,0,0,0)
Magenta	(255,0,255)	(0,1,0,0)
Yellow	(255,255,0)	(0,0,1,0)
Black	(0,0,0)	(0,0,0,1)

각 색상에는 불투명도를 나타내는 알파값(alpha value)이 설정되는 경우도 있다. 예를 들어 alpha = 0으로 설정된 색상은 완전히 투명(보이지 않음)하므로 배경색만 보이게 된다. 또한, alpha = 1인 색상은 완전히 불투명하게 되어 배경색이 보이지 않게 된다. 즉 알파값을 1에서 0으로 변화시키면, 투명도는 증가하고 불투명도가 감소되는 것이다.

9.2 래스터 이미지 엔코딩

래스터 이미지(raster image)에 대한 데이터는 픽셀들로 구성된 격자 형태로 색상 정보를 규정한다. 격자가 세밀할수록 이미지의 해상도가 좋아진다. 즉 픽셀 당 비트 수가 많을수록 색상이 더욱 선명해지는 것이다. 이러한 이미지 관련 데이터 표현에 필요한 메모리의 전체 크기는 (픽셀 수)×(픽셀 당 비트 수)가 된다. 예를 들면 13메가 픽셀의 이미지는 비트 (= 약 37.56메가바이트)의 메모리 크기를 갖는다.

9.2.1 래스터 이미지 형식

일반적으로 래스터 이미지는 각각의 픽셀값을 전부 저장할 필요가 없다. 압축방법을 사용하면 해당 이미지 데이터의 크기를 현격하게 줄일 수 있다. 최근에는 표준화된 이미지 압축 형식의 종류가 다양하게 사용되고 있다. 각 이미지 압축 형식에서는 서로 다른 압축 및 압축해제(codec: compression and decompression) 방식을 채용하고 있다(9.8절). 일반적인 압축 및 압축해제 처리에서는 이미지 데이터에 포함된 상세정보 또는 화질이 손실 (손실 압축, lossy compression)되거나 보존(비손실 압축, lossless compression)될 수 있다.

널리 사용되고 있는 이미지 압축 형식은 다음과 같다.

- Graphics Interchange Format(GIF): 아이콘, 로고, 만화, 라인 드로잉 등에 적합한 래스터 이미지 형식으로서, GIF 형식의 이미지는 256개 색상(8비트)까지 표현가능하다. GIF 파일은 .gif를 확장자 이름으로 사용한다.

- Portable Network Graphics(PNG): GIF를 대체하기 위해 고안된 형식으로 GIF에 비해서 다음과 같은 3가지 장점이 있다. (1) 색상 투명도(alpha channel), (2) 이미지 밝기에 관한 플랫폼 독립적인 제어(gamma correction), (3) 순차적인 디스플레이방식(2차원적인 주사방식). PNG 파일은 .png를 확장자 이름으로 사용한다.

- Joint Photographic Experts Group(JPEG): 지속적으로 색상 톤이 변화되는 컬러 또는 흑백사진에 대해서 손실 압축 방식의 래스터 이미지 형식이 널리 사용되고 있다. JPEG 이미지는 24비트의 RGB 색상까지 저장되며, 우수한 압축률을 얻을 수 있다. 그러나 투명도에 대해서는 지원하지 않는다. JPEG 파일은 .jpg 또는 .jpeg를 확장자 이름으로 사용한다.

- Tagged Image File Format(TIFF): 비손실 압축 방식의 이미지 형식은 CMYK 색상 정보를 사용하는 프린트 작업에서 널리 사용되며, 투명도를 지원한다. 스캐너 또는 디지털 카메라를 사용하여 생성된 이미지들은 대부분 TIFF 형식으로 저장된다. TIFF파일은 .tif를 확장자 이름으로 사용한다.

일반적인 디지털 사진의 경우, JPEG 압축방식을 사용하더라도 약 2.5MB(메가바이트)의 크기를 갖는다. 이와 같은 대용량 파일의 전송, 저장 그리고 처리에는 더 많은 비용과 시간이 소모된다. 또한 일반적으로, 용량이 크다는 것은 원래의 목적 달성에 필수적이지 않다.

> **CT: 작은 것이 아름답다.**
>
> 사진 촬영 후 온라인에서 공유하려거든 카메라의 해상도를 줄이도록 하자.

스마드폰이나 디지털 카메라로 사진을 촬영하여 이메일이나 SNS로 다른 사람들과 공유하는 경우가 많다. 이런 경우에는 전 해상도(full resolution, 8~20메가 픽셀) 등과 같이 대용량 파일로 이미지를 저장할 필요는 없고, 2메가 픽셀 이하의 해상도로 설정하는 것이 좋다. 실제로 규모의 해상도를 갖는 사진(약 0.3메가 픽셀, 약 300킬로바이트)이 이메일이나 SNS, 웹 등에서 공유하기 적합하다.

높은 해상도의 사진은 프린트 출력이나 사진 확대 작업 등에서만 사용하는 것이 좋다.

9.2.2 벡터 그래픽

모든 사진이나 그림이 래스터 이미지로 표현되는 것은 아니다. 어떤 경우에는 이미지를 표현하기 위하여 점, 선, 곡선, 기타 기하학적 도형들을 표현하기 위한 벡터 그래픽(Vector graphics)을 사용한다.

벡터 이미지 처리 방식에서는 픽셀 단위의 표현은 사용하지 않는다. 따라서 이미지 확대 및 축소가 비교적 수월하다. 또한 이미지를 충실하게 표현하기 위하여 기하학적 정보는 래스터 정보와 융합될 수 있다. 디스플레이용 소프트웨어는 벡터 그래픽 파일을 생성하기 위하여 기하학적 정보를 이해할 수 있어야 한다.

9.2.3 가변형 벡터 그래픽

웹에서는 벡터 그래픽을 충분히 지원하고 있다. 예를 들어 HTML5는 가변형 벡터 그래픽(SVG: Scalable Vector Graphics) 처리를 허용하고 있으며, JavaScript에서는 벡터 그래픽 프로그래밍을 지원한다. 또한 요즘 널리 사용되고 있는 Adobe Flash™에서도 벡터 그래픽을 지원하고 있다.

한 가지 예를 들면 [그림 9.2]에서는 webtong.com의 회사 로고(빨간색 삼각형 1개와 파란색 삼각형 2개로 구성)를 보여주고 있다(단, 점선 사각형과 괄호 안에 기입된 좌표값은 로고에 포함되지 않음).

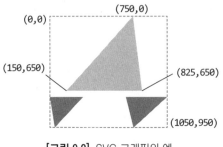

[**그림 9.2**] SVG 그래픽의 예

[그림 9.2]의 회사 로고에 대한 SVG 코드는 다음과 같다.

```
⟨svg id='wtlogo' width='210' height='190'
        viewBox='0 0 1050 950'⟩                              (A)
    ⟨path d="M750,0 L150,650 825,650, z" fill="red" /⟩       (B)
    ⟨path d="M675,700 L1050,700 750,950, z" fill="blue" /⟩
    ⟨path d="M0,700 L300,700 50,950, z" fill="blue" /⟩
⟨/svg⟩
```

　3개의 삼각형들이 포함되어 있는 점선 사각형의 좌측 상단 및 우측 하단의 좌표값은 각각, (0, 0)과 (1050, 950)이다. 빨간색 삼각형은 좌표값(750, 0)을 출발점으로 하여 (150, 650)을 거쳐서 (825, 650)으로 이어진 후에 다시 출발점 (750, 0)으로 이어지고 있다. [그림 9.2]의 로고를 픽셀의 PNG 형식의 이미지로 표현할 경우에는 약 3503바이트가 되지만, SVG 형식인 경우에는 274바이트만으로 표현할 수 있다(단, 이미지의 크기는 고려하지 않음). SVG 그래픽과 관련된 실전연습은 **Demo: SVGDemo**와 **Demo: WebtongLogo**를 참고하기 바란다.

9.3 오디오와 비디오

9.3.1 디지털 오디오

　오디오와 비디오는 웹과 인터넷에서 큰 부분을 차지한다. 기술적 측면에서 보면, 오디오는 인간이 인지할 수 있는 범위 내의 소리(sound)를 의미한다. 오디오 신호는 진폭을 나타내는 연속적인 진동파 형태로 표현된다. 아날로그 오디오는 컴퓨팅 기기에서 처리되거나 청취하기 위하여 디지털화되어야 한다.

　아날로그 오디오 신호의 디지털화는 표본추출(sampling)과 양자화(quantization)에 의해 이루어진다. 소리는 진동에 의해 발생하며, 음파(sound wave)는 진폭(volume)과 진동수(pitch)를 나타낸다. 연속적인 음파는 일정한 시간 간격마다 표본이 추출되고, 각 표본추출 지점에서의 진폭 값은 가장 인접한 이산적인 숫자 값으로 양자화 된다[그림 9.3].

이와 같이 디지털화된 데이터는 이진수 형태로 디지털 오디오 파일에 저장된다. 표본추출 비율과 양자화 수준이 높아질수록 소리의 충실도가 더 높아지며 디지털 오디오 파일의 크기도 더 커진다. 이와 같은 표본추출 및 양자화 처리과정은 이미지를 픽셀 형태로 변환시키는 디지털화 과정에도 동일하게 적용되고 있다.

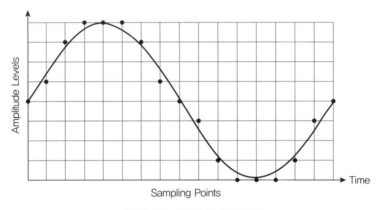

[그림 9.3] 표본추출과 양자화

어떤 오디오 신호의 가장 높은 진폭을 F라고 하면, 해당 오디오 신호를 잘 표현하기 위해서는 표본추출 비율은 적어도 2F가 되어야 한다. 이것을 "표본추출 정리(sampling theorem)"라고 부른다. 인간은 20Hz~20KHz(Hz: 초당 반복이 일어난 횟수)의 소리를 인지할 수 있다. 따라서 CD 수준의 품질을 갖는 소리의 표본추출 비율은 44.1KHz이다. 한편 인간의 음성은 20Hz~3KHz이며 전화 수준의 품질을 갖는 오디오의 경우 8KHz정도의 표본추출 비율이면 충분하다.

9.3.2 오디오 엔코딩 형식

디지털 오디오가 발전함에 따라서 소리의 품질을 유지하면서 오디오 파일의 크기를 줄이기 위한 압축 기술이 정밀해지고 있다. 예를 들어 요즘 널리 사용되고 있는 MP3는 오디오 압축 기술표준 ISO-MPEG Audio Layer-3(IS 11172-3과 IS 13818-3)을 토대로 하고 있다.

1987년에는 독일의 프라운호퍼 연구소와 에어랑겐 대학교가 새로운 오디오 압축 알고리즘을 공동 개발하였다. 이 알고리즘은 "지각 음향(perceptual audio: 인간의 청각에 의해 인지할 수 있는 음향)"을 기반으로 하고 있다. 기본적으로 MP3 압축 기법에서는 인간의 청

컴퓨팅 사고력과 소프트웨어의 이해

각이 인지하지 못하는 음향 데이터를 제거한다. 스테레오 효과(스테레오 채널들 사이의 데이터 중복)를 활용하고 오디오 대역폭을 제한함으로써 오디오 파일을 더 압축할 수 있으며 이와 같은 처리방식이 MP3 표준안에 적용되었다. 스테레오 음향효과를 얻기 위해서 1개의 CD는 1.4Mbps(초당 1.4메가비트)가 필요하다. MP3에 의해 112~128Kbps로는 CD 수준의 품질(96Kbps로는 CD 수준에 버금가는 수준의 품질, 56~64Kbps로는 FM 라디오 수준의 품질)을 갖는 스테레오 효과를 얻을 수 있다. 모든 국제적인 청취 시험에서 MPEG Layer-3가 오디오 채널 당 64Kbps 부근에서 원음의 품질을 유지하며 고성능을 발휘한다는 사실이 입증되었다.

MP3는 MPEG 오디오/비디오 압축 표준안의 일부분이다. MPEG는 동영상 전문가 그룹(Moving Pictures Experts Group)으로 국제표준화기구(ISO: International Organization for Standardization)와 국제전기표준위원회(IEC: International Electro-Technical Commission)의 공동 후원을 받고 있다. MPEG는 동영상과 오디오의 엔코딩을 위한 표준안 제정 작업을 수행하고 있다. 구체적인 사항은 MPEG 홈페이지(mpeg.org)를 참고하기 바란다.

최근에는 오그 보비스(Ogg Vorbis)라는 새로운 오디오 엔코딩 형식이 주목받고 있다(xiph.org). 오그 보비스는 MP3를 능가하는 오디오 형식을 만들기 위해 결성된 오픈 소스 프로젝트로서, 특허와 라이선스를 일체 배제하고 있다. 많이 사용되고 있는 오디오 형식들의 특징을 〈표 9.3〉에 요약하였다.

〈표 9.3〉 오디오 형식들

파일의 확장자 이름, 형식	MIME 타입	출처
aif(f), AIFF AIFC	audio/x-aiff	Apple, SGI
mid, MIDI	audio/midi	전자 악기
mp3	audio/mpeg	MPEG 표준안
ra 또는 rm, Real Audio	audio/x-realaudio	Real Networks
amr	audio/amr	모바일 폰 오디오, 3GPP
ogg 또는 oga, Vorbis	audio/ogg	오픈 소스, Xiph.org
wav, WAVE	audio/x-wav	Microsoft
wma, Windows Media Audio	audio/x-wma	Microsoft

실제로 Ogg는 단일 코덱 형식이 아니라 미디어 컨테이너 형식(9.4.1절 참조)을 사용하며, 오디오/비디오 파일들을 자유롭게 수정하여 오디오 형식들 사이의 변환이 가능하다.

9.4 디지털 비디오

비디오는 음향 스트림과 연동하여 빠른 속도로 디스플레이하는 여러 개의 이미지들이다. 비디오를 부드럽게 동작시키기 위해서는, 초당 약 30프레임(30fps)의 속도(프레임 비율 또는 프레임 속도, frame rate)가 필요하다. 디지털 비디오에는 DVD, 블루레이(Blu-ray™), HDTV, DVCPRO/HD, DVCAM/HDCAM 등과 같이 여러 가지 목적을 위한 다양한 디지털 비디오 형식이 존재하고 있다.

일반적으로 1개의 비디오 파일에는 비디오 트랙과 오디오 트랙 그리고 메타데이터가 수록된다. 각 트랙(track)들은 직접 엑세스하거나 재생할 수 있는 여러 개의 챕터(chapter)들로 구성될 수 있다. 이러한 파일들을 비디오 컨테이너(video container)라고 부르며, 규정된 컨테이너 형식(container format)을 따른다. 각 컨테이너 형식은 비디오 파일 관련 국제 기구에 의해 관리되고 있다.

9.4.1 비디오 컨테이너

널리 사용되고 있는 비디오 컨테이너 형식들은 다음과 같다.

- MPEG 4: 동영상 전문가 그룹(Moving Pictures Experts Group)에 의해 제정된 표준 오디오 및 비디오 압축 형식(콘텐츠 형식은 video/mp4이며, 확장자 이름은 mp4 또는 mpg4이다.)
- Mobile phone video: 모바일 폰용 비디오에 사용되는 3GPP 기반 컨테이너 형식(콘텐츠 형식은 video/3gpp이며, 확장자 이름은 3pg이다.)
- Flash Video: Adobe Flash 플레이어용 형식(콘텐츠 형식은 video/x-flv이며, 확장자 이름은 flv이다.)
- Ogg: Xiph.org에서 제정한 오픈소스 표준. Ogg 비디오 컨테이너를 테오라(Theora)라고 부른다(콘텐츠 형식은 video/ogg이며, 확장자 이름은 ogv이다). 한편, Ogg 오디오 컨테이너는 보비스(Vorbis)라고 부르며, 콘텐츠 형식은 audio/ogg, 확장자 이름은 ogg이다.

- **WebM**: 2010년 중반에 webmproject.org에서 개발한 새로운 표준안. WebM은 오픈소스 프로젝트로 VP8 비디오 코덱 및 보비스 오디오 코덱과 상호 배타적으로 사용된다. 또한 WebM은 Adobe, Google, Mozilla, Opera 등에서 지원되며 특히, Google은 IE9을 위한 WebM 플러그인을 제공하고 있다. WebM은 웹을 위해서 제작된 새로운 미디어 컨테이너로서, HTML의 audio와 video 요소를 사용하는 경우에 추천된다.
- **AVI**: 오디오와 비디오를 함께 보존하기 위해서 Microsoft에서 만든 형식으로서, 컨텐츠 형식은 video/x-msvideo이며, 확장자 이름은 avi이다.
- **RealVideo**: Real Networks에서 만든 오디오 및 비디오 형식. 컨텐츠 형식은 audio/x-pn-realaudio이며 확장자 이름은 rm이다.

9.4.2 비디오 코덱

컨테이너에는 잘 만들어진 압축 기법에 의해 비디오 트랙과 오디오 트랙이 수록된다. 이러한 데이터들은 비디오 플레이어로 재생하기에 앞서서 압축 해제되어야 하며, 다양한 압축 – 압축해제 알고리즘들이 존재한다. 일반적으로 비디오를 압축할 때에는 1개의 프레임 내에서 또는 여러개의 프레임들 사이에서 쓸모없는 데이터를 제거하는 다양한 방법들이 사용된다.

웹에서 사용되는 가장 중요한 비디오 코덱은 H.264, 테오라(Theora), VP8 등이 있다.

- **H.264**: MPEG에서 제정한 표준적인 비디오 코덱으로서, 스마트폰에서 고성능 데스크탑 컴퓨터에 이르기까지 다양한 기기들에 적합한 엔코딩 프로파일(encoding profile)들을 제공하며, 가장 많이 사용되고 있다. MPEG-4 고급 영상 부호화(MPEG-4 Advanced Video Coding)라고도 부르며, 다양한 하드웨어와 소프트웨어를 지원한다.
- **HEVC**: ISO와 MPEG가 공동 개발한 고효율 비디오 코딩(High Efficiency Video Coding)으로서, H.264 및 MPEG-4 AVC와 비교해서 같은 비디오 품질을 유지하면서도 2배의 압축 비율을 제공한다.
- **테오라(Theora)**: Xiph.org에서 제정한 오픈된 표준안으로서, 어떠한 컨테이너에도 내장시킬 수 있는 최신의 코덱을 제공한다. 그러나 대부분 Ogg 컨테이너에 대응한다. 테오라는 모든 주요 Linux 계열 제품이나 MS의 Windows, Mac OS X에서 제공된다.

- VP8: On2(Google의 계열사)에서 제공하는 최신의 효율적인 표준안으로, 웹에서 누구든지 오픈 소스형태로 저작권료 없이 사용할 수 있다. 일반적으로 VP8은 WebM 컨테이너에 내장되어 있다.
- WMV: Windows Media Video로서 WMV 7, WMV 8, WMV 9, VC-1 등을 포함하고 있다.

9.5 데이터와 파일 형식

일반적으로 데이터와 어플리케이션 프로그램은 긴밀하게 연결되어 있다. 어플리케이션은 데이터를 입력받아서 처리하고 출력 데이터를 만들어낸다. 이러한 입력 및 출력 데이터는 대부분 파일에 저장되어 다른 곳에서 사용되거나 공유된다. 입력 및 출력 데이터가 저장된 파일은 어플리케이션의 종류와 목적에 따라서 매우 다양한 유형을 갖는다.

일반적으로, 파일을 처리하려면 가장 먼저 파일의 유형을 결정해야 한다. 어떤 어플리케이션 프로그램은 특정한 유형의 파일만을 올바르게 처리할 수 있기 때문이다. 예를 들어 어떤 음악 연주용 어플리케이션에 대해서 스프레드시트 유형의 파일을 입력하는 경우를 생각해 보자. 만약, 이 어플리케이션이 동작한다면 음악 연주는 엉망이 될 것이다.

파일은 크게 텍스트 파일(text file)과 바이너리 파일(binary file)의 2가지 유형으로 분류될 수 있다. 텍스트 파일은 ASCII 또는 UNICODE(2.6절)에 규정된 문자들로만 구성되며, 바이너리 파일은 일련의 임의의 바이트들로 구성된다. 예를 들어 PNG 이미지, MP3 음악, 컴파일 작업이 완료된 프로그램들은 바이너리 파일 형태로 저장된다. 한편, 일반 텍스트가 들어간 이메일이나 웹 페이지, 쉘 스크립트 등은 텍스트 파일 형태로 저장된다. 텍스트 파일은 인간이 손쉽게 읽어볼 수 있으며, 단순한 텍스트 편집기를 사용하여 수정할 수 있다는 장점을 갖는다. 바이너리 파일은 특정한 어플리케이션을 사용해야 이용할 수 있지만 비교적 간결하고 효율적이다.

> **CT: 데이터 해석**
>
> 각 파일 또는 콘텐츠 유형은, 파일에 저장된 데이터의 형식과 구조, 엔코딩 방식 등을 정의한다.

파일의 유형을 파악하지 못하면 데이터를 올바르게 해석할 수 없다. 파일 및 데이터의 유형을 표기하는 방법은 운영체제와 네트워킹, 인터넷 등의 발전과 더불어서 진화 발전되고 있다. 또한 4.8절에서 살펴본 바와 같이, 파일의 확장자 이름과 표준 MIME 콘텐츠 타입과 더불어서, 파일 메타데이터(in-file metadata)가 파일의 유형 및 다른 속성들을 표기하기 위하여 사용될 수 있다. 이와 같은 파일들은 파일 헤더 구조, 매직 넘버, 기타 메타데이터 등과 같은 파일의 내부 체계를 통제하는 잘 정의된 파일 형식을 갖추게 된다.

〈표 9.4〉는 잘 알려진 어플리케이션에 관련된 파일 형식들을 보여주고 있다. 각 파일 형식들은 특정 회사 제품의 소유권을 갖는 형식(예를 들면 .psd), 공개되어 있으나 라이선스가 필요한 형식(예를 들면 .doc, .xls, .ppt, .mp3), 무료 공개되어 있는 형식(예를 들면 .html, LibreOffice 형식 등)이 있다.

〈표 9.4〉 어플리케이션과 파일 유형

Application	File Types	Open & Free
Microsoft Word	.doc, .docx, .docm	
Microsoft Excel	.xls, .xlsx, .xlsm	
Microsoft PowerPoint	.ppt, pptx, .pps, .ppsx	
LibreOffice Word Processing	.odt, .fodt	yes
LibreOffice Spreadsheet	.ods, .fods	yes
LibreOffice Presentation	.odp, .fodp	yes
Web browser	.htm, .html	yes
Email readers	.eml, .emlx	yes
Adobe Photoshop	.psd, .psb	
Gnu Image Manipulation Program	.xcf	yes
Adobe Acrobat (Acroread)	.pdf	
LATEX	.tex, .sty, .toc, .idx	yes

CT: 데이터는 어플리케이션과 독립되어 있다.

일반적으로, 데이터와 파일들은 서로 다른 어플리케이션들을 위해 서로 다른 방법으로 제공된다.

PDF 파일 타입은 온라인상의 모든 플랫폼들 사이에서 문서를 공유하기 위한 사실상의 표준이 되고 있어서 더 이상 파일 타입으로 거론하는 것이 무의미할 정도가 되고 있다. PDF 파일을 온라인에 올리거나 이메일에 첨부하는 것이 프린터로 출력하거나 팩스로 송수신하는 것보다 좋은 방법이다. 또한 PDF 파일의 내용을 자동적으로 검색할 수도 있다.

> **CT: PDF를 사용하면 나무들을 보호할 수 있다.**
>
> 문서를 PDF파일 형태로 저장하거나 전송할 수 있다면, 프린터 출력하거나 팩스로 보내지 말자.

어플리케이션들은 효율성과 처리 효과 그리고 특허에 관련된 이유 때문에 해당 어플리케이션 고유의 파일/데이터 형식을 사용한다. file → save 옵션을 사용하여 변경사항을 저장하거나 원본을 덮어쓰기 처리한다. 또한 file → save as를 사용하여 다른 이름으로 저장하거나, file → export를 사용하여 다른 파일 형식으로 저장한다. 어플리케이션은 대부분 처음으로 파일을 불러오기 할 때에는 고유의 파일형식이 아닐 수도 있지만, 나중에 고유한 형식으로 변경시킬 수 있다.

여러 가지 형식들로 파일을 변환시킬 수 있는 변환프로그램들(예를 들면 무료로 공개되어 사용 가능한 오디오 및 비디오 변환 프로그램)을 사용할 수 있다.

9.6 데이터 공유

다른 사람으로부터 데이터를 받아서 이용하는 경우뿐만 아니라 내가 만든 데이터를 다른 사람에게 제공하는 경우도 있다. 각 사람들에게 사진이나 음악, 오디오, 동영상 그리고 다른 유형의 문서들을 공개적 또는 개인적으로 공유하려는 것은 더 이상 특이한 일도 아니다. 몇 가지 공유방법의 예를 열거해 보면 다음과 같다.

- 이메일: 이메일에 여러 개의 파일들을 첨부하여 전송한다. 이메일 시스템들은 첨부파일의 용량에 제한이 있음을 주의해야 한다. 일반적으로 10MB 이하의 파일 첨부는 아무런 문제없다.

- **웹 사이트**: 자신의 웹 사이트에 공유하려는 파일을 업로드하고 다른 사람들에게 웹 사이트의 URL을 전송한다. 공유하려는 파일이 보호된 영역(로그인해야 됨)에 저장되어 있는 한, 공개적인 웹 접근이 가능하다.
- **클라우드**: 웹 사이트가 없다면, 공유하려는 파일을 클라우드에 업로드한다. Dropbox™, Facebook™, Google Drive™, Picassa™, YouTube™, Spotify™ 등과 같은 온라인 클라우드 서비스를 사용할 수 있다.
- **FTP**: 공유하려는 파일을 FTP 서버에 업로드한다.
- **비트토렌트(Bittorrent)**: 비트토렌트[2]를 이용하여 공유하려는 파일이나 폴더에 대한 토렌트를 준비한다. 토렌트(torrent)는 공유하려는 파일에 대한 메타 데이터와 파일을 여러 조각으로 분할하는 방법 그리고 기타 유용한 정보 등을 포함하고 있는 파일이다. 비트 토렌트 사이트에 파일의 콘텐츠와 토렌트를 업로드 해놓고 다른 사람들이 다운로드할 수 있도록 한다.
- **물리적인 미디어**: 공유하려는 파일들을 플래시 드라이브 또는 CD/DVD에 저장하여 다른 사람들에게 보낸다.

공유하려는 파일이 여러 개인 경우, .zip, .tgz, .rar 등과 같은 파일압축 형식(9.8절 참조)을 사용하는 것도 고려해 보도록 한다.

9.7 문서 마크업

텍스트 문서를 데이터 항목으로 취급하는 것은 정보기술의 중요한 특징 중 하나이다. 이것은 복잡한 텍스트 문서를 손쉽게 자동화된 처리에 적합하도록 구성하는 효율적인 방법으로서, 해당문서에 포함된 정보들의 의미 또는 역할을 문서내에 표현하는 방법이 있다. 이것을 문서의 마크업(markup)이라고 한다. 6.5절에서 HTML 태그들을 사용하여 웹 페이지를 마크업 하는 방법을 살펴보았다. HTML태그는 웹 브라우저들과 JavaScript 프로그램들이 웹 페이지와 그 구성요소들을 처리하거나 화면에 표시하거나 또는 그밖의 다른 조작을 수행하는 경우에 핵심키 역할을 한다.

---

2) 비트토렌트(BitTorrent)는 P2P(peer-to-peer) 파일 전송 프로토콜의 이름 또는 그것을 이용하는 응용 소프트웨어의 이름이다. 비트토렌트를 이용하면 파일을 인터넷 상에 분산하여 저장하여 놓고 다수의 접속을 사용하여 여러 곳에서 동시에 파일을 가져오게 되어 전송 속도가 빨라진다.

HTML은 웹 페이지를 구성하기 위한 마크업 언어이다. 그러나 세금 환급내용, 종업원 관련 정보, 제품 카탈로그 등과 같은 문서들에 대해서 HTML을 사용하여 적절하게 마크업할 수 있을까? 그렇지 않다. 따라서 누구나 필요에 따라서 원하는 유형의 문서에 대한 마크업 태그들을 만들어서 사용할 수 있는 XML(eXtensible Markup Language)이 등장하게 되었다.

문서에 대한 마크업 기술에 의해 다종 다양한 플랫폼들 사이에서의 커뮤니케이션과 효율적인 프로그램 처리가 가능하게 된 것이다.

9.7.1 XML이란?

XML은 어떤 특정한 종류의 문서를 구조화하기 위한 태그들의 집합을 제공하는 마크업 언어가 아니다. XML에서는 태그들이 전혀 정의되어 있지 않은 대신, 원하는 유형의 문서를 구조화하여 구성하기 위한 태그를 자유롭게 새로 정의할 수 있는 규칙들을 제공한다. 각 구성단위(시작태그와 종료태그로 묶여진다)를 요소(element)라고 부른다. 따라서 XML은 사용자가 자유롭게 정의할 수 있는 마크업 언어라고 할 수 있다. 각 XML 방식의 마크업 언어를 XML 어플리케이션(XML Application)이라고 부르며, 이런 방식으로 마크업 된 문서를 XML 문서(XML Document)라고 부른다. 또한 XML은 웹 표준이며, XML 문서의 생성과 처리 및 표시를 위한 여러 가지 도구들이 대부분 무료로 제공되고 있다.

SVG(9.2.3절 참조)은 XML 어플리케이션들 중의 하나이다. 예를 들면 RSS(Rich Site Summary)와 Atom(Atom Syndication Format)은 XML 기반의 웹 뉴스 신디케이션 형식 표준들이다(9.7.3절 참조). [그림 9.4]에는 2개의 인기있는 뉴스 신디케이션 아이콘들을 보여주고 있다.

[그림 9.4] 뉴스 신디케이션 아이콘

공용으로 사용되고 있는 XML 어플리케이션들을 열거하지면 상당히 길어진다(위키피디아를 참고하기 바람). 또한 개인 또는 단체에서 사용되고 있는 비공용 마크업들도 상당히 많다. XML을 이용하면 누구나 새로운 마크업 언어를 손쉽게 만들 수 있다(6.5절의 CT: 마크업 참조).

9.7.2 XML 문서 형식

[그림 9.5]와 같이 XML 문서에는 처리명령어들(processing instructions)이 앞부분에 기술되고나서 1개의 최상위 요소(root element)가 기술된다. 최상위 요소 내부에는 또 다른 요소(자식 요소, child element)들이 포함될 수도 있다. 자식요소들은 XML에서 규정된 규칙을 따르는 개별 XML 어플리케이션들에 의해 정의된다.

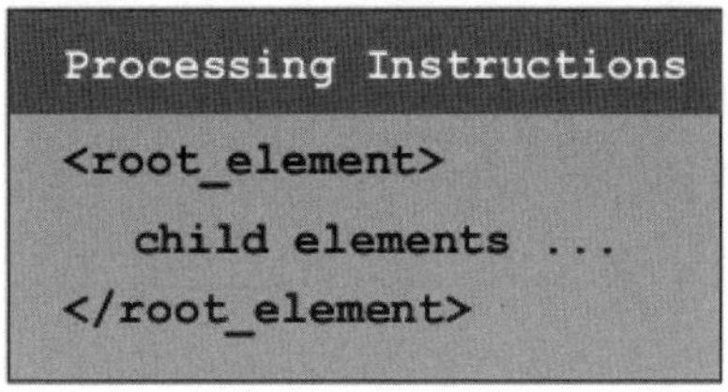

```
Processing Instructions

<root_element>
    child elements ...
</root_element>
```

[그림 9.5] XML 문서의 예

예를 들어 다음과 같은 XML 문서를 살펴보도록 하자.

```
〈?xml version="1.0" encoding="UTF-8"?〉        (1)
〈address〉                                      (2)
    〈street〉432 Main Street〈/street〉
    〈city〉Arbville〈/city〉
    〈state〉Ohio〈/state〉
    〈zip〉02437〈/zip〉
〈/address〉
```

첫 번째 줄 (1)의 처리명령어 〈?xml〉은 XML 문서의 첫번째 줄에 기술되어야 하는 필수 항목으로서, XML의 버전 정보와 XML 문서에서 사용되는 문자들의 엔코딩 방식을 나타내고 있다. 또한 이어서 또 다른 처리명령어들(스타일 시트, XML 문서의 다른 특별한 유형에 대한 정의 및 메타 정보 등)을 기입할 수도 있다. 이러한 처리명령어들을 기입한 후에는 XML 문서의 내부 콘텐츠가 포함된 최상위 요소(root element)가 기술된다. 위의 예에서는, 최상위 요소로서 address 요소가 두 번째 줄 (2)에 기술되어 있으며, 이후 나머지 XML 문서의 구성요소들로 구성되어 있다.

9.2.3절에는 어떻게 SVG(XML 어플리케이션의 일종)가 벡터 기반의 이미지를 마크업하는지 설명되어 있다.

9.7.3 뉴스 신디케이션을 위한 XML

XML은 실제로 많은 분야에서 널리 사용되고 있다. 웹에서의 뉴스 신디케이션이 가장 잘 알려진 XML 사용 사례들 중 하나이다. 웹 표준 RSS는 웹 피드(Web feed) 또는 블로그의 글이나 뉴스의 헤드라인 등과 같이 빈번하게 갱신되는 컨텐츠에 대한 XML 어플리케이션이다. RSS 문서에는 요약문, 저자, 소속기관, 출간일 그리고 전체 글에 대한 링크 등과 같은 내용이 포함될 수 있다. 사용자들은 웹 브라우저 또는 RSS 리더를 사용하여 RSS 피드에 가입하고 손쉽게 헤드라인 변경사항을 살펴볼 수 있다.

다음 RSS 문서의 예(books.rss 파일)를 살펴보도록 하자.

```
<?xml version="1.0" encoding="ISO-8859-1" ?>
<rss version="2.0"><channel>
<title>Sofpower Book Sites</title>
<link>http://sofpower.com</link>
<description>Companion websites for textbooks</description>
<item>
 <title>Mastering Linux</title>
 <link>http://ml.sofpower.com</link>
 <description>Resources for "Mastering Linux",
 a highly recommended Linux book (2010)</description>
```

```
        〈/item〉
        〈item〉
          〈title〉Dynamic Web Programming and HTML5〈/title〉
          〈link〉http://dwp.sofpower.com〈/link〉
          〈description〉Resources for "Dynamic Web Programming and HTML5",
          an in-depth Web programming book〈/description〉
        〈/item〉
      〈/channel〉〈/rss〉
```

위의 RSS 문서에서는 sofpower.com(channel)으로부터 발신되는 2가지 뉴스 항목(2권의 신규 발간된 책 관련 정보)을 열거하고 있다.

Atom은 IETF(Internet Engineering Task Force)가 제정한 XML 기반의 뉴스 신디케이션 표준이다.

웹 브라우저와 뉴스 리더 어플리케이션은 RSS와 Atom 형식을 이해하고 처리할 수 있다. RSS 또는 Atom 파일로 연결되는 링크를 클릭하면, 웹 브라우저는 해당 뉴스 피드를 구독할 것인지 사용자에게 묻는다. 사용자가 구독을 허용하면, 웹 브라우저는 해당 뉴스 피드를 즐겨찾기에 등록하고 새로운 뉴스가 발생하는지 모니터링하게 된다.

뉴스 피드 링크는 일반적으로 오렌지 색상의 아이콘으로 표기된다. CNN의 RSS 피드(cnn.com/services/rss)와 AP의 Atom 피드(hosted2.ap.org/APDEFAULT/APNewsFeeds)를 참고하기 바란다.

한 문서의 콘텐츠를 처리하기 위한 첫 단계에서는, 문서의 구조 및 문서구성 요소들에 대한 값을 파악하는 작업이 수행된다. 이러한 작업을 구문분석(파싱, parsing)이라고 부르며, 어떤 문서의 구문분석은 난해하거나 심지어는 불가능한 경우도 있다. 마크업 태그를 이용하여 문서의 구조를 명시적으로 표기함으로써 이와 같은 문제점을 해결할 수 있다.

CT: 상호 운용성을 위한 마크업

XML을 사용하여 문서 내에 있는 데이터를 다중 다양한 컴퓨터 시스템들 사이에서 공유하여 사용하기 수월하게 만든다.

9.8 데이터 압축

데이터의 저장과 전송에는 저장 공간과 시간이 필요하다. 이때, 데이터 압축 기술을 사용하여 공간과 시간을 절약할 수 있다. 데이터 압축[그림 9.6]에 의해 메시지(데이터 파일 또는 데이터 스트림)는 저장되거나 전송되기 전에 평탄화(사이즈 감소)된다. 평탄화된 메시지는 이후에 원본 메시지로 완전하게(무손실 압축) 또는 원본에 근사한 형태로(손실 압축) 복원될 수 있다. JPEG, GIF, PNG(9.2.1절)와 같은 방식들에서 사용되는 몇몇 압축 알고리즘들은 특정한 어플리케이션에 특화되어 있으나 그 밖의 다른 압축 알고리즘들은 비교적 일반적이고 거의 모든 유형의 메시지에 적용할 수 있다.

[그림 9.6] 데이터 압축

압축 알고리즘은 크기를 줄이기 위하여 압축하려는 메시지의 특성을 이용한다. 예를 들어 팩스전송하려는 흑백 이미지의 경우, 흰색과 검은색의 픽셀들을 집합으로 이미지를 표현할 수 있다. 그러나 이와 같은 흑백 이미지는 가변길이(run-length) 방식을 사용하여 압축할 수 있다. 가변길이 방식에서는 압축하려는 메시지를 일련의 정수값들(흰색과 검은색 픽셀의 연속 개수)로 변환한다. 가변길이 방식은 대부분 흰색 바탕에 검은색 글자들이 조밀하지 않게 들어있는 페이지로 구성된 일반적인 문서에 적합하다. 그러나 미세한 검은색 점들로 가득 찬 페이지에 대해서는 가변길이 방식의 압축이 잘 동작하지 않게 되어서, 결국에는 압축결과가 상당히 큰 용량을 차지하게 된다. 가변길이 방식의 압축과 비교해서 JPEG, PNG, MP3 등에 사용되는 알고리즘들은 훨씬 세련되어 있다.

일반적으로 1개 이상의 파일들로 구성된 메시지는 문자들 또는 바이트들의 모음으로 취급할 수 있다. LZ77 알고리즘(1977년 Abraham Lempel과 Jacob Ziv가 개발)과 호프만 코딩방식(1952년 David A. Huffman이 개발)이 가장 효율적이며, 널리 사용되고 있는 다수의 압축 어플리케이션들(〈표 9.5〉 참조)에서 채용되어 있다. 이러한 압축 어플리케이션 프로그램들은 압축 대상 메시지들에 따라서 다르겠지만 원본 메시지 크기의 3분의 1 이하

수준까지 압축시킬 수 있다.

데이터 압축과 데이터 암호화(7.4절)는 2가지 모두 데이터를 사용하기 전에 원본 형태로 복원하지만, 사용목적은 서로 완전히 다르다.

〈표 9.5〉 비손실 데이터 압축 어플리케이션

Application	Compressed File Suffix
ZIP	.zip
Bzip2	.bz2, .tbz2
Bzip	.bz, .tbz
Gnu Zip	.gzip, .gz, .tgz
WinRAR	.rar

CT: 압축과 암호화는 서로 전혀 다르다.

압축은 데이터의 크기를 줄이는 것이고, 암호화는 데이터의 내용을 보호하는 것이다.

암호화된 메시지는 올바른 암호가 주어지지 않는 한 해독할 수 없다. 압축된 메시지는 당장은 읽어낼 수는 없지만 적절한 도구를 사용하면 누구든지 해동시킬 수 있다(암호는 불필요함).

9.8.1 LZ 압축기법

LZ77 압축기법은 원본 메시지에 반복적으로 출현하고 있는 각 문자열들을 첫 번째로 출현한 문자열에 대한 참조(reference)로 바꾸는 방식을 사용한다. 이와 같은 참조는 길이(length)와 거리(distance)로 구성되는 값들의 쌍, 즉 (len, d)으로 나타낸다. 참조(len, d)는, "len바이트의 길이를 가지며, 원본 메시지에서는 d바이드 앞에 있다"는 의미이나. 이와 같은 방식은 원본 메시지의 길이가 길고 반복되는 바이트들이 많이 포함되는 HTML, XML, 일반적인 텍스트 문서 등에 효과적이다. 몇 가지 예를 살펴보면 다음과 같다.

원본 메시지 = teamwork, the way a team works

엔코딩된 메시지 = teamwork, the way a (4, 20) (4, 21)s

원본 메시지 = bgfgfgfgbggb

엔코딩된 메시지 = bgf (5, 2) (2, 8) gb

이상에서 살펴본 바와 같이, LZ77 압축기법에 의해 압축 처리된 메시지는 기본적으로 여러 개의 참조들과 리터럴(literals: 참조에 적용되지 않은 단어들)로 구성된다. 리터럴들과 참조에 들어있는 숫자들은 호프만 코드를 사용하여 다시 압축될 수 있다.

9.8.2 호프만 코드(Huffman Code)

일반적으로 어떤 메시지를 구성하는 서로 다른 기호들의 출현빈도는 같지 않다. 어떤 기호들은 다른 기호들에 비해서 자주 출현하지만, 또 어떤 특정한 기호들은 전혀 드물게 출현하기도 한다. 예를 들어 어떤 텍스트 문서에서 r, s, t와 같은 문자들과 모음들(a, e, i, o, u)은 x, y, z보다는 더 자주 출현하지만, ^와 같은 기호들은 매우 드물게 출현함을 알 수 있다. 이와 같은 출현빈도의 차이점을 이용하여 문자들을 나타내는 데 필요한 공간을 절약할 수 있다. 호프만 코드방식의 기본적인 아이디어는 단순하다. 즉 ASCII와 UNICODE에서처럼 각 문자들을 표현하기 위하여 같은 수의 비트를 사용하는 대신에, 출현빈도가 많은 문자들은 더 적은 비트를 사용하고 그 외의 문자들에 대해서는 더 많은 비트를 사용하는 것이다.

숫자에 대해서도 위와 유사한 방식을 적용한다. 예를 들어 정수(integer)를 표현하기 위해서 32비트를 사용하는 대신, 많이 출현하는 숫자에 대해서는 보다 적은 개수의 비트를 사용한다. 실제로 작은 숫자들이 훨씬 빈번하게 사용된다.

어떤 메시지를 호프만 코드방식으로 엔코딩 하기 위해서는, 제일 먼저 엔코딩 하려는 기호들의 출현빈도를 계산해야 한다. 계산된 출현빈도를 토대로 호프만 이진 트리(Huffman binary tree)를 구축할 수 있다(8.8절의 CT: 트리구조 만들기 참조). 호프만 이진 트리에는 엔코딩 하려는 기호들이 어떤 방식으로 다양한 길이의 비트 스트링으로 엔코딩 되는지 정의된다. 호프만 트리는 압축된 메시지의 일부분으로 저장되어 이후에 해동작업을 수행할 때 이용된다.

예를 들어 Nima Akbari(Demo: HuffCode 참조)가 지은 사랑의 시를 호프만 코드 방식으로 압축해 보도록 하자. 먼저, 사랑의 시는 다음과 같다.

> You're my man, my mighty king,
> And I'm the jewel in your crown,
> You're the sun so hot and bright,
> I'm your light-rays shining down,
>
> ...

이 사랑의 시는 전부 545바이트 크기의 텍스트 파일에 저장되어 있다(스페이스와 줄바꿈 포함). 사랑의 시에 출현한 각 문자들의 출현빈도를 오름차순으로 정리하면 다음과 같다.

```
N  1     -  1     .  1     W  1     p  1     j  2
v  3     A  5     f  5     k  5     c  6     b  7
Y  4     I  8     w  8     l  11    g  15    '  15
s  15    d  17    y  17    ,  17    m  18    t  20
y  20    CR 21    a  22    h  24    i  26    o  30
r  30    n  38    e  39    SP 89
```

위의 각 문자들에는 대문자와 소문자 그리고 스페이스(SP)와 리턴(CR)과 같은 문장부호들도 포함되어 있다.

위와 같이 문자와 출현빈도 값의 쌍으로 구성되는 리스트 fq(단, 출현빈도 값의 오름차순으로 정렬되어 있음)는 호프만 트리를 구성하기 위한 단순한 재귀적 알고리즘에서 사용된다. 기본적으로 이 알고리즘에서는 가장 작은 출현빈도 값을 갖는 문자들의 정점을 우선 만들어서 bottom-up 방식으로 이진 트리를 구성한다. huffmanTree(fq)가 재귀 호출될 때마다 보다 작은 크기의 리스트 fq가 매개변수를 통해 전달된다.

알고리즘 huffmanTree(fq):

입력: 문자-출현빈도 값 리스트 fq. 단, fq는 출현빈도 값 오름차순으로 정렬되어 있음.

출력: 호프만 이진 트리가 반환됨.

1. fq가 empty이면, 빈 이진 트리 정점을 반환한다.
2. fq가 단 1개의 요소를 가지고 있고, 그 요소가 어느 문자라면, 그 문자로 구성되는 최단

정점을 하위 정점으로서 반환한다.

3. fq가 단 1개의 요소를 가지고 있고, 그 요소가 (정점, 출현빈도)와 같은 형태의 트리 정점 이라면, 해당 정점을 반환한다.

4. fq로부터 가장 낮은 출현빈도를 갖는 2개의 요소 x와 y를 삭제하고, 새로운 이진 노드 (node)를 생성하여 x와 y를 하위 정점으로 갖도록 한다.

5. fr = 출현빈도(x) + 출현빈도(y)로 설정하고, 새로운 요소 (node, fr)을 fq에 추가한다(이 때, 리스트 fq의 전체적인 정렬순서를 항상 유지한다).

6. huffmanTree(fq)를 반환한다.

위의 알고리즘에서 "문자"는 1바이트 크기의 문자 1개를 의미한다. 구성 완료된 호프만 트리는 압축하려는 메시지에 포함된 각 문자 및 바이트에 대한 호프만 코드를 생성할 때 사용된다. [그림 9.7]은 호프만 트리 생성의 예를 보여주고 있다.

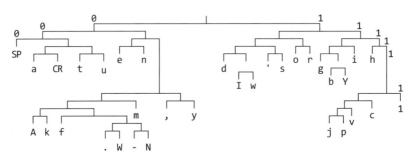

[그림 9.7] 호프만 코드 트리의 예

호프만 트리의 루트로부터 시작하여 왼쪽 가지에는 0, 오른쪽 가지에는 1을 각각 적용 하면, 가장 많은 출현빈도를 갖는 문자(스페이스 SP)는 000이라는 단 3비트를 사용하여 표현할 수 있다.

[그림 9.7]의 호프만 코드 트리를 토대로, 위에서 소개한 "사랑의 시"의 첫 3문자(You)는 110011101000111이 됨을 알 수 있다.

"사랑의 시" 전체에 대한 호프만 코드는 2457 비트이다(만약, 이 시를 ASCII 파일로 저 장했을 경우에는 545×8=4360 비트가 됨).

물론, 압축 해제하기 위해서는 호프만 트리가 압축 메시지 내부에 포함되어야 하지만, 호프만 트리를 추가하기 위해서는 최대((기호들의 개수)×(SZ+2)−1) 비트가 추가적으로 필요하다. 단, SZ는 ASCII 코드의 경우 일반적으로 8이다. 위의 예에서는 339비트가 추가적으로 필요한 크기가 된다.

위의 "사랑의 시"에 대하여 GZIP 도구를 적용하면, 291바이트 크기의 파일로 압축할 수 있다. GZIP 도구는 호프만 코드방식만 사용하는 것보다 훨씬 좋은 압축률을 제공한다 (Demo: TryGZIP 참고).

CT: 효율성을 위한 커스터마이징

옷의 사이즈를 한 가지만 만들어 놓으면 모든 사람들에게 맞을까? 아니다. 이와 마찬가지로, 시도할 수 있는 해결책들(solutions)들을 각각의 상황 특성을 바탕으로 더 효율적인 해결책이 되도록 커스터마이징하라.

메시지를 ASCII 또는 UNICODE 엔코딩을 사용하여 문자들의 스트림으로 잘 표현할 수 있다. 그럼에도 불구하고 데이터 압축기법에서는 각각의 메시지들을 검토하여 반복적인 패턴과 문자 출현빈도 값을 사용하여 압축할 수 있다.

오늘날의 웹 서버들은 HTML, CSS, JavaScript 등과 같은 몇 가지 특정한 유형의 문서들을 송수신하기 전 또는 후에 자동적으로 압축 또는 압축 해제할 수 있다. 이와 같은 처리는 HTTP 캐싱(6.10.1절 참조)과 더불어서, 웹 페이지의 로딩시간을 상당히 빠르게 할 수 있어서 불필요한 인터넷 트래픽을 줄일 수 있다.

9.9 데이터 구조

컴퓨터 프로그램은 어떤 목적을 달성하기 위하여 데이터를 처리해야 한다. 따라서 어떤 프로그램이든지 데이터를 정확하고 효율적으로 처리하는 것이 제일 중요하다.

컴퓨터과학 분야에서 데이터 구조(data structure)라는 용어는 프로그래밍에 사용되는 데이터를 조직화하는 기술을 가리킨다. 이러한 데이터 구조는 메모리에 격납될 데이터를 저장하고 처리하는 조직화된 방법을 제공한다.

예를 들어 트리 구조(tree structure) 또는 트리(tree)는 계층구조형태로 데이터를 조직화하는 경우에 유용하다. 이미 앞서 파일 트리(4.8절)와 솔루션 트리[그림 8.11], 그리고 호프만 코드 트리(9.8.2절) 등을 살펴보았다.

몇 가지 유용한 데이터 구조들을 열거해 보면 다음과 같다.

- 배열(Array): 같은 크기의 메모리 셀들을 이웃하여 모아놓은 데이터 구조. 각 셀들은 인덱스(index, 첨자)를 사용하여 직접 엑세스할 수 있으며, 인덱스는 0부터 시작하는 정수값이다. 배열에는 같은 유형의 데이터 항목들이 저장되는데 정수들의 배열, 문자들의 배열, 이름들이 저장된 배열 등이 있다(3.5.2절 참조).
- 연결 리스트(Linked list): 각 데이터 항목들에 대해서 포인터를 사용하여 다음 번 데이터 항목을 가리키는 형태로 데이터 항목들을 열거하여 모아놓은 데이터 구조. 마지막 데이터 항목은 연결 리스트의 마지막임을 나타내는 특수한 기호를 가리키도록 되어 있다. 어떤 데이터 항목을 연결 리스트에 추가하거나 삭제하기 용이하다. 양방향성 연결 리스트에 저장된 각 데이터 항목들은 전후 데이터 항목들을 가리키는 포인터를 갖는다.
- 큐(Queue): 선입선출(FIFO: First In First Out) 방식으로 데이터 항목들을 엑세스할 수 있는 특수한 형태의 리스트 또는 배열.
- 스택(Stack): 선입후출(FILO: First In Last Out) 방식으로 데이터 항목들을 엑세스할 수 있는 특수한 형태의 리스트 또는 배열. 구내식당에 포개어있는 배식판들이 좋은 사례이다([그림 9.8] 참조).

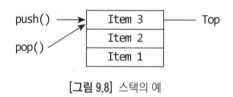

[그림 9.8] 스택의 예

- 트리(Tree): 1개의 루트 정점(root node)이 하위 정점들을 가리키고 다시 각 하위 정점들(자녀 정점들)이 또 다른 하위 정점들을 가리키는 형태로 만들어진 계층적인 데이터 구조. 하위 정점을 갖지 않는 정점을 말단 정점(leaf node)이라고 부른다. 루트 정점을 제외한 각 정점들은 부모 정점을 갖는다. 호프만 코드 트리는 이진 트리(자녀 정점이 최대 2개)이다.
- 버퍼(Buffer): 데이터 항목들을 위한 임시 저장장소로 어떤 프로그램이 데이터를 생성하여 버퍼에 임시 저장하면, 다른 프로그램이 버퍼에 저장된 데이터를 처리하기 위해

서 가져갈 수 있다.

- **테이블(Table)**: 사전(dictionary)과는 다른 형태로서, 키(key)와 값(value)으로 구성된 쌍들을 모아 놓은 데이터 구조. 테이블을 사용하면 키를 사용해서 값을 탐색하기 수월하다. 해쉬 테이블(hash table)은 해쉬 코드(hash code)를 계산하여 데이터 항목들의 저장과 검색이 매우 효율적으로 수행된다. 해쉬 코드를 사용하면 테이블 전체를 검색할 필요 없이 원하는 데이터 항목들을 직접적으로 엑세스할 수 있다.
- **그래프(Graph)**: 각 정점들이 변들에 의해 연결되어 있는 데이터 구조. 그래프는 각 정점들이 자녀 정점들뿐만 아니라 다른 정점들과도 연결될 수 있도록 일반화된 트리라고 생각할 수 있다. 그래프는 네트워크와 교통망 등과 같은 연결망 구조를 나타내는 경우에 유용하다.

이상에서 살펴본 것처럼 각 데이터 구조들은 프로그래밍에 있어서 데이터의 구조화(data organization)와 데이터의 처리(data manipulation)를 지원해 준다. 예를 들면 스택은 데이터 항목들을 선형 순서로 구조화할 수 있고 push, pop, is-empty 등과 같은 스택에 대한 처리들을 제공한다. 스택에 저장된 데이터가 보존될 수 있도록 위와 같은 3가지 처리만을 허용하고 있다.

> **CT: 합성과 단순화**
>
> 하위 수준의 상세 사항들과 처리들을 보다 이해하기 수월한 상위 수준의 객체들과 처리들로 합성하면, 복잡한 처리들을 단순화할 수 있다.

이와 같은 데이터 구조들을 사용함으로써 데이터와 처리에 관한 상세 사항들을 감출 수 있다. 이러한 방식은 예를 들어서 비트패턴이나 메모리 주소 등과 같은 상세 사항들 대신에 스택에 대한 push와 pop 처리 수행이라는 개념으로 프로그래머들이 단순화하여 생각할 수 있도록 해준다. 이것은 일종의 추상화(abstraction) 형태로서, 컴퓨터과학 분야에서는 데이터 추상화(data abstraction)에 해당한다.

9.10 데이터베이스

학생들의 성적, 매장의 재고, 항공사의 예약 등과 같은 데이터는 규모도 크고 복잡하며 동적으로 변화가 많다. 따라서 스프레드시트와 같은 정적인 파일형태로 취급하기에는 부적절한 경우가 많다. 이러한 경우에는 데이터베이스 시스템(database system)이 필요하다.

데이터베이스는 특정한 어플리케이션에 사용할 수 있도록 효율적으로 조직화된 데이터의 모음이다. 일반적으로 데이터베이스는 여러 명의 사용자들에 의해 공유 및 갱신된다.

데이터베이스 관리시스템(DBMS: DataBase Management System)은 데이터베이스를 처리하는 소프트웨어 시스템으로서 데이터의 저장과 엑세스, 보안, 백업 등을 제공한다. 일반적으로 DBMS는 동시에 많은 사용자들이 데이터베이스를 엑세스할 수 있도록 허용하며, 사용자 로그인과 사용권한 부여, 로컬 또는 네트워크 접속 등을 처리해준다.

관계형 데이터베이스(Relational Database)는 데이터를 조직화하기 위하여 관계(relation) 또는 테이블(table)을 사용하는 데이터베이스이다. 데이터를 조직화하기 위한 다른 방법들이 많이 존재하지만, 관계형 데이터베이스는 지금까지도 가장 인기 있고 널리 사용되고 있다. 잘 알려진 관계형 데이터베이스(RDBMS: Relational DBMS)로는 IBM DB2, Oracle, MySQL, SQLite, Derby, Microsoft Access 등이 있다.

9.10.1 관계형 데이터베이스

관계형 데이터베이스에서는 데이터를 효율적으로 구조화하기 위하여 관계(relation)라고 부르는 테이블들을 여러 개 사용한다. 관계는 속성과 값들의 집합으로서, [그림 9.9]는 전형적인 데이터베이스 테이블을 보여주고 있다.

Last	First	Dept	Email
Wang	Paul	CS	pwang@kent.edu

[그림 9.9] 데이터베이스 테이블의 예

각 테이블은 스키마(schema)에 의해 정의되며, 스키마에는 다음과 같은 사항들이 명시된다.

1. 속성들의 이름(테이블의 열 이름에 해당한다)
2. 각 속성이 갖는 값들의 유형

예를 들면 어떤 속성값의 유형은 문자열(character string)이거나 날짜(date) 또는 정수(integer) 등이 될 수 있다.

테이블의 각 행(row)들은 속성값들의 집합이 된다. 행을 레코드(record) 또는 튜플(tuple)이라고도 부르며, 하나의 테이블에서 똑같은 레코드들이 존재하는 경우는 없다(비중복성 법칙). 하나의 테이블에 들어있는 모든 레코드들의 모임을 테이블 인스턴스(table instance) 또는 관계 인스턴스(relation instance)라고 부른다. 스키마에 의해 테이블이 정의된 직후에는 아무런 레코드들이 들어있지 않다. 따라서 이러한 테이블 인스턴스는 공집합이 된다. 테이블에 레코드들이 삽입되면 테이블 인스턴스는 성장하며, 레코드가 삭제되면 테이블 인스턴스는 줄어든다. 또한 테이블 내의 데이터가 변경되면 테이블 인스턴스도 변경된다. 데이터베이스 테이블을 다룰 경우, 테이블 스키마와 테이블 인스턴스 사이의 차이점에 대해 주의해야 한다.

RDBMS의 각 데이터베이스는 이름으로 구분된다. 일반적으로 관계형 데이터베이스는 데이터를 효율적으로 표현하고 관련시키기 위하여 여러 개의 테이블들로 구성된다. 또한, RDBMS에는 어떤 사용자가 어떤 데이터베이스를 엑세스하며 어떤 처리가 가능한지에 관한 정보가 저장된다. 일반적으로 사용자가 데이터베이스를 엑세스하기 위해서는 지정된 호스트로부터 RDBMS에 먼저 로그인해야 한다. 예를 들면 로컬 호스트로부터의 데이터베이스 엑세스만 허용된 경우에는 RDBMS가 운용되고 있는 같은 호스트 컴퓨터에서 동작하는 프로그램에 의한 엑세스만 가능하다.

9.10.2 SQL(Structured Query Language, 구조화된 질의 언어)

물론 각 RDBMS에서는 데이터베이스, 테이블, 레코드 그리고 기타 데이터베이스 관련 항목들의 생성/엑세스/처리 등을 위한 어플리케이션 프로그램들을 제공할 필요가 있다. SQL(Structured Query Language, 구조화된 질의 언어)[3]은 이와 같은 필요성

---

3) "에스큐엘"이라고 부른다.

을 충족시키기 위해 제정된 언어이다. SQL은 ISO(International Organization for Standardization)와 ANSI(American National Standards Institute)의 표준으로서, 문장(sentences)들과 절(clauses)들을 사용하여 데이터베이스 처리를 규정하는 질의어(query)들을 구성하는 서술형 언어(declarative language)이다. SQL은 스키마를 정의하는 DDL(Data Definition Language)과 데이터베이스의 데이터 추가/삭제/갱신/검색/처리 등을 정의하는 DML(Data Manipulation Language)로 구성되어 있다.

대부분의 RDBMS들은 SQL을 준수하고 있다. 따라서 SQL로 코딩된 프로그램들은 서로 다른 데이터베이스 시스템에서 잘 동작할 수 있다. 그러나 이 기종 데이터베이스 시스템들 사이에는 여전히 차이점들이 존재한다. 이 책에서는 MySQL 시스템에 대응하는 SQL 코드 예제를 다루도록 할 것이다. 예제에서 사용된 SQL 코드들은 다른 RDBMS에 알맞도록 수월하게 수정할 수 있다.

데이터베이스 질의어(database query) 또는 단순히 질의어(query)는 SQL로 작성된 명령어로서, 원하는 데이터베이스 관련 작업을 수행하도록 RDBMS에게 처리를 의뢰한다. 데이터를 검색하는 질의어는 결과집합(resultset, 레코드들의 테이블)을 반환한다. 한편, 데이터 갱신을 수행하는 질의어는 결과집합을 반환하지 않는다.

오늘날 웹과 데이터베이스 시스템은 분리할 수 없다(6.8.2절 참조). 웹의 내부에는 데이터베이스 시스템이 장착된 형태[그림 9.10]로 상호 운영되고 있다. 사용경험이 전혀 없는 사용자도 웹 페이지에 표시되는 양식에 간단히 기입함으로써, 데이터베이스에 축적된 정보의 검색과 갱신이 가능하다. 이와 동시에, 데이터베이스에서는 사용자계정 관리 등과 같은 다양한 웹 관련 처리들을 보다 효과적이고 편리하게 지원한다. 결과적으로 우리의 일상생활에서 없어서는 안 되는 다양한 기능들(예를 들면 온라인 수강신청, 온라인 쇼핑, 온라인 뱅킹, 온라인 티켓 예약, 온라인 투자 등)을 웹과 데이터베이스 시스템이 지원하고 있는 것이다.

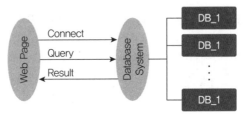

[그림 9.10] 웹과 데이터베이스

우주탐험과 천제망원경 그리고 지구자원과 탐사용 인공위성 등과 같은 최신 기술들은 엄청난 규모의 데이터를 생산한다. 이러한 데이터로부터 지식을 얻어내기 위해서는 대규모 데이터의 이해와 분석을 위한 막대한 컴퓨팅 능력이 필요하다. 데이터베이스 시스템은 이와 같은 분야에서 중요한 역할을 수행하고 있다.

9.10.3 빅 데이터(Big Data)

디지털 및 정보기술의 발전, 특히 다종 다양한 분야로부터 데이터를 감지하고 수집하기 위한 기술들의 발전에 의해, 지극히 규모가 큰 데이터가 발생하고 있다. 이러한 데이터는 2012년 기준 매일 약 2.5엑사바이트($2.5 exabytes = 10^{18}$ bytes)가 생성되며, 데이터 발생률 또한 급격히 증가하고 있다.

기본적으로 언제 어디서나 누구든지 데이터를 수집할 수 있는 능력을 가지고 있다. 또한 인구 조사와 통계, 의료분야, 기상예측, 범죄수사, 과학분야, 비즈니스 및 회계분야 등을 포함한 다양한 많은 분야들에서 데이터를 다루고 있다. 이러한 대규모 데이터를 저장하기 위하여 매우 큰 규모의 데이터베이스가 필요하다. 이러한 대규모 데이터베이스를 다루기 위해서는 수백 또는 수천 대의 컴퓨터들에서 동작하는 병렬 처리 프로그램이 필요하다.

"단순한 데이터 샘플링이나 통계처리만을 생각하지 말자. 존재하는 모든 데이터를 수집하고 검사하고 분석할 수 있는 능력을 우리는 가지고 있다."는 사실을 상기하기 바란다.

9.11 개인 정보의 보호

우리들은 온라인을 통해서 광범위한 데이터의 생성과 수집 그리고 데이터의 전송과 엑세스 등이 수행되는 정보화 시대를 살아가고 있다. 정보화 시대가 우리들에게 가져다 준 혜택은 처리되는 정보의 규모가 엄청나게 커졌고, 일상생활에서 필수사항이 되었다는 것이라고 할 수 있다.

그러나 반면에는 단점도 있다는 사실을 알아야 한다. 특히, 개인 정보가 악용되거나 오용되지 않도록 해야 한다. 개인정보의 예로서는 성명, 생년월일, ID, 주소, 전화번호, 로그인정보, 사이트 계정 별명(screen name), 계좌번호, 신용카드정보, 의료정보 등이 있다.

> **CT: 개인정보를 보호하자.**
> 각 개인들과 조직 단체들은 개인정보에 대한 기밀유지에 최선을 다해야 한다.

일반적으로, 개인정보는 한 개인을 식별/특정/연계할 수 있는 온갖 정보를 의미한다. 대개는 개인 또는 개인정보 취급 회사가 개인정보 기밀유지에 최선을 다해야 한다. 세계의 많은 나라들에서는 개인정보에 대한 정의와 수집 및 기밀유지에 대한 법률을 제정하여 운영하고 있다.

연습문제

9.1 HD 모니터의 해상도란 무엇인가?

9.2 각 픽셀이 24비트라면, 저해상도 HD 이미지를 저장하기 위한 저장용량은 얼마인가?

9.3 첨가색(additive color) 모델과 감색(subtractive color) 모델에 대해서 설명하시오.

9.4 CMY 잉크들을 섞어서 검은색을 만들어서 프린트 출력하려면 검은색 잉크가 필요한 이유는 무엇인가?

9.5 24비트 RGB 표기방법에서 (255, 0, 255)와 (100, 100, 100) 그리고 (500, 400, 600)은 각각 어떤 색상인가?

9.6 디지털 카메라 또는 스마트 폰으로 사진을 촬영할 때, 해상도를 낮추어야 하는 이유는 무엇인가?

9.7 벡터 그래픽와 래스터 그래픽의 차이점은 무엇인가?

9.8 표본추출(sampling)과 양자화(quantization)란 무엇인가? 표본추출과 양자화는 마지막 데이터 크기에 어떻게 관련되는가?

9.9 코덱(codec)이란 무엇인가?

9.10 어플리케이션 프로그램에서, 다음과 같은 처리는 어떤 의미를 갖는가?
save, save as, export, import

9.11 문서의 마크업이란 무엇인가? 그리고 어떤 면에서 유용한가?

9.12 데이터 압축이란 무엇인가? 그리고 손실 압축과 비손실 압축에 대해서 설명하시오.

9.13 GZIP과 ZIP을 각각 사용하여 9.2.3절에 있는 webtong.com의 로고[그림 9.2]를 SVG코드 방식으로 압축해 보고, 압축된 파일이 얼마나 용량이 작아지는지 조사해 보시오.

9.14 메시지를 압축하기 위한 2가지 주요 기법은 무엇인가?

9.15 [그림 9.7]을 참고하여 다음과 같은 문자들(b, Y, y, f) 각각에 대한 코드가 무엇이 될지 추론해 보시오.

9.16 연습문제 9.15에 대하여, 모든 34개 문자들에 대한 코드를 산출하시오.

9.17 연습문제 9.16의 결과값을 토대로, 다른 코드의 접두사가 될 수 있는 코드가 존재하는지 살펴보시오. 만약에 존재하지 않는다면, 왜 호프만 코드의 경우에만 항상 이런 현상이 일어나는지 설명하시오.

9.18 호프만 트리를 엔코딩하는 알고리즘은 다음과 같다.
알고리즘 treeEncode:
입력: 엔코딩 될 트리의 루트 정점 nd
출력: 호프만 트리를 나타낸 비트 스트링
(a) nd가 말단 정점이라면, 1비트 다음에 8비트 문자/바이트를 출력하고 리턴한다.
(b) 0비트를 출력한다; treeEncode(nd의 왼쪽 하위 정점); treeEncode(nd의 오른쪽 하위 정점)

위와 같은 비트 스트링의 비트 길이는 얼마인가? 위와 같은 비트 엔코딩을 다시 이진 트리로 변환(말단 정점에는 문자들을 표시)하려면 어떻게 데코딩 해야 될까?

9.19 데이터베이스, 테이블, 관계에 대해서 설명하시오.

9.20 SQL이란 무엇인가? 그리고 SQL이 필요한 곳은?

컴퓨팅 사고력과 소프트웨어의 이해

9.21 [컴퓨팅 사고력 적용] 인간의 후각과 미각, 그리고 촉각을 디지털화하는 최신 기술에 대해서 조사해 보시오.

9.22 [컴퓨팅 사고력 적용] TV스크린이 4K로 되고 있다. 해상도는 얼마인가? 4K로 스트리밍 하여 보여준다는 것은 어떤 의미를 갖는가?

9.23 [컴퓨팅 사고력 적용] 3D프린팅은 어떻게 동작하는 것인지 그리고 디지털 이미지를 표현하는 것과의 어떻게 관련되는 것인지 조사하시오.

9.24 [컴퓨팅 사고력 적용] 비트 패턴이 정보를 저장하는 유일한 방법이라고 한다면, 실행 가능한 프로그램들은 어떻게 저장될까? 그리고 실행 불가능한 파일들과 어떻게 구별할 수 있을까? 누가 관리해야 될까?

9.25 [컴퓨팅 사고력 적용] 개인정보를 마크업하는 방법을 고안해 보고, 자신의 개인정보를 마크업하는 예를 보여주시오.

9.26 [그룹 토론 주제] QR코드와 이에 대한 활용

9.27 [그룹 토론 주제] 내가 선호하는 검색 엔진

9.28 [그룹 토론 주제] 구글 번역기의 작동원리 및 작동시간 개선방법

Chapter
10

어플리케이션
(Get That App)

>>>
어플리케이션(Get That App)

컴퓨터는 프로그램에 의해 동작되므로 프로그램을 작성하지 않으면 컴퓨터는 벽돌조각이나 다름없다.

프로그램 중에서 가장 중요하고 기본이 되는 것이 운영체제(Operating System, OS; 제4장 참조)이다. 운영체제는 하드웨어, 파일, 네트워크, 사용자, 컴퓨터에서 동작하는 다른 프로그램 등 컴퓨터의 모든 것을 제어·관리한다.

어플리케이션 프로그램(또는 앱)은 컴퓨터 사용자와의 상호작용을 통해서 특정한 작업을 처리하는 소프트웨어 프로그램이다. 어떤 어플리케이션들은 사용방법이 직관적이지만, 대부분은 사용법을 학습해야 하거나 특별한 사용 기술이 필요하다. 다양한 어플리케이션들에 의해 컴퓨터는 유용하게 동작되어 우리 일상생활이 더 편리하고 즐거워진다. 몇몇 일부 프로그램들은 사용자들과 직접 상호작용하지 않고 컴퓨터 내부에서 동작하는 경우(예를 들면, 네트워킹, 주변장치 제어 등)도 있다. 컴퓨터 프로그램을 효율적이고 효과적으로 다루는 방법을 이해하는 것이 중요하다. 프로그램을 작성하기 위해서는 물리적 컴퓨터 장치들에 대한 이해, 다운로드와 설치, 그리고 지능적인 학습과 이해 등이 필요하다.

대규모 컴퓨터 프로그램은 지금까지 인간이 창조한 가장 복잡한 도구들 중에 하나이다. 디지털 시대에는 프로그래밍 기법들과 프로그램 개발 과정에 대한 이해가 점점 더 중요해지고 있다.

이 책의 앞부분(1장)에서는, 디지털 컴퓨터의 가장 중요한 특징이 여러 가지 프로그램들을 탑재해서 실행시킬 수 있는 능력이라고 설명한 바 있다. 이러한 능력에 의해서 컴퓨터가 튜링 머신[그림 1.2]으로 정의된 만능 컴퓨팅 기계가 되는 것이다. 오늘날의 컴퓨터는 빠른 실행을 위해서 RAM(Random Access Memory)에 프로그램을 저장하고 있다.

기본적으로 프로그램은 잘 정의된 작업들을 수행하기 위하여 특정한 프로그래밍 언어를 사용하여 작성된 명령어들의 완전 집합체이다. 작성된 프로그램을 컴퓨터에 설치하여 실행시키면, 컴퓨터는 프로그램에 명시되어 있는 것처럼 동작을 수행하는 기계가 된다. 스마트폰의 경우에도 이와 비슷한 방법에 의해, 때로는 계산기나 GPS 내비게이션 등으로 변신한다. 이것은 너무나 편리하고 또한 무엇이든지 가능한 마법과 같은 일이다!

또한 특수한 목적을 위한 컴퓨터는(예를 들면 자동주행 자동차, 항공기, 가정 내의 가전기기, 의료용 스캐너, 로봇 등) 모든 것을 스마트하게 만든다. 또 어떤 경우에는 컴퓨터에 재 프로그램 할 수 있는 펌웨어와 업데이트할 수 있는 소프트웨어를 장착하는 경우도 있다. 물론 소프트웨어를 컴퓨터에 설치하여 실행시키는 작업의 이면에는 더 많은 추가 작업들이 수행되며, 이러한 추가 작업들은 컴퓨터 관련기술과 프로그래밍 기법 등의 발전을 기반으로 한다.

프로그램의 응용, 프로그래밍 그리고 프로그램의 효율적인 사용방법 및 개발방법 등이 컴퓨팅분야를 이해하는 데 있어서 필수적인 부분들이다.

10.1 필수적인 프로그램들

컴퓨터에서 OS는 분명히 가장 중요한 프로그램이다. OS가 없다면, 컴퓨터는 전혀 동작하지 않는다. 컴퓨터를 유용하고 강력하게 하는 다른 기타 필수적인 프로그램들은 다음과 같다.

- 웹 브라우저: 웹을 서핑하기 위한 프로그램(예를 들면 Chrome, Firefox, IE, Safari 등)
- 이메일 클라이언트: 이메일 송수신을 위한 프로그램(예를 들면 Outlook, Gmail, Thunderbird 등)
- 파일 관리자: 컴퓨터에 저장된 파일들을 검색하고 관리하기 위한 프로그램(예를 들면 Windows File Explorer, Nautilus, XFile 등)
- GUI 요소들: 그래픽 유저 인터페이스(4.4절 참조)를 지원하기 위한 그리기, 홈 스크린 표시, 이벤트 처리, 어플리케이션 윈도우 관리, 정보제공 웨지(예를 들면 시계, 달력,

날씨정보 등)와 같은 프로그램들

- **텍스트 편집기**: 텍스트 파일을 만들고 편집하기 위한 프로그램들(예를 들면 Wordpad, Vim, Emacs, TextEdit 등)
- **오피스 도구들**: 사무/교육 업무를 편리하고 효율적으로 수행하기 위한 프로그램들(예를 들면 MS Office, Libre Office, NeoOffice, Adobe Acrobat, TEX/LaTeX 등)

그밖에도 다양한 어플리케이션들과 앱들은 서로 다른 목적을 위해 사용 가능하다. 널리 사용되고 있는 앱으로는 iTunes, YouTube 등과 같은 미디어 플레이어, 앵그리버드와 같은 게임 앱, 날씨정보와 방송 관련 앱, Google Map과 같은 지도서비스 앱 등이 있다.

앱은 데스크톱 PC, 노트북 PC, 태블릿, 스마트폰 등에서 동작하도록 제작할 수 있다. 대부분의 앱은 오프라인 상태에서 동작하지만, 인터넷에 연결된 상태에서 완전한 기능을 발휘하는 앱도 있다. 또한 웹 기반의 이메일 관련 앱 등은 완전히 온라인 상태에서만 동작한다.

Windows Calendar, Windows Outlook, Mac iCal, Google Calendar, reminder 등의 앱들을 이용하면 이메일 또는 스마트폰 알림 기능을 이용할 수 있다. 알림기능에 대해서는 알림 주기를 설정할 수도 있는 등, 편리하게 사용할 수 있다.

> **CT: 알림 기능 사용하기**
>
> 중요한 일정이나 사항들을 기억하지 못하는 경우가 있다. 컴퓨터를 이용하면 우리들의 기억력을 확장시킬 수 있다. 달력 알림 프로그램/서비스를 사용하면, 중요한 일정이나 사항들을 다시 잊어버리지 않게 될 것이다.

그밖에 유용한 몇 가지 앱을 열거하면 다음과 같다.

- **보안 원격 로그인**: SSH, WinSSH, OpenSSH 등과 같은 어플리케이션들을 이용하면, 인터넷을 통해서 다른 컴퓨터에 연결하여 로그인해서 원격지 컴퓨터를 CLI(Command-Line Interface, 4.7절 참고)를 사용하여 원격 이용할 수 있다.
- **보안 FTP**: SFTP, FileZella, FreeFTP 등과 같은 프로그램을 이용하여 안전하게 원격지 컴퓨터에 파일을 업로드하거나 원격지 컴퓨터로부터 파일을 다운로드할 수 있다.

- **온라인 무료통화**: Skype, Google Hangout 등과 같은 앱들을 이용하여 인터넷을 경유해서 다른 사람들과 무료통화를 할 수 있다(화상통화도 가능).
- **이미지 처리**: Gimp(무료)와 Photoshop(유료)이 가장 유명한 사진 편집 및 이미지 처리 도구들이다.
- **비디오 및 오디오 편집**: Movie Maker(윈도우), iMovie(Apple), Premiere Pro (Adobe), OpenShot(Linux) 등이 있다.

> **CT: 앱 설치하기**
>
> 어떤 XYZ라는 일을 처리하려고 한다면, XYZ를 처리할 수 있는 앱들을 찾아내서 설치한 후에 실행해 보도록 한다.

어떤 작업을 수행하고 싶은데 자신의 컴퓨터에 앱이 설치되어 있지 않은 경우, 잠시만 수고해서 앱을 찾아내서 설치할 필요가 있다. 예를 들면 소규모 사업자의 경우 자신의 스마트폰에 앱을 설치하여 신용카드 결제 작업을 수행할 수 있다. 이때 사용하는 앱으로는 Square Register™, PayPal Here™, Payleven™, PayAnywhere™ 등이 있다.

소프트웨어를 설치할 경우에는 주의하기 바란다. 설치할 프로그램이 신뢰할 수 있는 것인지 확인해 봐야 한다. 평범해 보이는 앱들 중에는 컴퓨터에 심각한 피해를 주는 멀웨어 (malware, 7.10절 참조)를 포함하고 있는 것들도 있다.

10.2 자신의 앱에 대해서 알아보기

컴퓨터 시스템에는 여러 가지 어플리케이션 프로그램들이 장착되어 있다. 그 중에는 불필요한 것들도 있을 수 있다. 불필요한 어플리케이션 프로그램들을 제거하는 경우를 생각해 보자. 요즘의 앱은 자동적으로 업데이트되지만 프로그램의 도움말 메뉴를 통해서 사용자가 스스로 업데이트할 것이 있는지 확인하고 업데이트 작업을 수행할 수도 있다. 보안관련 업데이트 등, 정기적으로 OS를 업데이트하는 것이 좋다.

어플리케이션을 실행하기 위해서는 일반적으로 다음과 같은 방법들을 사용한다.

- 작업표시줄에 있는 아이콘을 클릭하면 해당 앱을 실행 또는 다시 실행시킬 수 있다.
- 바탕화면에 있는 아이콘을 더블클릭하여 앱을 실행시킨다.
- 사용 가능한 프로그램 목록에 있는 프로그램의 이름을 클릭하여 앱을 실행한다.
- 데이터 파일을 클릭하거나 더블클릭하면, 해당 파일 유형에 관련되어 있는 디폴트 앱이 실행되어 데이터 파일 열기작업을 수행한다.
- Mac OS X에서 마우스 오른쪽을 클릭하거나 컨트롤 키와 함께 클릭하면, 선택된 앱이 해당 파일 열기작업을 수행한다.
- 웹 페이지에 링크 연결된 데이터 파일을 클릭하면, 웹 브라우저가 파일과 연결된 앱을 실행시켜 준다.
- 이메일에 첨부된 파일을 열기작업하면, 이메일 클라이언트 프로그램에 의해 파일에 연결된 앱이 파일열기 작업을 수행한다.
- 쉘 명령어(4.7절 참조)을 실행시키면 대응하는 앱이 실행되거나 종료된다.
- 이메일 본문 또는 어떤 문서 본문에 기입되어 있는 URL을 클릭하면, OS에서 지정된 디폴트 웹 브라우저가 실행된다.

한 번에 여러 가지 어플리케이션들이 실행되는 경우도 있다. 실행중인 어떤 어플리케이션의 윈도우에 포커싱(4.4절)하거나 작업표시줄에서 클릭하여, 해당 어플리케이션을 다시 실행시킬 수 있다. 또한 어플리케이션 윈도우를 최대화, 최소화, 크기변경 등의 작업을 수행할 수도 있다. 화면표시공간을 효율적으로 사용하기 위하여 여러 개의 윈도우들을 별도의 데스크톱 작업공간에 그룹핑 할 수도 있다.

여러 가지 앱 윈도우들을 일시 정지하였다가 원하는 시기에 다시 실행시킬 수도 있지만 작업 완료된 앱은 종료시키는 것이 좋다. 앱을 종료시키기 위해서는 앱 윈도우를 닫거나 앱의 file 메뉴에 있는 quit를 선택한다. 아무런 반응을 하지 않는 앱에 대해서는 운영체제의 작업관리자를 사용하여 "강제종료"시킬 수도 있다.

CT: 앱을 학습하자.

앱은 도구이다. 능숙하게 사용할 수 있으면 커다란 이익을 얻을 수 있다. 앱 사용법을 계속 연습하자. 완벽하고 능숙하게 사용할 수 있게 된다.

각 앱들은 기능을 효율적으로 사용할 수 있도록 서로 다른 사용자 인터페이스를 제공하고 있다. 각 앱들은 명쾌하고 직관적이면서 사용하기 수월한 그리고 시각적으로도 즐거운 사용자 인터페이스를 제공한다. 각 앱은 고유한 특징을 가지고 있으며 일반적으로 어느 한 앱에서의 동작방법은 다른 앱에서는 작동하지 않는 경우도 있지만 원하는 앱을 사용하다 보면 능숙해진다.

앱은 운영체제에 의해 제공되는 동작환경에 크게 의존한다[그림 10.1].

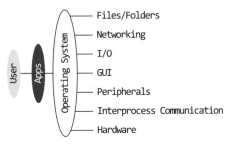

[그림 10.1] 어플리케이션의 사용

OS는 파일 접근방법, 네트워킹, I/O(입력, 출력)작업, GUI(그래픽 사용자 인터페이스)지원, 프로세스들 간의 커뮤니케이션(interprocess communication) 그리고 USB장치 등과 같은 주변기기의 제어를 위한 디바이스 드라이버(device driver) 등을 제공하고 있다. 새로운 앱을 구입하는 경우, 컴퓨터의 운영체제에 적합한 앱인지 확인할 필요가 있다. 적합하지 않으면 전혀 동작하지 않는다.

CT: 앱이 없으면 아무 것도 못한다.

컴퓨터만 있으면 컴퓨터를 사용할 수 없다. 반드시 앱이 필요하다.

10.3 프로그램의 구성과 커스터마이징

하드웨어에 비해서 소프트웨어가 갖는 가장 중요한 장점은 유연성이라고 할 수 있다. 서로 다른 환경에서 작업하고 사용자의 취향을 만족시키도록 소프트웨어를 수월하게 구성/미세조정/커스터마이징할 수 있다.

새로운 컴퓨터를 처음으로 사용하는 경우, 사용언어와 시간 및 통화, 날짜 그리고 호스트 이름, 작업그룹, 기타 운영체제를 커스터마이징 하기 위한 매개변수들 등을 즉시 설정해야 한다. 마우스 커서 유형, 폰트 크기, 화면 해상도 등을 선택하여 설정할 수도 있다. 웹 브라우저와 이메일 클라이언트 프로그램 등과 같은 디폴트 어플리케이션들을 OS에 알맞게 등록한다. 다양한 입력방법과 추가 사용할 언어 관련 지원 사항들을 추가할 수도 있다.

위와 유사한 방법을 사용하여 각 어플리케이션 프로그램들의 특성을 설정하고 옵션을 선택하여 가장 효율적이고 편리하게 커스터마이징 할 수 있다. 이와 관련된 몇 가지 예를 아래에 제시한다.

- 웹 브라우저에 대해서 홈페이지 및 다른 속성을 설정한다. 특히 선호하는 검색엔진을 선택하도록 한다.
- 개인 서명, 연락처 목록, 이메일 클라이언트에 메시지 암호키 등을 추가한다. 이메일 작성 형식으로서 일반텍스트 또는 HTML을 설정한다.
- 폰트의 크기 및 색상, 배경색, 쉘 윈도우의 크기 등을 설정한다.

CT: 구성하고 즐기기

자신의 컴퓨터 시스템과 어플리케이션들을 구성하고 커스터마이징하라.

어플리케이션의 유연성과 활용도를 충분히 만끽할 수 있도록 구성을 변경할 필요가 있다. 어떤 옵션들이 있는지 그리고 해당 옵션을 선택하면 어떤 효과가 있는지를 익히기 위해서는 시간과 노력이 필요하다. 예를 들어 스마트폰의 카메라 앱을 생각해 보자. 카메라 앱에 있는 다양한 옵션들을 모두 살펴보았는가? 아니면 그저 사진촬영 기능만 사용하고 있는가?

10.4 프로세스 조합

실행중인 프로그램을 프로세스라고 부른다(4.9절 참조). 여러 개의 프로세스들은 다중 CPU가 장착된 컴퓨터에서는 일반적으로 동시처리방식 또는 병행처리방식으로 동작한다. 프로세스는 사용자와 GUI 또는 CLI를 통해서 상호작용하며 프로세스들 간의 커뮤니케이션(interprocess communication)에 의해 다른 프로세스들과 상호 작용할 수도 있다.

기본적으로 동작하고 있는 프로그램들은 서로 데이터를 주고받으면서 커뮤니케이션 할 수 있다. 예를 들면 어느 한 프로그램이 다른 프로그램(child process)을 작동시켜서 입력 데이터를 보내고 출력 데이터를 얻어오는 경우도 있다. 프로세스들 사이의 커뮤니케이션에 의해 어떤 문제들을 해결하기 위하여 서로 다른 프로그램들의 기능을 조합할 수 있다. 데스크톱 클립보드(4.5.1절)가 그 좋은 예이다.

파이프(pipe)는 어느 한 프로세스가 데이터를 저장해 놓으면 다른 프로세스가 그 데이터를 사용하는 메모리 영역이다. [그림 10.2]는 2개의 프로세스들이 프로세스들 사이의 커뮤니케이션을 수행하는 모습을 나타내고 있다. 기존의 프로그램들을 조합하여 재사용함으로써, 새로운 프로그램을 만들어야 하는 시간과 노력을 절약할 수 있다.

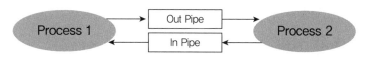

[그림 10.2] 프로세스들 사이의 커뮤니케이션

> **CT: 반드시 조정하라!**
> 동시 처리되는 프로세스들 사이의 협업 작업에는 제반 문제들이 발생되지 않도록 하고 원활하게 작업하기 위한 세밀한 조정 작업이 필수적이다.

프로세스들을 조정할 경우, 데이터를 송수신하는 프로세스를 각각 생신자(producer)와 소비자(cunsumer)라고 부른다. 공유저장소(예를 들면 파이프)를 통한 데이터의 원활한 흐름을 관리하기 위해서는 생산자와 소비자 역할을 하는 프로세스들의 동작들을 조정하고 동기화시켜야 한다. 생산자와 소비자는 사용 가능한 데이터가 발생할 때까지 대기하거나 공유저장소가 비워질 때까지 대기할 수 있어야 한다.

Unix/Linux 및 마이크로소프트의 쉘을 이용하여 어떤 프로세스의 출력을 다른 프로세스의 입력으로 보내는 파이프라인(pipeline) 설정이 가능하다. 파이프라인을 설정하는 예는 다음과 같다.

(어떤 폴더에 있는 파일들의 이름을 열거하기) | (순서대로 정렬하기)

단, 위의 예에서 수직형태의 바(|)는 파이프 연결을 나타내기 위해 사용된다. 위와 같은 CLI 형태의 설정은 GUI에서는 불가능하다.

또한 프로세스는 신호(signal) 또는 인터럽트(interrupt)를 다른 프로세스에 보낼 수 있다. 이와 같은 신호 또는 인터럽트는 실행중인 프로세스에게 정상적인 제어흐름의 외부로 주의를 돌릴 수 있게 해준다. 이와 같은 상황은 누군가에게 전화를 거는 경우와 유사하다. 전화 받는 사람은 현재 하고 있는 일을 멈추어야만 전화를 받을 수 있다. 이와 같이 어떤 프로세스가 수행하던 작업을 멈추고, 입력된 신호 또는 인터럽트에 대해서 반응하는 것이다. 신호 또는 인터럽트를 수신한 프로세스는 미리 설정해 놓은 신호에 대응하는 동작을 수행하고 나서, 다시 나머지 작업을 속행하거나 작업을 종료한다.

10.5 기계어 프로그램

모든 프로그램들은 멋지다. 그런데 이런 프로그램들은 어떻게 만들어지는 것일까? 정보화시대에서는 프로그램 개발이 상품제작 만큼이나 중요하다. 이제 컴퓨터 프로그램이 어떻게 만들어지는지 살펴보기로 하자.

프로그램은 컴퓨터가 이해할 수 있는 언어로 작성되어야 한다. 컴퓨터의 원시언어라고 할 수 있는 기계어(machine language)는 컴퓨터의 CPU(2.1절)가 처리하는 명령어들의 집합으로 정의된다. 우수한 프로그래밍 도구가 출현하기 이전 무렵인 컴퓨터 초창기의 프로그램은 기계어로 제작되었다.

기계어 프로그램은 다음과 같은 요소들로 구성되는 명령어들로 만들어졌다.

- **연산코드(opcode)**: CPU가 기본적인 처리(덧셈, **뺄셈**, 배타적 or 연산, 다른 명령어로의 goto 명령 등)를 수행하도록 명시한 비트 패턴이다.

- **1개 이상의 피연산자들(operands):** 피연산자는 데이터 또는 명령어가 저장되어 있는 CPU 레지스터 또는 메모리주소이다. 경우에 따라서는 상수값이 피연산자가 될 수도 있다.

연산코드(opcode)는 CPU에게 값을 저장하도록 하거나, RAM으로부터 데이터 또는 명령어를 가져오거나 RAM에 저장, 수치연산 또는 논리연산 수행, 다음 명령어가 저장된 메모리 주소로 이동(분기) 등의 처리를 수행한다. [그림 10.3]은 CPU의 실행모습을 나타내고 있다.

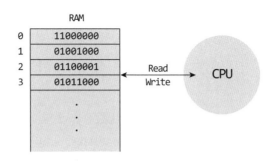

[그림 10.3] CPU의 명령처리

기계어 프로그램은 0과 1로만 구성되어 있어서 직접 작성하기 매우 어렵다. 그러나 연산코드(opcode)가 CPU의 명령어 집합과 직접 대응하므로 기계어 프로그램은 컴퓨터가 이해하고 처리하기 수월하다. 물론, 어떤 한 기계어 프로그램은 다른 유형의 CPU가 장착된 다른 컴퓨터에서는 동작하지 못한다.

구체적인 예로서, 〈표 10.1〉에서는 A = A + B라는 명령어에 대한 기계어 코드를 보여주고 있다. A = A + B라는 명령어에서, 연산코드(opcode)는 LOAD(주어진 메모리주소에 저장되어 있는 값을 CPU의 레지스터에 로딩한다), ADD(주어진 메모리주소에 있는 값을 레지스터에 더한다), STORE(레지스터에 있는 값을 주어진 메모리 주소에 저장한다)이다.

〈표 10.1〉 기계어 프로그램의 예(일부분)

Opcode	Memory Address	Assembly Code
110000000	00100000 00000000	LOAD A
101100000	00010000 00000000	ADD B
100100000	00100000 00000000	STORE A

그러나 오늘날에는 기계어로 프로그램을 작성할 수 있는 프로그래머에 대한 수요가 많지 않다.

10.6 어셈블리언어 프로그램

어셈블리언어는 특정한 기계어를 사용한 프로그램을 좀 더 작성하기 수월하도록 해준다. 어셈블리언어에서는 기계어 명령들의 각 연산코드(opcode)에 대한 약칭(mnemonic)이라고 부르는 기호들을 정의하고 있다. 예를 들어 ADD, LOAD, STORE 등이 약칭기호들이다. 또한 어셈블리언어에서는 A, B와 같은 기호 레이블들과 심지어는 표현식들을 피연산자로 사용할 수 있다. 〈표 10.1〉은 기계어 코드에 대응하는 단순한 어셈블리 언어 표현식을 보여주고 있다.

최근의 어셈블리언어들은 프로세서 아키텍처의 발전을 반영하고 있다. 예를 들어 인기 많은 Intel x64(x86_64) 프로세서들은 16개의 64비트 레지스터들과 가상메모리, 컨텍스트 스위칭(context switching, 4.9절 참조) 기능 등을 포함하고 있다. 다중코어 프로세서들은 여러 개의 독립적인 명령 스트림들(코어당 1개씩)을 병렬 처리할 수 있어서, 다중처리를 지원하는 하드웨어를 제공한다(4.9절 참조).

〈표 10.2〉는 첫 4개의 64비트 다용도 레지스터들을 보여주고 있다. 이러한 레지스터들은 x64 계열의 어셈블리언어에서 참조할 경우에 사용하는 다양한 표준 명칭들로 명명되어있다.

〈표 10.2〉 첫 4개의 x64 레지스터들

64-bit Register	Lower 32 Bits	Lower 16 Bits	Lower 8 Bits
rax	eax	ax	al
rbx	ebx	bx	bl
rcx	ecx	cx	치
rdx	edx	dx	dl

어셈블리언어 프로그램은 어셈블러(assembler)라고 부르는 유틸리티 프로그램을 사용

하여 기계어로 변환된다. 어셈블러는 어셈블리언어 프로그램을 특정한 컴퓨터 시스템에 적합한 기계어 코드로 변환시켜 준다[그림 10.4].

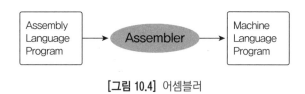

[그림 10.4] 어셈블러

일반적으로, 어셈블리언어와 어셈블러는 변환대상이 되는 프로세서와 운영체제에 종속되는 특징을 갖는다. 예를 들어 Windows와 Linux에서는 x64 계열의 어셈블러가 유효하다.

오늘날에는 어셈블러를 사용하여 프로그램을 작성하는 경우가 극히 드물다. 디바이스 드라이버, 임베디드 시스템, 실시간처리용 어플리케이션 등과 같이 어떤 특수한 목적을 위해서만 어셈블리언어가 필요하다. 대부분의 프로그램들은 고수준의 프로그래밍 언어들로 작성되어 기계어 코드로 컴파일된다. 어셈블러는 컴파일 과정의 일부분으로 이용하는 것이 일반적이다.

10.7 고수준의 프로그램

지난 몇 년 동안, 프로그래밍 기술이 다양하게 발전되어 성숙단계에 접어들었다. 오늘날에는 고수준의 프로그래밍 언어들에 의해 프로그램 개발이 더욱 신속하게 진행되고 있다. 고수준의 프로그래밍 언어는 하드웨어와 OS에 관련된 저수준의 상세사항은 은폐하고 패러다임과 추상화(1.2절의 CT: 추상화하기)를 제공함으로써 프로그래머가 더 수월하고 효율적으로 생각하고 추론하여 코드를 제작할 수 있도록 해 준다. 1.5절에서는 다양한 고수준의 프로그래밍 언어들[그림 1.8]과 프로그래밍에 대해서 설명하였다. 고수준의 프로그램은 2기지 방식으로 컴퓨터에서 실행시킬 수 있다.

- **컴파일 방식**: 고수준의 프로그램을 컴파일러(compiler)를 사용하여 기계어로 변환
- **인터프리터 방식**: 고수준의 프로그램을 구성하고 있는 각 명령어들을 인터프리터 (interpreter)가 읽어 들여 원하는 동작을 실행

단, 위와 같은 처리를 위해서는 특정한 고수준 프로그래밍 언어로 작성된 프로그램이 실행되는 컴퓨터 플랫폼마다 컴파일러와 인터프리터가 개발되어야 한다.

가장 먼저 널리 사용된 고수준의 프로그래밍 언어는 Fortran(Formula Translating System)으로 IBM의 John W. Backus가 1950년대에 개발하였다. Fortran은 프로시져(procedure), 함수(function), 반복루프(loop, 프로그래머의 의도에 맞추어 구성) 등과 같은 구성요소들을 갖추고 있다. 이와 같은 고수준의 구성요소들을 제공함으로써, 프로그래머는 어셈블리언어보다 더욱 수월하게 Fortran을 이용할 수 있게 되었다(6.11절 CT: 사용자를 위해서 개발하라). Fortran은 특히 수치(정수 및 실수) 계산에 적합하여, 공학 및 과학 분야의 계산 작업에 탁월하며, 현재까지도 지속적으로 사용되고 있는 성공적인 프로그래밍 언어이다. Fortran은 지금까지 다양한 버전들(Fortran 77, Fortran 90, Fortran 95, Fortran 2003, Fortran 2008 등)이 출시되었으며, 대부분의 컴퓨터들에서 손쉽게 사용할 수 있다.

Fortran은 처음으로 코드의 최적화 및 효율성 개선을 추구하는 컴파일러를 도입하였다. Fortran 컴파일러는 프로그래밍 기술분야에서 획기적인 전환점을 제공하였다.

현재까지 가장 성공적인 프로그래밍 언어들 중에 하나인 C언어는 Bell 연구소의 Dennis Ritchie가 1970년대 초에 Unix 운영체제에서 개발하였다. 8.3절에서 설명한 재귀적인 gcd 알고리즘을 C언어로 작성하면 다음과 같다.

```
int gcd(int a, int b)
{       if (b == 0) return(a);
            else return (gcd(b, a%b));
}
```

위의 코드를 살펴보면, 이해하는 데 큰 어려움이 없다. 그러나 컴파일하여 만든 어셈블리코드(Demo: GCDCode)는 37개 라인으로 구성되어 있고 이해하기 무척 어렵다.

이후, Bjarne Stroustrup는 C언어에 객체지향 프로그래밍을 위한 요소들(예를 들어 class 등)을 추가하여 C++언어를 만들었다. C++는 C언어의 확장판으로 인식되고 있고,

ISO[1])표준 C/C++가 절차형 프로그래밍 및 객체지향 프로그래밍(10.10절)을 위해서 최근에 널리 사용되고 있다. 또다른 다양한 고수준의 프로그래밍 언어들은 이 장의 후반부에서 설명하도록 한다.

일반적으로 고수준의 프로그래밍 언어들은 프로그램의 품질향상은 물론, 다음과 같은 특성을 제공한다.

- **가독성(Readability)**: 프로그램을 읽고 이해하기 쉽다.
- **모듈화 구조(Modular structure)**: 잘 정의된 어플리케이션 인터페이스와 더불어 소규모의 독립적인 모듈들로 구성할 수 있다.
- **이식성(Portability)**: 다른 종류의 시스템이나 플fot폼에서 수월하게 장착하여 동작시킬 수 있다.
- **유연성(Flexibility)**: 어플리케이션의 사용 환경 및 요구사항 변화를 반영하여 프로그램을 간단하게 구성 변경시킬 수 있다.
- **수정변경 및 유지관리 수월성**: 오류해결, 수정변경, 업데이트 등에 필요한 수고를 줄일 수 있다.
- **재사용성**: 전체를 다시 제작하지 않고서도 프로그램 구성요소를 유사한 상황에서 손쉽게 적용할 수 있다.

고수준의 프로그래밍 언어들은 다음과 같이 다양한 특성들을 기준으로 분류할 수 있다.

- **다목적 프로그래밍 언어와 특수목적 프로그래밍 언어**: 다목적 프로그래밍 언어는 거의 모든 프로그램을 작성하기 위해 사용되지만, 특수목적 프로그래밍 언어는 특수한 영역 또는 분야에서 사용된다. 예를 들면 C/C++, Java, Fortran은 다목적 언어이며, PHP, JavaScript, SQL은 특수목적 언어이다.
- **명령형 언어와 선언형 언어**: C, Fortran 등과 같은 명령형 언어로 작성된 프로그램은 실행될 일련의 명령어들(프로시저)로 구성된다. 한편, 선언형 언어로 작성된 프로그램에는 프로시저에 대한 상세한 표현없이 치리로직과 원하는 결과를 냉시한다. 예를 들어, SQL의 경우, "18세에서 20세 사이의 신입생을 선정하시오."와 같은 형태의 질의문이 사용된다.

---

1) International Organization for Standardization

- 순차형 언어와 병렬형 언어: 단 1개의 제어흐름 또는 실행흐름을 허용하는 언어가 순차형 언어이며, 1개 이상 여러 개의 제어흐름 또는 여러 개의 동시처리/병행처리 흐름을 허용하는 언어가 병렬형 언어이다. Java는 순차형 및 병렬형 언어의 특징을 모두 가지고 있다.
- 절차형 언어와 객체지향형 언어: 객체의 정의 및 실행시간에 객체생성(10.10절 참조)에 대한 허용여부에 따라서 절차형 언어와 객체지향형 언어로 구분된다.

10.8 컴파일러

컴파일러는 고수준의 프로그래밍 언어로 작성된 프로그램을 작동시킬 컴퓨터에서 실행가능한 기계어 프로그램으로 변환시켜 주는 프로그램이다[그림 10.5].

[그림 10.5] 컴파일러

컴파일러는 코드변환과 더불어서 프로그램에 대한 실행시간에 필요한 요소들(I/O, 파일엑세스, OS와의 인터페이스 등)을 지원해준다. 따라서 컴파일러는 컴퓨터 하드웨어뿐만 아니라 OS에도 특화되어 있다.

예를 들어 GCC(Gnu C Compiler)를 살펴보자. GCC는 전체 컴파일 과정을 5단계로 분할 수행한다[그림 10.6].

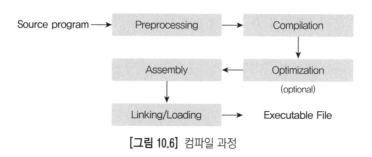

[그림 10.6] 컴파일 과정

1. **전처리(Preprocessing)**: C 전처리기(preprocessor)에 의해서 프로그램 소스코드에 명시되어 있는 상수 정의, 매크로 확장, 파일 포함 관련, 조건문 처리, 기타 전처리를 위한 지시사항들 등을 처리한다.

2. **컴파일(Compilation)**: 제1단계의 결과물을 입력으로 받아서, 구문(syntax)체크, 파싱(parsing), 어셈블리 코드 생성 등을 수행한다.

3. **최적화(Opimization)**: 코드를 컴퓨터의 하드웨어 아키텍처에 적합하게 특화시키고, 생성된 코드의 처리속도 및 소형화에 대한 효율성을 개선한다.

4. **어셈블리처리(Assembly)**: 어셈블러 프로그램이 어셈블리 코드를 입력받아서 목적파일(object file)들을 생성한다. 목적파일들은 링커/로더(linker/loader)가 사용할 바이너리코드와 재할당 정보가 포함된다.

5. **링크작업(Linking)**: 링커/로더(linker/loader) 프로그램은 모든 목적파일들을 조합하여 필요한 라이브러리와 실행시간에 제공되는 프로그램들을 연결하여 실행프로그램을 생성한다.

이상에서 살펴본 바와 같이 C 컴파일러는 복잡한 프로그램이다. 어떤 언어를 사용한 프로그램을 C 컴파일러로 처리할 수 있을까? 당연히 C언어로 작성된 프로그램이다. C 컴파일러가 없으면 C 프로그램을 작성할 수 없다. C 컴파일러를 사용하면 C 언어로 어떤 프로그램이든 작성할 수 있다(심지어는 C 컴파일러도 작성할 수 있다).

> **CT: 부트스트래핑(Bootstrapping)[2)]**
>
> 미리 작은 조치를 취해서 더 발전시키기 위한 토대를 마련하라. 피드백 순환구조에 의해 신속하게 매우 진화된 시스템으로 만들어 갈 수 있다.

위와 같은 개념을 컴퓨터 분야에서는 부트스트래핑(bootstrapping)이라고 부른다. 프로그래밍 환경의 발전이 부트스트래핑의 훌륭한 사례이다. 초기에는 단순한 텍스트 편집기와 기본적인 이셈블러로 시삭했으나, 점차 더 좋은 텍스트 편집기들과 어셈블러들이 만들어졌고, 이어서 고수준 언어(FORTRAN)을 위한 단순한 컴파일러가 개발되어서 더 복잡한 코드를 작성할 수 있게 되어 다시 더 고수준의 언어를 지원하는 컴파일러를 개발할 수

---

2) 자동적으로 메모리를 지우고 최초 몇 개의 명령어를 적재함으로써 컴퓨터를 사용 가능하게 하는 컴퓨터 초기화 과정

있게 되었다. 오늘날에는 다양하고 유용한 프로그래밍 개발 도구들과 사용편의성을 충분히 고려한 GUI를 조합한 종합적인 IDE(Integrated Development Environments, 통합개발환경)들이 제공되고 있다. 최근에는 프로그램 코딩, 버전관리, 테스트, 디버깅, 문서화 작업, 프로젝트관리 등과 같은 폭넓은 기능들을 제공하는 IDE들도 있다.

10.9 소프트웨어 개발

디지털시대에는 소프트웨어 제품들을 개발하기 위하여 보다 많은 노력을 기울이고 있다. 소프트웨어 개발에는 개념화, 사례연구, 요구사항 분석, 프로그램 설계, 프로그램 구현, 테스트, 디버깅, 문서화, 유지보수, 피드백 수렴, 업데이트, 새로운 버전 릴리즈 등이 포함된다. 이와 같은 소프트웨어 개발 작업들을 지원하기 위하여 다양한 소프트웨어 도구들이 개발되었다.

객체지향 설계와 프로그래밍은 고품질의 소프트웨어를 설계하고 구현하기 위한 잘 정립된 기술들이다.

10.10 객제지향 프로그래밍

컴퓨터 프로그램이 더 복잡하고 규모가 커질수록 프로그램의 품질(10.7절 참조)은 더욱 중요해진다. 좋은 품질의 프로그램을 만들기 위해서는 프로그램의 구조와 조직을 더 좋은 형태로 구축해야 한다.

> **CT: 분리하기**
> 복잡한 시스템을 독립적이고 교체 가능한 부품들로 분리하도록 하자.

모듈방식의 프로그래밍(Modular programming)은 전체 프로그램을 각 업무에 특화된 독립적이며 교체 가능한 여러 개의 모듈(module)들로 각각 분리해서 구성하는 소프트웨어 설계기법이다. 특정한 업무에 관련된 코드들과 데이터들을 전부 모아서 1개의 모듈에 집약시키고 외부로부터 완전히 은폐시킨다. 각 모듈에서는 전체 프로그램의 다른 부분에서 해당 모듈과 상호작용하는 방법을 명시해 놓은 API(Application Programming Interface)를 공개적으로 제공한다.

객체지향 프로그래밍(OOP: Object-Oriented Programming)은 모듈방식을 지원할 뿐만 아니라 좋은 프로그램이 만들어질 수 있는 다양한 품질요소들을 제공한다.

OOP의 핵심적인 아이디어는 소프트웨어 객체(Object)들을 사용하여 프로그램을 만든다는 점이다. 객체는 자신 소유의 데이터와 계산능력을 가진 독립체(entity)라고 할 수 있다. 예를 들어 오늘날의 컴퓨터와 윈도우, 메뉴 그리고 파일 폴더 등이 소프트웨어 객체로 표현되고 있다. 또한 객체는 다양한 영역에서 적용될 수 있다. 항공권 예약정보, 은행계좌, 자동차 엔진 등이 객체에 해당한다. 자동차 엔진 객체는 엔진의 물리적 특성을 나타내는 데이터(필드라고 부름)와, 엔진작동방식과 자동차 내부의 다른 부품들(이것 또한 객체들이다)과의 상호작용방식 등을 제어하는 프로그램(메소드라고 부름)들을 포함하고 있다.

회사의 급여처리 시스템은, 종업원정보, 근무시간 기록표, 초과근무기록, 병가기록, 세금, 공제내역 등과 같은 객체들로 구성된다. 항공운항관제시스템은 활주로, 여객기, 탑승객 게이트 등과 같은 객체들로 구성된다. 따라서 OOP에서는 소프트웨어 객체들을 위와 같은 현실세계의 객체들과 밀접하게 대응시킬 수 있다. 이러한 대응관계에 의해 컴퓨터 프로그램을 보다 수월하게 이해하고 동작시킬 수 있다. 그러나 기존의 프로그래밍 방식에서는 주어진 문제와 직접 연계하기 어려운 바이트, 문자, 변수, 배열, 인덱스 등을 다루고 있다. 또한 기존의 프로그래밍 방식에서는 원하는 동작수행을 위해서 주로 순차적인 절차들(프로시저들)에 대해서만 주목한다. 따라서 기존의 프로그래밍 방식을 절차 지향 프로그램 방식(procedure-oriented programming)이라고 부르기도 한다.

10.10.1 OOP의 장점

OOP는 다음과 같은 장점을 갖는다.

- **간결성**: 소프트웨어 객체는 어플리케이션 영역 내에 존재하는 현실 세계의 객체를 모델화하므로, 프로그램의 복잡도가 감소하고 프로그램의 구조가 간결·명확해진다.
- **모듈성**: 각 객체들은 전체 시스템의 다른 부품들과 분리되어 자체적인 동작을 수행

하는 독립체(즉, 모듈)로 구성된다.

- **변경용이성**: 객체지향 프로그램에 사용되고 있는 데이터의 표현방식 변경이나 프로시저의 처리내용 변경이 수월해진다. 어느 한 객체 내부에 대해서 변경이 일어나더라도 프로그램의 다른 부분에 큰 영향을 주지 않는다.

- **확장성**: 새로운 사항의 추가 또는 동작환경의 변화가 발생하더라도 새로운 객체들을 제작하여 추가하고 기존의 객체들 일부를 변경하는 수준에서 용이하게 변경할 수 있다.

- **유연성**: 객체지향 프로그램은 객체들 사이의 상호작용 패턴을 각 객체들을 수정하지 않고도 변경시킬 수 있기 때문에, 다른 어떤 상황들이 발생하더라도 모두 수용할 수 있는 우수한 유연성을 제공한다.

- **유지보수 용이성**: 객체는 독립적으로 유지보수 가능하다. 이러한 특성은 문제 시 되는 부분을 찾아내고 수정하거나 부수적인 기능을 추가하는 등의 유지보수작업을 수월하게 수행할 수 있게 해준다.

- **재사용성**: 객체들은 다른 프로그램에서 재사용할 수 있다. 예를 들어 표 계산 객체의 경우, 다른 유형의 표를 사용하는 프로그램이라면 어떤 프로그램에서든지 재사용할 수 있다. 따라서 처음부터 새롭게 프로그램을 만드는 것보다 빠르게, 미리 테스트 완료해서 만들어 놓은 부품들을 이용하여 프로그램을 만들 수 있다.

C++와 Java는 가장 널리 사용되고 있는 객체지향 프로그래밍 언어이다. C++은 컴파일러 방식이지만, Java는 인터프리터 방식이다. JVM(Java Virtual Machine)은 Java바이트 코드를 번역해주는 프로그램이다. Java 프로그램은 JVM이 장착된 어떤 플랫폼에서도 실행시킬 수 있다.

10.10.2 OOP의 기본개념들

OOP 기법의 핵심개념은 데이터와 동작처리코드의 결합이라고 할 수 있다. 이러한 개념은 데이터와 동작을 서로 분리하는 기존의 전통적인 기법과 크게 다르다. 동작처리부분과 데이터구조를 결합하여 일체화시키는 것을 캡슐화(encapsulation)이라고 부르며, 캡슐화의 결과물이 바로 소프트웨어 객체이다.

Java와 같은 OOP 언어에서는, 모든 동작처리부분들이 캡슐화되며, 이를 메소드

(method)라고 부른다. 예를 들어 그래픽 사용자 인터페이스 시스템의 윈도우 객체[그림 10.7]는 윈도우의 물리적인 차원, 스크린 위의 위치, 배경 백과 전경 색, 테두리 유형, 기타 관련 데이터를 가지고 있다. 이와 같은 데이터들은 이동, 윈도우 크기조절, 색상변경, 텍스트 디스플레이, 아이콘화 등과 같은 동작들을 수행하는 메소드들과 캡슐화되어 있다.

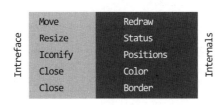

[그림 10.7] 윈도우 객체

이런 동작들을 수행하기 위해서는 그래픽 사용자 인터페이스 프로그램의 다른 부분들이 단순하게 윈도우 객체가 공개적으로 제공하고 있는 인터페이스 메소드를 호출하면 된다. 이러한 메소드 호출에 대해서, 적절한 동작을 수행하고 내부 데이터값을 업데이트하는 작업은 윈도우 객체가 책임지고 수행한다. 해당 작업이 어떻게 수행되는지 그리고 내부 데이터 구조가 어떻게 구성되는지에 대해서는 윈도우 객체 이외의 프로그램에서는 관심을 두지 않아도 된다. 객체의 인터페이스에는 해당 객체를 어떻게 이용할 수 있는지에 대해서 완벽하게 정의되어 있다. 이러한 인터페이스를 해당 객체의 API(Application Programming Interface)라고 부른다.

> **CT : 인터페이스만 공개한다.**
>
> 나의 내부 모습은 클라이언트에게 숨기고, 오로지 내가 제공하는 서비스에 대한 이용방법(인터페이스)만 공개한다.

내부의 상세사항을 은폐하는 것이 추상화(1.2절 CT: 추상화하라)이다. API가 바로 클라이언트에게 공개되는 인터페이스에 해당한다. 내부의 상세사항을 은폐하고 인터페이스를 외부에 공개함으로써 보다 좋은 구조화된 시스템을 구축할 수 있으며 이러한 시스템은 유지보수와 관리, 테스트, 개량 등의 작업이 보다 수월해진다. 시스템에 문제점이 발생했을 경우에는 시스템을 구성하는 각 부품들에 소급하여 그 원인을 찾아내고 수월하게 해결할 수 있다. OOP에서는 이와 같은 처리가 가능하다. Demo: SampleJavaAPI를 참고하기 바란다.

내부 상세사항으로부터 API를 분리하는 것은 이해하기 어려운 개념이 아니다. 이러한 개념은 우리들의 일상생활에서 흔히 발생하고 있다. 예를 들어 은행업무를 생각해 보도록 하자. 은행고객은 어떤 은행이든 상관없이 은행에 가서 아무 은행 직원에게나 거의 같은 내용의 메시지(계좌번호, 입금 또는 출금, 잔고액 등)를 주고받으며 은행업무처리를 의뢰한다. 이런 경우 각각의 은행 또는 은행 직원들은 각 은행업무처리의 내부 상세사항에 대해서 은행 고객이 알 필요 없이 해당 업무를 처리한다. 이와 같은 방식을 사용하면 어떠한 업무처리라도 단순화되며, 프로그램 구축의 경우에도 동일한 이점을 얻을 수 있다.

객체지향 프로그램이 실행되면, 객체들이 생성되어 서로 메시지를 주고받으면서 정해진 처리를 수행하다가 최종적으로는 객체들이 소멸된다. 이러한 과정은 모두 객체들을 중심으로 일어난다. 객체 내부에 비공개방식으로 정의된 데이터와 메소드들은 외부에서 접근하거나 호출할 수 없도록 제한된다. 이와 같은 제약사항에 의해 전체 프로그램의 복잡도를 줄일 수 있다.

같은 유형의 여러 개의 객체들이 필요한 경우가 많다. 예를 들어 바탕화면 위에 여러 개의 윈도우들이 만들어지는 경우가 이에 해당한다. 일반적으로 같은 유형의 객체들을 클래스의 인스턴스(instance)라고 부른다. 이때 객체들의 클래스에는 해당 객체들의 내부 상세사항(비공개)과 인터페이스(공개)가 정의된다. 따라서 OOP에서는 필요한 객체들의 각 유형에 따라서 클래스들이 정의되어야 한다. 클래스는 객체들을 만들어내기 위한 설계도와 같은 역할을 하는 것이다. 클래스로부터 객체를 생성하기 위해서는, 클래스와 초기값들이 필요하다. 이와 같이 객체를 만들어내는 처리를 객체의 인스턴스화(object instantiation)라고 부른다.

또한 합성(composition)과 상속(inheritance)이라는 OOP 기술을 사용하여 다른 객체들을 토대로 새로운 객체들을 만들 수도 있다. 합성은 이미 만들어진 객체들을 부품처럼 이용하여 다른 새로운 객체를 만든다. 예를 들어 계산기 객체는 수식계산처리를 수행하는 객체와 사용자 인터페이스 객체를 합성하여 만들 수 있다. 한편, 상속은 OOP 기술의 핵심으로 상속을 사용하면 기존에 만든 클래스들을 수정하지 않은 채로 새로운 객체를 생성할 수 있는 클래스로 확장하거나 변경시킬 수 있다.

C++과 Java에서는 기존 클래스를 확장하는 방식으로 상속 기능을 수행한다. 서브클래스(subclass)는 슈퍼클래스(superclass)로부터 코드를 상속받을 수 있다. 이때 서브클래스에서는 새로운 데이터들과 메소드를 추가할 수도 있다. 예를 들어 그래픽 윈도우, 텍스트 윈도우, 터미널 에뮬레이터 윈도우 등은 기본 윈도우 클래스를 확장하는 형태로 상속

하여 만들 수 있다. 상속을 이용함으로써, 유사하거나 관련 있는 객체들 사이에 공통적인 요소들(데이터와 메소드)을 추출할 수도 있다. 다양한 용도로 사용할 가능성이 있는 클래스들을 객체지향 소프트웨어 라이브러리(library)에 구축해 놓을 수 있다. 1개의 클래스로부터 상속받는 것을 단일상속(single inheritance), 여러 개의 클래스들로부터의 상속을 다중상속(multiple inheritance)라고 부른다.

또한, OOP는 프로그램 라이브러리를 더욱 유용하게 해준다. 기존의 프로그램 라이브러리도 재사용성을 높여주지만, 미리 정의된 고정된 방식으로만 사용할 수 있다. 반면OOP 라이브러리는 상속기능 등을 이용하여 보다 유연한 방식으로 사용할 수 있다.

10.11 객체지향 설계

일반적으로 프로그램의 구현은 설계단계 이후에 이루어진다. OOP를 수행하기에 앞서서 객체지향 설계(OOD: Object-Oriented Design)를 수행한다. OOD에서는 주어진 문제 또는 해결해야 할 처리업무에 대하여, 서로 독립적이며 상호 수수작용 하는 객체들이 해결책을 상호 협업하여 처리하도록 구성함으로써 문제 및 처리업무의 해결책(solution)을 구축한다.

어떤 의미에서는 OOD가 특정한 목적을 위한 회사 설립과정과 유사하다. 회사는 여러 개의 독립된 부서들(부, 과, 공장, 센터 등)로 구성된다. 이와 같은 부서들 중에는 다른 부서들을 포함하는 경우도 있으며, 각 부서들은 잘 정의된 외부적 업무처리동작과 내부적 구조를 가지고 있다. 각 부서에서는 내부의 큰 변경 없이 다양한 상호수수작용 패턴 변화에 적응할 수 있으므로, 이 회사는 다양한 업무들을 담당하여 처리할 수 있으며 시장상황이나 시장영역의 변경에 순응할 수 있다. 잘 설계된 객체지향 프로그램은 견고하며 위의 회사처럼 기민하게 변화를 수용하고 대처할 수 있다.

컴퓨터 프로그램은 지속적으로 진화 발전 및 확장되므로, 사용자들도 이에 대해서 보조를 맞추어야 한다. 새로운 프로그램들을 계속 설치해 보고 더 효과적으로 사용할 수 있도록 노력해야 한다.

연습문제

10.1 여러분들의 컴퓨터에 설치된 어플리케이션들 중에서 아무 것이나 하나를 실행시켜 보시오. 어떤 작업이 가능한가?

10.2 어플리케이션을 실행시키는 방법(최소 5가지)을 설명하시오.

10.3 일반적으로 어플리케이션은 OS로부터 어떤 지원이 필요한가?

10.4 instruction set이란 무엇인가? 기계어와 instruction set은 어떤 관련이 있는가?

10.5 어셈블러(assembler)란 무엇인가? 그리고 mnemonic이란 무엇인가?

10.6 컴파일러란 무엇인가? 인터프리터란 무엇인가?

10.7 어떤 프로그래밍 언어가 고수준의 프로그래밍 언어가 되기 위해서는 무엇이 필요한가?

10.8 프로그램이 좋은 품질을 갖추기 위한 품질요소들을 5개 이상 열거하고 각각 설명하시오.

10.9 모듈화(modularity)란 무엇인가? 모듈화가 프로그래밍을 위한 좋은 지침이 되는 이유는 무엇인가?

10.10 OOP란 무엇인가? 어떤 언어들이 OOP를 지원하는가?

10.11 객체들을 정의하기 위해 사용되는 OOP의 구성요소는 무엇인가? "객체를 정의한다."에 대해서 설명하시오.

10.12 API란 무엇인가? 무엇을 위해 사용하는가?

컴퓨팅 사고력과 소프트웨어의 이해

10.13 프로그램의 컴파일 과정에서 특이한 처리단계는 무엇인가?

10.14 "프로그램은 프로그래밍을 도와준다."는 어떤 의미인지 설명하고, 몇 가지 예를 들어보시오.

10.15 [컴퓨팅 사고력 적용] 컴퓨터에 기본적으로 탑재된 어플리케이션 이외에, 본인이 편리하게 자주 사용하는 중요하다고 생각하는 어플리케이션 3가지를 열거해 보시오.

10.16 [컴퓨팅 사고력 적용] 여러 개의 프로세스들을 협업시키려고 할 경우 고려해야 될 문제점들은 무엇인가?

10.17 [컴퓨팅 사고력 적용] 어떤 작업을 수행하려고 할 때에 도움이 되는 어플리케이션들은 무엇이 있나? 그런 어플리케이션들을 해당 작업 수행에 사용하려는 이유는 무엇인가?

10.18 [컴퓨팅 사고력 적용] 컴파일러와 어셈블러를 만들기 위해서는 어떤 프로그래밍 언어를 사용하면 좋은지 설명하시오.

10.19 [그룹 토론 주제] 여러분들이 사용하고 있는 스마트폰 카메라의 옵션들과 설정요소들에 대하여 토론해 보시오.

10.20 [그룹 토론 주제] 생산자-소비자(producer-consumer) 관계에 대해서 토론해 보시오.

10.21 [그룹 토론 주제] 본인이 가장 선호하는 앱에 대해서 토론해 보시오.

10.22 [그룹 토론 주제] "컴퓨터 전문가가 되기 위해서는?"이라는 주제로 토론해 보시오.

10.23 [그룹 토론 주제] 컴퓨팅 사고력(Computational Thinking)의 정의와 활용영역에 대해서 토론해 보시오. 여러분들에게 컴퓨팅 사고력은 얼마나 중요하고 영향이 있는가?

10.24 [그룹 토론 주제] 이 책의 어떤 부분이 본인에게 유용한가?

찾아보기